기독교인도
모르는
기독교

기독교인도 모르는 기독교

초판 발행 2010년 9월 10일
개정판 1쇄 발행 2016년 8월 17일

지은이_ 윤원근
펴낸이_ 윤원근
펴낸곳_ 동감문명 · 기독교 연구소

출판등록번호_ 제2016-000015호
주소_ 서울시 중랑구 용마산로 125길 50
전화_ 02-302-2257

디자인_ (주) 북모아
인쇄처_ (주) 북모아

ISBN 979-11-958374-2-7 03230

이 책은 저작권법에 따라 보호받는 저작물이므로 무단 전재와 무단 복제를 금지하며,
이 책 내용을 이용하려면 반드시 저작권자와 동감문명 · 기독교 연구소의 서면동의를 받아야 합니다.
잘못된 책은 구입처나 본사에서 바꾸어 드립니다.

기독교인도
모르는
기독교

동감문명 · 기독교 연구소

천지의 주재이신 아버지여
이것을 지혜롭고 슬기 있는
자들에게는 숨기시고
어린 아이들에게는 나타내심을
감사하나이다.

마태복음 11장 25절

독서 후기

  다음 두 글은 2015년도 2학기 경희대학교에서 개설된 〈고전읽기: 성서〉 과목을 수강한 학생들이 이 책의 내용을 읽고 기말 과제로 제출한 것들 중에서 발췌한 것이다. 책 말미에 10명 정도의 학생들 반응을 더 소개해 놓았다. 수강생들 대부분이 이 책의 내용에 대해 호의적인 반응을 보였지만 지면관계상 일부만 가져왔다. 〈고전읽기: 성서〉는 2012-2015년 매학기 개설되었는데, 기독교인이든 비기독교인이든 거의 모든 수강생들이 이 책에 대해 비슷한 호의적인 반응을 보였다.

  이 책은 기독교인이 읽든 기독교인이 아닌 사람이 읽든 성경과 기독교에 대해 쉽고 정확하게 알 수 있도록 해주는 책이다. 기독교 집에서 태어난 나는 초등학교 때부터 성경을 읽으려고 결심한 적이 많았다. 하지만 읽으려니까 글을 이해하는 것이 아니라 글자만 읽는 기분이었다. 그리고 교회에 가면 듣는 교리적인 설교를 들으면서 성경이 현대적이라는 것은 생각지도 못했다. 오히려 맹목적으로 전지전능한 하나님을 믿는 믿음이 없으면 성경의 내용을 받아들일 수 없다고 생각했고 기독교를 모르는 사람들은 이해할 수도 없을 것이라고 생각했다.
  하지만 나는 정작 모태신앙이면서 1장에서 소개된 기독교의 정의도 잘 모르고 있었고 설교로 들어왔던 마태복음의 비유이야기 정도로 맹목적인 믿음을 가지고 있었다. 기독교인이 아닌 사람이 나에게 하나님과 예수님에 대해 설명하라고 했다면 횡설수설 했을 것이다. 예수가 와서 어떤 것을 했는지는 알았지만 왜 한 건지, 진정한 의미는 몰랐던 것이다. 이 책을 읽고 나서야 기독교의 본질을 알게 되었다. 그래서 비기독교인인적 없었던 나는 이 책을 읽으면서 진정한 기독교인이 되었다.

경희대학교 원예생명공학과(14학번) 전유진

성경은 인류의 기나긴 역사를 거치며 오랜 시간 인류와 함께 했고, 지금에 와서도 많은 사람들이 믿고 따르는 종교의 지침서로서 많은 사람들에게 널리 읽히고 있는 책이다. 길고 복잡했던 인류의 역사에 있어서, 성경이라는 책이 그렇게 많은 사람들의 지지를 받고 사람들에게 인정받을 수 있었던 이유는 무엇일까? 성경에는 도대체 어떤 매력이 있기에, 어떤 고답적인 철학을 담고 있기에 그렇게 많은 사람들을 끌어들이고, 그들을 감화시킬 수 있는 것일까? 성경에 대해서 전혀 알지 못하던 나는 이전부터 그런 점들이 참 궁금했었다.

하지만 수업을 통해 성경에 대해 조금이나마 알 수 있게 되자, 오히려 성경이 가르치는 철학이 그렇게 어려운 철학이 아님을 알 수 있었다. 성경이 가르치는 철학은 오히려 기본으로 돌아가는 철학이고, 누구나 쉽게 받아들일 수 있는 철학이었다. 인간은 모두가 자유롭고 평등한 존재이고, 인간은 존엄하며, 법 아래에서 자신의 이기심은 충족시키되 과도한 욕심을 부리지 말라는, 유치원 아이들에게도 가르쳐 줄 수 있을만한 철학. 하지만 성경은 그런 기본이야말로 인간사회를 올바르게 유지할 수 있는 핵심적인 요소라는 것을 지적한다. 과연 지금 우리들은 유치원 아이들도 알고 있는, 인간사회를 유지하기 위한 기본적인 철학을 잘 지키고 있는가? 그런 기본적인 철학도 지키지 못하고 있으면서, 인간사회를 치유하기 위한 더 어려운 철학만을 찾고 있는 것이 아닌가?

성경은 그렇게 모든 것의 기본에 충실한 책이었다. 절대로 어려운 해법을 제시하지 않는다. 오히려 그렇게 기본으로 돌아가는 것이야말로 진정 인간사회를 치유하기 위한 해법임을 성경은 오래전부터 알고 있었고, 이러한 성경의 사상에 세계의 많은 사람들은 동감하고, 그 가르침을 따르고 있다.

그리고 위에서 말했던 그 세 가지의 조건을 모두 지키기 위한 방법. 바로 서로 사랑하는 것. 이 하나뿐인 원칙을 지키는 것이 인간사회를 다시 회복시켜 줄 수 있을진대, 선악과를 따먹은 인간들은 자신만의 기준을 만들어 다른 사람들을 그 기준에 가두려는, 서로 사랑하지 않고 서로 지배하려고 하는 모습을 보이는 바람에 스스로를 지옥에 빠뜨리고 말았다.

이에 다시 나타난 메시아 예수 역시 맨 처음 하나님이 제시했던 원칙과 똑같은 원칙을 제시한다. 바로 서로 사랑하는 것. 자신이 십자가를 지고 인간이 예전에 저질렀던 죄, 즉 선악과를 따먹은 죄를 모두 지고 갈 것이니, 다시 한 번 서로 사랑한다는 정신을 가지고 올바른 인간사회를 시작해 보라는 예수님의 메시지가 아니었을까. 나는 그렇게도 해석해 볼 수 있지 않을까 생각해 보았다.

다시 한 번 시작해 보자. 만약 예수님이 우리의 죄를 모두 짊어지고 가셨다면, 우리는 다시금 맨 처음 창조된, 선악과를 따먹지 않은 에덴동산의 그때로 돌아간 것이니, 이번에야 말로 마음속에 심겨진 선악과를 함부로 따먹지 말고 사랑을 실천하며 살아간다면 하나님이 진정 바라시는 하나님 나라를 만들 수 있을 것이라 생각한다.

환경학 및 환경공학과(08학번) 김태연

독서 후기

추천의 글

손봉호(기아대책 이사장, 서울대학교 명예교수)

이 책은 아주 특이한 관점으로 일관성 있게 쓴 좋은 작품이다. 민주주의를 개인의 존엄성, 자유와 평등, 법의 중요성을 제도화한 것으로 이상화하고 그 관점에서 구약 성경, 예수님의 사역, 기독교 역사, 그리고 한국교회를 조망하고, 분석하고, 평가 비판한 역작이다. 이런 방식으로 기독교와 민주주의를 연결시켜 논의한 책은 이제까지 별로 없지 않았나 한다. 그런 점에서 매우 창조적이고 기발한 작품이라 할 수 있다.

저자는 민주주의적 사회 체계를 하나님 나라로 이해할 정도로 민주주의를 가장 이상적일 뿐 아니라 인간사회를 위한 하나님의 뜻을 구현한 제도로 신성시하고 있다. 인간의 존엄성, 평등, 공정한 법은 하나님께서 이미 에덴동산에서 설정하신 것이고, 민주주의적인 정의를 위해서는 목숨을 바칠 가치가 있다고 주장한다. 물론 민주주의는 인류가 이제까지 개발한 정치제도 가운데 가장 훌륭한 것은 틀림없고 기독교적 가치를 가장 잘 반영하고 있다는 사실에는 의심의 여지가 없다. 그리고 교회, 특히 한국교회는 교회 자체와 사회가 공정한 법에 의하여 질서가 유지되도록 민주화하는데 매우 힘써야 하는 것도 분명하다.

그런데 나는 그동안 민주주의를 윤원근 박사만큼 그렇게 적극적으로 이해하지 않았다. 오히려 삼권분립, 주기적인 선거, 정권교체, 지방자치 등 민주주의의 구체적인 제도는 개인 혹은 소수 집단이 권력을 독점할 때 불가피하게 따라 오는 부패를 막기 위한 것이 아닌가 했다. 따라서 우리가 민주주의를 추구하는 것은 그것이 가장 이상적인 제도라서가 아니라 인간의 악을 최소화하는데 가장 효과적이기 때문이란 소극적인 입장을 취한 것이다. 그리고 그런 부패는 지배욕을 포함한 인간의 이기적인 욕망 때문이고 그것은 하나님을 불신함으로 잃어버린 근본적인 안전보장을 스스로의 힘으로 확보하려는 경쟁심 때문이라고 이해해 왔다. 가장 민주주의적인 교회정치 제도로서 장로교 제도가 인간의 전적 부패를 강조한 칼빈의 사상에서 나온 것도 바로 그 때문이 아닌가 한다. 한국 장로교가 총회장의 임기를 본래대로 총회 기간으로 한정하지 않고 1년으로 연장한 것은 한국 장로교의 근본정신을 잃어버린 처사이고 장로교의 타락을 상징하는 것이라 할 수 있다.

윤원근 박사는 민주주의를 긍정적으로만 이해하기 때문에 내가 지적한 소극적인 면은 취급하지 않았다. 일관성을 위해 불가피했을 것이다. 그러나 나의 이 소극적인 이해도 저자의 관점의 확장에 조그마한 도움이 되기를 바란다. 추천서에 이런 꼬리를 다는 것은 저자의 요청에 의한 것이고, 그것은 저자가 그만큼 마음을 열어놓고 있음을 보여준다. 학자로서 매우 훌륭한 태도가 아닌가 한다. 이 책이 나의 일방적인 입장을 충분히 보충해 주었다는 것은 두말할 필요가 없다.

저자는 누구든지 읽어서 이해할 수 있도록 쉽게 그리고 재미있게 쓰려고 노력했고 이에 성공했다고 본다. 그러나 결코 피상적인 내용은 아니다. 성경과 기독교 역사를 보는 관점이 새롭고 특이하여 우리의 시각을 확대하는데 크게 도움을 준다. 관심과 애정을 가지고 교회와 사회, 특히 한국 교회와 한국사회를 보려는 분들이 읽으면 큰 도움을 얻을 것이다.

개정판 머리말

인간들이 자유를 누리면서 어떻게 더불어 조화롭게 살 수 있을까요? 성서는 이 물음에 대한 답을 찾는 사람들에게 지혜의 보고입니다. 인류 문명은 이 질문에 대한 해답을 찾기 위한 분투 과정이었으며, 이 분투 과정에서 성서는 위대한 지혜를 제공합니다. 하나님의 계시의 말씀인 성서는 신앙인이 읽든 비신앙인이 읽든 '사람이 사람답게 사는 세상'을 만들어가는 길을 제시합니다. 사람이 사람답게 사는 세상이 어떤 세상일까요? 그것은 사람이 사람에 의해 억압의 고통을 당하지 않는 세상입니다. 물론, 성서를 그냥 읽는다고 지혜가 저절로 손에 들어오는 것은 아닙니다. 성서의 핵심 메시지, 즉 '바이블 코드'를 알아야 합니다. '고르지 못한 인간 세상을 고르게 하는 것' 이것이 바로 '바이블 코드'입니다. 이사야 40장 3-4절은 성서의 핵심 메시지를 생생하게 보여줍니다.

어떤 사람이 외친다. "광야에서 여호와의 길을 준비하여라. … 모든 골짜기가 높아지고, 모든 산이 낮아진다. 거친 땅이 평탄하게 되고, 험한 땅이 평야가 된다."(쉬운 성경)

세상은 고르지 못합니다. 높은 산과 깊은 골짜기로 이루어져 있습니다. 정치권력, 부, 명예, 혈통, 지식, 도덕성 등은 높은 산과 깊은 골짜기를 만들어 내는데 큰 역할을 하는 자원들입니다. 이 자원들을 소유하는 정도에 따라 높낮이가 결정됩니다. 성서는 이러한 자원들을 많이 가지고 높은 자리에 있는 사람들을 '큰 자'라고 부르고, 적게 가지거나 아예 가지지 못해 밑바닥에 위치한 사람들을 '작은 자'라고 부릅니다.

성서는 고르지 못한 인간 세상을 방치해 더욱 고르지 못하게 하는 논리에 따라 운영되는 사회를 '세상나라'로, 고르지 못한 인간 세상을 고르게 하는 논리에 따라 운영되는 사회를 '하나님 나라'로 표현합니다. 하나님 나라는 정상적으로 운영되는 '건강한 사회'이고, 세상나라는 이로부터 이탈한 '병든 사회'입니다.

세상나라는 큰 자가 되어 대접을 받으면서 작은 자를 업신여기고 군림하는 것을 삶의 가치로 삼습니다. 여기서는 서로 큰 자가 되어 힘을 과시하는 것을 영광으로 여깁니다. 이에 반해 하나님 나라는 스스로를 낮추어 작은 자의 친구가 되고 그를 섬기는 것을 삶의 가치로 삼습니다. 여기서는 자신을 큰 자로 여기며 과시하는 것을 치명적인 교만으로 간주합니다. 성서는 일관되게 하나님이 작은 자의 친구라는 사실을 강조합니다.

레위기 19장 18절에 보면, "네 이웃을 네 자신같이 사랑하라"는 말이 있는데, 여기서 이웃은 당연히 일반 사람들을 포함하지만 특히 작은 자들(고아, 과부, 나그네, 가난한 자 등)을 지칭한다고 할 수 있습니다. 또 신명기 10장 18절에 보면 하나님은 "고아와 과부를 위하여 정의를 행하시며, 나그네를 사랑하여 그에게 떡과 옷을 주시는" 분입니다. 만약 이 작은 자들을 돕지 않아 이들이 하나님에게 부르짖으면, 그가 그 죄에 대해 책임을 물을 것입니다(신명기 15장 9-10절). 또 복음서에서 예수는 "내 형제 중에 지극히 작은 자 하나에게 한 것이 곧 내게 한 것 이니라"(마태복음 25장 40절)고 말하면서, 자신과 작은 자를 동일하게 여겼습니다. 복음서에서는 세리, 이방인, 각종 병자와 장애인, 창녀, 여자, 어린 아이 등이 작은 자로 언급되고 있습니다.

성서가 강조하는 하나님 나라는 죽어서 가는 내세가 아닙니다. 자신의 마음속에서, 그리고 이 세상에서 이루어지는 나라입니다. 이것은

개정판 머리말

내세가 없다는 말이 아닙니다. 하나님 나라는 현세든 내세든 하나님의 뜻이 이루어지는 나라입니다. 그러므로 성서는 변혁의 책입니다. 성서를 제대로 읽으면 누구나 변혁가가 됩니다. 복음에 대한 믿음은 세상 나라를 하나님 나라로 변화시키는 출발점입니다. 오늘날 기독교와 교회가 이런 모습을 보이지 못하는 것은 '바이블 코드'를 고려하지 않고 '세상나라' 코드에 성서를 끼워 맞춰 해석하기 때문입니다.

성서의 시작인 '창조선언'은 고르지 못한 인간사회를 고르게 만들기 위한 '대전제'입니다. 창조선언에 대해 창조론이냐 진화론이냐의 논쟁에 빠지면 우리는 그것이 의미하는 '진짜 지혜'를 놓치고 맙니다. 이 선언에 의하면, 인간은 하나님에 의해 만들어진 유한한 피조물입니다. 어떤 인간도 감히 하나님의 지위까지 높아지고 커지려는 야망을 품어서는 안 됩니다. 창조선언은 고개를 쳐들고 하나님처럼 되려는 인간의 '자기 영광 높이기(self-glorification)'를 근본석으로 자단하는 장치입니다. 피조물인 인간이 정치권력, 부, 명예, 혈통, 지식, 도덕성 등 어떠한 것을 가지고도 동료 인간 위에 서서 숭배를 받으려는 자기 영광 높이기를 추구해서는 안 됩니다.

이러한 교만은 인간사회의 조화를 파괴하여 파국으로 몰고 갑니다. 선악과를 따먹은 사건은 이러한 교만의 표출입니다. 성서는 이 사건 이후 인간사회가 폭력적 혼돈의 비탈길을 치달았다는 것을 보여주고 있습니다. 모든 인간은 평등한 유한자이며, 그 차이는 도토리 키 재기 수준의 차이에 불과합니다. 자신의 유한성과 서로의 평등성을 인정할 때만이 인간들은 서로 자유를 누리면서 더불어 조화롭게 살 수 있습니다.

창조선언 이후 이어지는 성서 이야기는 고르지 못한 인간 세상을 더욱 고르지 않는 쪽으로 몰고 가려는 인간의 야망과 이 야망을 중단시켜 고르지 못한 세상을 고르게 만들려는 하나님의 의지 사이의 충돌의 대서사입니다. 성서가 괜히 인류 최고의 베스트셀러인 것이 아닙니다. 사람이 사람답게 사는데 필요한 지혜에 관심이 있는 사람들은 성서를 꼭 읽기 바랍니다. 그리고 손에 넣기 바랍니다. 인간과 하나님의 충돌 이야기 속에 나타난 그 엄청난 지혜는 신앙인들만의 독점물이 아닙니다. 성서는 만인의 책입니다.

현대 민주주의 문명은 인류 문명사의 가장 위대한 성취입니다. 민주주의 문명보다 더 위대한 성취는 없습니다. 왜냐하면 민주주의 문명은 사람이 사람답게 살 수 있는 인류문명 운영 체계이기 때문입니다. 도저히 상상이 안 되는 기독교인들과 비기독교인들이 많겠지만, 성서가 바로 민주주의 문명의 운영체계(operating system)를 제공합니다. 컴퓨터 운영 체계가 컴퓨터의 하드웨어를 관리하고 여러 가지 응용 소프트웨어들을 실행하기 위한 공통 시스템을 제공하듯이, 성서는 민주주의 문명의 제도와 정신이 작동하도록 해주는 공통의 시스템을 제공합니다.

잘 알려져 있는 것처럼, 민주주의라는 말은 고대 그리스에서 유래했습니다. 성서에는 민주주의라는 말이 아예 나오지도 않습니다. 하지만 그럼에도 불구하고 성서는 민주주의를 가장 성공적으로 운영할 수 있는 핵심 코드를 담고 있으며, 그런 의미에서 민주주의 문명의 운영체계라 할 수 있습니다. 성서는 민주주의에 대한 어떤 언급보다도 더 훌륭한 민주주의 운영 방법을 제시하고 있습니다. 성서의 지혜를 따르면, 나무가 철을 따라 꽃을 피우고 열매를 맺으며 잎사귀가 마르지 아니함 같이 민주주의 문명은 번성할 수 있습니다. 그러나 안타깝게도 민주주의 문명 속에 사는 인간들이 자신의 지혜로 성서의 지혜를 멸시해서 민주주의 문명이 위기를 맞고 있습니다.

이 책은 바이블 코드와 그 속의 지혜가 어떻게 현대 민주주의 문명의 운영체계가 될 수 있는지, 인간의 어리석음이 그 지혜를 무시해서 어떻게 민주주의 문명을 파괴하는지를 모든 사람이 공유할 수 있는 방식으로 보여줄 것입니다. 이상의 내용은 경희대학교 대학 주보(2013. 5. 6)에 연재된 고전의 사계 시리즈 중 제가 소개한 『성서』를 이 책의 내용에 맞게 수정하고 보완한 것입니다.

 2017년은 종교개혁 500주년이 되는 해입니다. 기독교와 교회는 끊임없이 개혁되어야 합니다. 500년 전 종교개혁이 그런 역할을 했듯이, 오늘날의 기독교와 교회도 스스로를 개혁하면서 성서의 지혜로 사람을 살리고, 세상을 살리는 해결책을 제시해야 합니다. 이 책이 그런 역할을 하는데 기여할 수 있기를 바랍니다.
 이 책은 2010년도 9월 살림출판사에서 출판된 『성서, 민주주의를 말하다』를 개정한 것입니다. 틀과 내용은 크게 변하지 않았지만 완성도와 가독성을 높이기 위해 필요한 부분을 수정하고 보완했습니다. 책이 새롭게 출판되는데 도움을 준 사람들이 있습니다. KAIST 경영대학원 박사과정을 마치고 학위를 준비하고 있는 김형진에게 감사를 표합니다. 그는 책을 꼼꼼히 읽고 보완되어야 할 부분을 지적해 주었습니다. 경희대학교 치의학전문대학원에 재학 중인 이성진에게 감사를 드립니다. 그는 나의 성서 수업을 듣고 최고 학점을 받았던 우수한 제자로, 이 책을 만드는데 귀중한 의견을 제공했습니다. 장로회신학대학교 4학년생인 아들 하진의 도움도 언급하지 않을 수 없습니다. 그는 여러 가지 좋은 조언을 해주었을 뿐만 아니라 원고의 교정을 사실상 책임졌습니다.

종교개혁 500주년을 바라보며
2016년 8월 윤원근

머리말- 성서를 어떻게 읽어야 할까?

"맹인이 맹인을 인도하면 둘이 다 구덩이에 빠지리라" (마태복음 15장 14절)

현재 한국의 기독교는 여러 가지 병리현상들을 나타내고 있습니다. 이에 대해 기독교계 안팎에서 많은 염려와 자성과 비판의 목소리들이 나온 지도 꽤 되었습니다. 기독교가 병리 현상들을 나타내는 이유를 따지고 들어가 보면, 결국 기독교인들이 잘못된 눈으로 성서를 읽기 때문이라는 결론에 도달하게 됩니다. 기독교인들이 잘못된 눈으로 성서를 읽는 가장 큰 이유는 성서의 글자만 읽고 하나님의 마음을 읽으려고 하지 않기 때문입니다. 성서를 백번 이상 읽어 다 외운다고 하더라도 하나님 마음을 모르면 성서를 잘못 읽는 것이 되고 맙니다.

성서에 나타난 하나님의 마음은 사람들이 하나님과 자유롭게 인격적으로 교감하는 상태에서 서로를 존중하면서 민주주의 방식으로 운영되는 인간사회 시스템을 이 땅에 이루는 것입니다. 이 책의 목적은 성서를 민주주의 눈으로 읽는 새로운 방식을 소개하는 것입니다. 저는 민주주의의 눈으로 성서를 읽는 것이 성서를 이해하는 가장 합당한 방식이고, 또 현대인들과 같은 눈높이에서 성서에 대해 교감하고 소통할 수 있는 가장 효과적인 방법이라고 믿습니다. 비기독교인들과의 소통에 어려움을 느끼는 기독교인들에게 이 책은 좋은 소통의 통로가 될 수 있을 것입니다.

하나님의 마음을 잘 못 읽기 때문에 기독교는 지금 길을 잃고 방황하고 있습니다. 인류의 보다 나은 미래를 위한 기독교의 창조적인 힘이 말라가고 있습니다. 이러한 상황에서 기독교는 하나님의 존재를 부정하고 기독교를 인간성의 적으로 공격하는 반(anti)기독교 세력의 강력한 도전을 받고 있습니다. 기독교의 하나님만큼 인간성을 아끼고 사랑하고 존중하는 존재도 없는데 기독교가 인간성의 적으로 공격당하고 있는 현실이 많이 안타깝습니다.

얼마 전 출판되어 큰 반향을 불러일으킨 리처드 도킨스(R. Dawkins)의 책, 『만들어진 신』은 기독교를 인간성의 적으로 공격하는 시도들 중 하나입니다. 『만들어진 신』은 다윈 진화론의 자연선택설에 바탕을 두고 많은 책들을 인용하면서 재기발랄하고 흥미롭게 쓰인 책입니다. 그 책은 본질을 잃어버린 기독교로 하여금 스스로를 성찰도록 하는 많은 자극제들을 담고 있습니다. 기독교인들은 이러한 도전에 분노하거나 무시하기보다는 그 자극제들을 진지하게 고려하면서 기독교의 본질에 대해 깊이 사색할 필요가 있습니다. 이 책은 『만들어진 신』에 대한 응답의 성격도 갖고 있습니다.

도킨스는 인격신을 믿는 종교들(유대교, 기독교, 이슬람교)을 자연선택의 진화과정에서 생겨난 유익한 무언가의 잘못된 부산물로 설명합니다. 그에 의하면, 세상에 대한 경험이 없는 아이들은 어른들의 말을 의심하지 않고 받아들이는 것이 스스로 경험을 통해 알아보는 것보다 생존에 이점이 많다는 것을 압니다. 이러한 이점이 아이들에게 어른의 말에 복종하라는 규칙으로 정립됩니다. 이 규칙은 대체로 유익합니다. 그러나 어른의 말에 생각 없이 복종하다보면 아이에게 해가 되는 상황이 발생할 경우도 있습니다. 그런데도 아이는 이 규칙이 유익한 것으로 알고 따르다가 해를 입게 됩니다. 종교는 이처럼 아이들의 생존에 유리한 복종의 규칙이 잘못 적용된 부산물로 생겨난 것입니다. 한 마디로 종교가 아이들의 유치한 사고의 산물이라는 것이지요. 그는 이러한 자신의 설명을 '잘 속는 아이 이론'으로 표현했습니다.

이것은 나방이 촛불을 향해 날아들다 타 죽는 것과 같은 이치입니다. 원래 나방은 밤에 달빛과 별빛을 나침반으로 삼아 길을 찾습니다. 자연선택과정에서 빛을 나침반으로 삼아 길을 찾아가는 방식은 나방의 생존에 매우 유익하게 작용하였고 그것이 나방들에게 규칙으로 정립되었습니다. 나방은 이 규칙에 따라 촛불을 향해 날아들고, 그 결과 불에 타죽게 됩니다. 촛불에 달려드는 나방의 행동은 빛을 따라가는 유익한 규칙이 잘못 적용된 부산물입니다. 그는 유일신에 대한 신앙을 이처럼 빗나간 부산물로 설명하고 있는 것입니다.

이런 시각에서 그는 종교를 무조건 부정하는 과학 근본주의를 주창하고 있습니다. 자신은 과학 근본주의자가 아니라고 말하지만 그는 과학의 이름으로 어떤 종교도 인정하지 않는다는 점에서 과학 근본주의자입니다. 매우 흥미 있기는 하지만 저는 성서의 내용에 대한 도킨스의 이러한 비판에 동의하지 않습니다. 이 책은 도킨스의 책과 전혀 다른 관점에서 성서를 읽을 수 있음을 보여 줄 것입니다.

진화론은 일단 논외로 하더라도 『만들어진 신』에는 편파적인 점이 있습니다. 그것은 다음과 같습니다. 첫째, 세상의 많은 종교들 중 아브라함의 신으로부터 유래한 세 개의 종교만을 주 타깃으로 삼은 것, 둘째, 이 세 종교의 경전들 중에서도 유독 구약과 신약 성서의 내용만을 문제 삼은 것, 셋째, 성서의 내용들 중 손쉽게 공략할 수 있는 부분만 골라서 공격하고 있는 것.

이 중 세 번째에 대해서 간단하게 코멘트하고 싶습니다. 그의 전공 분야이니까 도킨스가 더 잘 알겠지만, 인간은 짐승과 많은 유전자를 공유하고 있고, 특히 인간과 가장 가깝다고 여겨지는 침팬지와는 98.8%의 유전자를 공유하고 있는 것으로 밝혀졌습니다. 그러나 인간이 짐승이나 침팬지와 이처럼 많은 부분을 공유하고 있다고 하더라도 인간은 그들과 전혀 다른 종입니다. 인간의 본질은 침팬지와 다른 1.2%의 유전자 속에 들어 있습니다.

인간이 짐승이나 침팬지와 유전자의 많은 부분을 공유하고 있듯이, 이스라엘 민족의 역사를 다루고 있는 성서도 다른 민족의 역사서들처럼 신으로부터 민족의 기원을 설명하면서, 민족의 흥망성쇠, 이웃 나라들과의 전쟁, 권력자와 지배층의 횡포와 억압, 이로 인한 일반 백성들의 고단한 삶, 탐욕, 거짓말, 배신, 갈등, 성적 비행 등 적나라한 인간 삶의 모습을 담고 있습니다. 그러나 성서는 일반 민족사들과는 다른 매우 독특한 요소들을 담고 있습니다. 이 독특한 요소들이야말로 성서가 갖고 있는 인류를 위한 위대한 보물 창고입니다. 도킨스가 그렇게 비판하는 창조론도 이 보물창고에 들어 있는 보물입니다. 하지만 아쉽게도 도킨스는 이러한 보물창고를 외면하고, 아니 제대로 보지 못하고, 성서를 비판하는 것에만 열을 올리고 있습니다.

우리가 인간 존재를 인간성 전체의 관점에서 입체적으로 조망하지 않고 밖으로 드러나는 개별적인 행동들만을 나열한다면 사실 짐승이나 침팬지와 다를 것이 별로 없습니다. 밖으로 드러난 인간 행동만을 연구의 대상으로 삼는 행동주의 심리학이 동물 행동의 연구 결과를 인간에 그대로 적용하는 것도 이처럼 나무만 보는 평면적인 시각 때문입니다. 마찬가지로 도킨스도 성서라는 숲 전체의 모습을 입체적으로 조망하지 못하고 그 숲 속의 나무들을 지극히 평면적으로 나열하면서 성서를 비판하고 있습니다. 이 책은 도킨스의 진화 생물학적 관점과 전혀 다른 사회학적 관점에서 그가 보지 못하는 성서 내용들, 기독교를 진정한 기독교로 만들어주는 성서의 내용들을 입체적으로 조망하려고 합니다.

『만들어진 신』에는 '비겁한' 점도 눈에 띕니다. 그것은 성서와 달리

코란을 직접적인 분석 대상에 넣지 않았다는 것입니다. 코란을 분석하면서 성서를 분석할 때처럼 거친 말을 내뱉으면 살해 위협에 놓이게 될 것에 대한 두려움 때문이 아닐까 생각해봅니다. 그가 그토록 자유롭게 성서를 비판할 수 있는 것도 기독교 문명 속에서 태어난 '행운' 때문이라고 할 수 있습니다. 학자들의 분석에 의하면, 종교 개혁은 문화의 획일성을 극복하고 개인의 양심의 자유를 보장하는 획기적인 돌파구를 마련하면서 민주주의 정신과 제도의 확립에 크게 기여했습니다. 기독교에 대한 그의 맹비난은 종교 개혁의 이 같은 문화적 돌파와 업적에 큰 빚을 지고 있습니다. 천년의 역사를 거치면서 기독교가 많은 과오를 범했고, 또 현재 범하고 있는 것도 사실이지만 그렇다고 인류의 역사에 대한 기독교의 본질적인 공헌을 무시해서는 안 됩니다. 그것은 아이를 목욕시킨 물을 버리려다 아이까지 버리는 과오는 범하는 것입니다.

　이 책은 성서에 계시된 하나님의 마음은 민주주의 정신이며, 이 점에서 성서는 인류의 미래를 위해 영원히 마르지 않는 위대한 진리를 담고 있다는 사실을 보여주고 싶습니다. 저는 이 책이 기독교인들과 비기독교인들을 포함한 모든 현대인들에게 이러한 생각을 제대로 전달할 수 있기를 바랍니다. 저자처럼 성서를 하나님의 말씀으로 여기든 도킨스처럼 인간에 의해 작성되고 편집된 글로 여기든 상관없이, 민주주의 정신이라는 기독교의 본질적 가치는 영원합니다. 따라서 기독교를 비판하려는 사람은 도킨스처럼 하나님의 존재를 부정하려고 애쓰기 보다는 기독교가 자신의 본질을 일탈하는 현실을 비판하는 것이 인류의 미래를 풍요롭게 하는데 더 크게 기여할 것입니다. 이 점에서 기독교인들과 비기독교인들은 소모적인 갈등에 벗어나 서로 경쟁하고 격려하면서 협력할 수 있습니다.

본론에 들어가기 전에 이 책의 한계를 밝혀 두려고 합니다.

첫째, 이 책은 일부 내용에서 성서를 전문적으로 연구한 성서학자들의 글들을 참고로 하였지만, 성서 전체를 민주주의의 눈으로 해석하는 것과 관련해서는 성서학자들의 글들을 전혀 사용하지 않은 한계를 안고 있습니다. 사실 저는 성서를 민주주의의 관점에서 성서학적으로 연구한 글을 발견하지 못했습니다. 따라서 전문 성서학자들의 눈에는 이 책이 성서학적 기초를 갖추지 못한, 그저 성서를 열심히 읽은 평신도 수준의 글로 보일지도 모릅니다. 저 역시 기독교 관련 대학교에서 기독교를 소개하는 과목을 강의하면서 성서학자들이 쓴 성서 관련 교재를 사용한 적도 있고, 또 개인적으로 그런 유의 책을 읽기도 하였습니다. 예를 들면, 『성서』(이원우, 살림), 『현대인과 성서』(김회권, 숭실대학교출판부), 『성서는 드라마다』(톰 라이트, ivp) 등등입니다. 이 책들은 모두 나름대로 성서에 대한 매우 훌륭한 소개서이긴 했지만 민주주의의 눈으로 성서를 읽으려는 저자의 독창적인(?) 시도에는 별 도움이 되지 못했습니다. 그래서 저는 구색을 맞추기 위해 성서학자들의 자료를 가져 오는 방식보다는 인간사회의 질병을 진단하고 치유하는데 관심을 갖는 '사회학자의 관점'에서 현대 사회를 살아가는 일반 사람들이 상식적으로 동감할 수 있게끔 성서를 읽는 방식을 선택했습니다. 이 책은 평범한 사람들의 상식적인 감각에 부합하는 방식으로 성서를 읽는 것에 일차적인 목표를 두었습니다. 혹 이 책을 읽는 성서학자들이 있다면 전문적인 수준에서의 오류를 바로잡아 주기를 바라 마지않습니다.

둘째, 이 책이 말하는 민주주의 개념은 인간의 존엄성, 자유와 평등, 법의 중요성, 심판과 규칙과 선수의 분화, 삼권분립을 통한 견제와 균형, 중앙집권과 지방 분권의 균형, 국민 주권과 보통 선거 등 초등학교 교과서에 나오는 가장 기본적인 수준의 민주주의 정신과 제도를 의미합니다. 오늘날 민주주의에 대한 논의는 매우 복잡하며, 각 나라마다 민주주의가 운영되는 방식에 많은 차이들이 있습니다. 그러나 이러한 차이에도 불구하고 금방 언급한 것들은 적어도 모든 민주주의 사회가 공유하고 추구하는 기본 요소들이라고 할 수 있습니다. 흔히 민주주의 하면 다수에 의해 진리가 결정되는 제도 정도로 생각하는 사람들이 있는데, 이는 민주주의에 대한 매우 얕은 이해입니다. 기본 요소들이 결여된 상태에서의 다수결은 민주주의를 위태롭게 하고 파괴합니다. 하나님에 대한 신앙은 민주주의의 기본 요소들을 형성하는데 매우 본질적인 역할을 합니다.

셋째, 저는 민주주의의 눈으로 성서를 읽는 것이 성서 전체의 내용을 다 포괄할 수 있다고 결코 생각하지 않습니다. 인간은 유한하고 하나님은 무한합니다. 따라서 하나님의 말씀인 성서도 당연히 인간의 시도인 이 책을 초월해 있습니다. 그러나 그럼에도 불구하고 저는 민주주의의 눈을 감고서는 성서 내용의 올바른 이해에 이를 수 없다고 생각합니다.

이 책이 출판되는데 많은 분들의 도움이 있었습니다. 먼저, 과분한 미션을 허락한 성부, 성자, 성령 삼위일체 하나님께 감사를 드립니다. 저자가 사회학과 박사과정 중에 지도 교수 연구실 한쪽에 마련된 책상에서 혼자 책을 읽고 있을 때 '너는 내가 옳다는 사실을 사람들에게 증명해보라'는 조용한 음성(내 안의 음성인지 내 밖의 음성인지 잘 모르겠습니다)이 들렸습니다. 저는 그렇게 하겠다는 약속을 하였고, 그 후 사회학적 탐구는 저에게 그 약속의 수행을 위한 도구가 되었습니다. 어느 정도 잘 수행할 수 있을지 걱정이 됩니다만 이 책은 그 약속의 일부입니다.

2009학년도 가을학기에 저자의 종교사회학 수업을 들었던 59명의 장로회신학 대학교 기독교 교육학과 학생들 모두에게 감사를 드립니다. 기말 과제로 저자의 원고를 읽고 그 내용을 평가하는 독후감을 쓰도록 했는데 다들 충실하게 그 과제를 잘 수행했습니다. 그들의 비판과 조언으로 이 책의 내용이 한결 부드러워지고 균형을 잘 잡을 수 있었습니다. 바쁜 중에도 원고를 읽고 유익한 조언을 해준 친구 박봉규 박사, 이상훈 박사님, 경희대 사회학과 이현주 학생 모두에게 감사를 드립니다. 필요할 때 언제든지 대화의 상대가 되어 준 형제 지근에게도 도움을 입었습니다. 그는 성서에 관한 한 그 누구보다도 좋은 대화 상대입니다. 교육 전도사로 헌신하며 저의 모든 일에 격려와 비판을 동시에 제공하는 아내 김말순을 감사의 대상에서 빼놓을 수 없습니다. 그녀의 겸손한(?) 이름에 하나님의 복이 넘치기를 기도합니다. 전혀 알지 못하는 사람의 글인데도 다 읽고 흔쾌히 추천사를 써 주신 손봉호 교수님께 큰 감사를 드립니다. 끝으로, 이 책을 기꺼이 출판해 준 살림출판사에 감사를 드립니다.

2010년 여름 저자 윤원근

> 내가 지혜 있는 자들의 지혜를 멸하고
> 총명한 자들의 총명을 폐하리라
> 지혜 있는 자가 어디 있느냐
> 선비가 어디 있느냐
> 이 세대에 변론가가 어디 있느냐
> 하나님의 어리석음이 사람보다 지혜롭고
> 하나님의 약하심이 사람보다 강하니라

고린도전서 1장 19~20절, 25절

목차

독서 후기 ● 3

추천의 글 ● 6

개정판 머리말 ● 8

머리말 – 성서를 어떻게 읽어야 할까? ● 13

1장 예수는 왜 그리스도인가? ● 25
/예수 그리스도라는 말의 의미 /믿음은 도깨비 방망이가 아니다 /하나님은 돈을 밝힌다? /무례한 기독교 /하나님은 이긴 자의 편이다? /기독교인들을 무조건 편드는 하나님? /예수가 그리스도인 이유 /죽음의 문제 /영생과 부활에 대해 /사도신경

2장 민주주의 창조 질서를 회복하러 온 예수 ● 44
/유대인과 예수의 갈등 /창조 질서를 회복하러 온 그리스도 /교회의 존재 의미 /하나님의 나라와 민주주의의 관계 /창조 선언과 민주주의 /에덴동산, 최초의 인간사회 시스템 /인간의 존엄성과 존엄성의 역설 /균형과 민주주의 /자유롭고 평등한 존재 /법의 중요성 /마키아벨리(N. Machiavelli) vs 몽테스키외(Montesquieu) /동산 중앙에 서 있는 그 나무 /하나님:심판, 선악과:규칙, 인간:선수 /한국 민주주의의 문제점 /그리스 민주주의와 현대 민주주의 /다시 예수가 그리스도인 이유

3장 창조 질서의 붕괴와 회복의 시작: 타락과 족장 시대 ● 77
/고장 난 인간사회 시스템 /시스템 복구를 위하여 /아브라함을 통해 씨앗을 심다: 인간사회의 회복을 위한 출발 /이삭을 제물로 바치라! /이삭과 야곱: 갈등과 화해(1) /요셉과 그의 형제들: 갈등과 화해(2) /편애와 인간사회의 갈등 /유다의 자기희생 /유다의 인물 됨 /족장 시대의 의의

4장 거듭되는 실패: 출애굽, 가나안 정착, 왕국의 건설과 분열 ● 100

/전혀 새로운 나라를 향하여 /동산 중앙의 새로운 선악과, 십계명 /십계명의 구성 /질투하는 하나님과 기독교의 배타성 /가치와 제도 /청교도의 하나님 신앙과 미국의 민주주의 /하나님 신앙의 실패 사례 ①: 사사 시스템 /사사 시스템의 타락상 /하나님 신앙의 실패 사례 ②: 왕정 시스템 /다윗 /왕국의 분열

5장 또 다른 실패: 유대교 ● 123

/예견된 실패 /유대인들의 귀환 /유대교의 출현 /개혁의 두 방향 /할례, 안식일 준수, 정결에 관한 법 /법의 정신의 상실 /율법주의로의 퇴행과 예언의 소멸

6장 그리스도를 기다리며: 신구약 중간기 ● 134

/성서에 기록되지 않은 유대 민족의 역사 /그리스도 대망 사상 /알렉산더의 유대 정복과 헬레니즘의 보급 /헬레니즘에 맞선 토라 신앙 /마카비 운동과 하스몬 왕조 /유대교의 분열 /유대인의 딜레마 /헬레니즘으로 생기를 얻다

7장 예수 그리스도와 하나님 나라 ● 147

/로마 제국 지배 하의 유대인들 /예수 그리스도의 출현 /혈통에 근거한 유대교의 신분 제도 /억압적 권력에서 벗어나기를 바라는 억압적 권력의 모순 /유대인의 그리스도, 온 인류의 그리스도 /세상 나라와 하나님 나라 /하나님의 나라는 원한에 기초한 것이 아니다 /보통 사람의 시대를 연 예수 그리스도 /하나님 나라의 계명 /서로 사랑하라는 말의 의미 /대접받고 싶은 대로 대접하라: 정의의 방식 /정의의 방식과 시장 /시장의 한계 /서비스를 위한 경쟁의 장, 시장 /대접받고 싶은 대로 대접하라: 자비의 방식 /자비의 방식과 정부의 복지 정책 /기브앤드테이크와 일방적인 자기희생 /직접적 호혜성과 일반화된 호혜성 /율법과 복음 /율법과 복음에 대한 전통적인 관점 /신앙의인과 행위의인의 상호의존과 상호견제를 통한 역동적 균형 /신앙의인과 1인1표 원리, 행위의인과 1원1표 원리 /생명 논리의 관점에서 입체적으로 성서를 읽어야 한다 /선진 문명사회 /황금률과 민주주의 사회 시스템

8장 하나님 나라의 운영 원리: 동감의 원리 ● 200

/인간적인, 그리고 가장 자연스런 감정 /인간사회의 중력의 법칙 /개체성과 사회성의 조화 /당사자와 관망자 /동감과 도덕의 일반 원칙 /정의의 도덕과 자비의 도덕 /동감, 새로운 성서 해석 원리 /삼위일체 하나님의 상호작용 원리 /삼위일체론과 민주주의 /하나님과 인간 사이의 상호작용 원리 /영성과 기도 /인간들 사이의 상호작용 원리 /존경과 사랑 /두 개의 하나님 상 /의로운 재판관 /의로운 재판관을 매수하려는 신앙 /자비로운 아버지 /동감: 어떠한 이성적 사고보다 앞선 것 /두 가지 하나님의 상을 통해 본 선악과나무 /하나님 나라의 운영 메커니즘 /거룩이란? /두 차원의 자연: 사물의 자연적 진행과 인류의 자연적 감정 /동감의 원리와 한국사회 /동감의 원리와 피조 세계의 조화 /기독교와 과학

9장 세상 나라의 운영 원리: 지배의 원리 ● 243

/지배의 사회학 /문화가 지배를 정당화한다 /공통의 의미 체계와 카리스마 /세상 나라에서의 카리스마 /역사상의 카리스마적 영웅들 /사이코패스 /인간을 사이코패스로 만드는 두 가지 문화 코드 /사이코패스의 치유자 예수 그리스도 /인간사회의 새로운 자원 /하나님 나라에서의 카리스마

10장 쿠오바디스, 한국 교회 ● 261

/위기에 처한 한국 교회 /위기의 진짜 원인 /외부 요인 /내부 요인 /하나님에 대한 올바른 이해 /교감과 소통에 무능한 한국 기독교 /왕과 백성(신민), 주인과 종의 개념을 폐기한 예수 그리스도 /문명 저능아 상태에 있는 기독교 /민주주의 문명의 빛이 되어라! /현대 민주주의 문명 전체가 위기를 맞고 있다 /사회 물리학서와 사회 의학서로서의 성서 /순종의 의미 /열매로 나무를 안다!

표 ● 283

맺음말– 새로운 기독교를 향하여 ● 286

독서 후기(앞부분에 이어서) ● 291

1장_
예수는 왜 그리스도인가?

예수 그리스도라는 말의 의미

　기독교인들은 사람들에게 예수 믿고 구원받으라는 말을 입버릇처럼 합니다. 기독교인들은 길에서도, 지하철 안에서도, 서울 역에서도, 학교 앞에서도 전단지나 과자를 나누어주면서 예수 믿고 교회 다니라고 합니다. 많은 사람들이 싫어하는 데도 그들은 아랑곳하지 않습니다. 사람들이 싫어할수록 그들은 더욱 용기를 내어 전도를 합니다. 그들은 어려운 상황에서 전도하는 것을 굳건한 믿음의 표시로 간주합니다. 기독교인들의 전도 행위는 상인들의 호객행위보다 더 극성스럽습니다. 많은 사람들이 이러한 공격적인 전도 행위 때문에 기독교에 대해 피로감을 느낍니다. 사람들은 '예수 믿으세요'라고 하면서 접근하는 기독교인들을 보면 외면하거나 손을 내젓습니다.
　'도대체 왜 예수를 믿어야 하는가'라고 물으면 기독교인들은 '예수가 그리스도이기 때문'이라고 말합니다. 예수라는 이름 뒤에는 꼭 그리스도라는 말이 함께 나옵니다. '예수 그리스도!' 이렇게 되지요. 그리스도는 그리스 말 '크리스토스(Christos)'를 한국말로 표현한 것입니다. 크리스토스는 히브리말 '메시아(Messiah)'를 그리스 말로 표현한 것입니다. 당시 유대인들이 살았던 팔레스타인 지방은 로마 제국의 지배 하에서 그리스 문명의 영향을 크게 받고 있었습니다. 그래서 오늘날의 영어처럼, 그리스 말이 널리 사용되었습니다.

메시아는 문자적으로는 '기름부음을 받은 자'라는 말이고, 그 내용은 '구원하는 자'라는 의미를 가지고 있습니다. 따라서 예수 그리스도는 '예수는 구원자이다'라는 의미입니다. 기독교(基督敎)에서 '기독(基督)'은 그리스도를 한자로 표현한 것입니다. 그래서 기독교라고 하기도 하고 그리스도교라고 하기도 하는 것입니다. 기독교는 '예수가 그리스도이다'는 것을 믿는 종교이고, 기독교인은 이것을 믿는 사람을 말합니다.

믿음은 도깨비 방망이가 아니다

예수가 왜 그리스도인가에 대한 기독교인들의 가장 일반적인 답변은 예수가 가난, 질병, 억압, 죄, 죽음 등 모든 고통으로부터 인간을 구원한다는 것입니다. 성서를 보면, 예수는 가난한 자에게 깊은 애정을 표현했고, 병자들을 치유해 낫게 했으며, 죄에 억눌린 사람들을 용서하여 자유롭게 하는데 큰 관심을 가지고 있었고, 죽은 사람을 살렸으며, 스스로 죽은 후 삼 일만에 부활한 몸을 나타내었고, 영원한 삶과 부활을 약속했습니다. 따라서 기독교인들은 예수를 그리스도로 '믿으면' 이런 일들이 일어나며 인생의 여러 고통들로부터 해방된다고 말합니다.

저도 기독교인으로서 성서의 이러한 증거들을 믿습니다. 그러나 이러한 답변은 예수가 왜 그리스도인가에 대해 일반 사람들이 납득할 수 있는 설득력 있는 답변이 될 수는 없습니다. 그냥 '믿으면' (이러한 고통들로부터) 구원 받고 '믿지 않으면' 구원 못 받는다는 식이 되고 맙니다. 이것은 건너갈 다리를 보여주지도 않고 믿음을 가지면 이쪽 절벽에서 저쪽 절벽으로 뛰어 건너갈 수 있다고 말하는 것과 같습니다. 이것은 '믿습니다'는 고백을 주술적인 주문으로 만드는 것입니다. 믿음이 일종의 도깨비 방망이가 되는 셈이지요.

실제의 삶에서 우리는 기독교인들 중에도 가난한 사람들이 있고, 기독교인들도 병에 걸리며, 기독교인들도 다른 사람들로부터 억압을 당하기도 하고 다른 사람들을 억압하기도 하고, 기독교인들도 죄를 짓고 죽는다는 사실을 눈으로 봅니다. 기독교인들도 비기독교인들이 겪는 동일한 여러 종류의 인생 문제들에서 고통을 겪습니다. 이것은 기독교에서 말하는 기도의 응답이 없다고 말하는 것이 아닙니다. 기독교인들은 기도를 통해 자신들의 문제를 해결 받을 수 있으며, 실제로 그런 사례들을 간증하는 사람들이 제법 있습니다. 그러나 기독교인들이 교만하지 않도록 하나님은 그런 사례들을 많이 보여주지는 않는 것 같습니다.

따라서 비기독교인들은 예수를 믿으면 가난, 질병, 억압, 죽음 등과 같은 고통으로부터 구원된다는 기독교인들의 말을 그렇게 신뢰하지 않습니다. 단지 마음의 위안을 얻기 위한 방편이라고만 생각합니다. 실제로 예수를 믿는 사람들이 모두 다 이런 고통으로부터 구원된다면 모든 사람이 예수를 믿게 되겠지요. 그러나 현실은 그렇지 않습니다. 또 비기독교인들은 이런 믿음과 마음의 위안이 기독교에만 있는 것은 아니고 다른 종교에도 있는 것이라고 여깁니다.

기독교인들 중에는 '예수 천국 불신 지옥'이라고 외치는 사람들이 많이 있습니다. 이렇게 외치는 사람들은 예수가 그리스도라는 것을 믿으면 죽어서 천당 가고 믿지 않으면 지옥 간다고 생각합니다. 그러나 기독교는 무조건 예수를 믿고 죽어서 천당 가는 그런 종교가 아닙니다. 이렇게 되면 기독교는 무식한 주술적 종교로 변질되고 맙니다. 이런 막무가내 식 믿음이 기독교인들을 무지몽매하게 만들고 또 비기독교인들에게 기독교에 대한 왜곡된 이미지를 퍼뜨리는 주된 요인입니다. 그리고 이런 막무가내 식 믿음을 강조하면서 각종 헌금을 강요하는 일부 교회의 행태야말로 비기독교인들로 하여금 기독교를 경멸스럽게 여기게 만드는 가장 일차적인 요인이라고 할 수 있습니다. 그렇다고 그 말이 틀린 말은 아닙니다. 문제는 그것이 압축파일이라는 것입니다. 풀지 않으면 압축파일은 이해될 수 없습니다. 이 책은 이 압축파일을 풀어서 그 말의 진정한 의미를 보여줄 것입니다.

하나님은 돈을 밝힌다?

설교 중에 목회자들은 현대 사회의 풍조를 맘모니즘(맘몬은 물질적 부를 의미), 황금숭배, 천민자본주의(수단과 방법을 가리지 않고 돈을 추구하는 행위) 등으로 비판합니다. 그러나 솔직히 말하면, 교회만큼 돈을 좋아하는 곳도 없습니다. 교회는 사람의 머리가 상상할 수 있는 다양한 명목의 헌금 봉투를 만들어 놓고 교회에 헌금을 하도록 교인들을 독려합니다. 십일조 헌금을 비롯해서, 주일헌금, 월정헌금, 선교헌금, 건축 헌금, 교회 개척 헌금, 교회 절기마다 하는 헌금(신년 헌금, 부활절 헌금, 추수감사절 헌금, 성탄절 헌금), 부흥회 헌금, 장학헌금, 각종 명목의 감사헌금(생일 감사, 환갑 감사, 결혼 감사, 출생 감사, 백일 감사, 돌 감사, 이사 감사, 개업 감사 등등), 불우이웃 돕기 헌금 등이 있습니다. 이것도 모자라 빈손으로 하나님께 나오면 안 된다고 하면서 주일 예배 시간마다 헌금 주머니까지 돌립니다. 하나님께 돈을 드리는 교육과 훈련을 위한 것이라나요? 아마 교회만큼 다양한 방식으로 구성원들에게 호통(?)을 치면서 돈을 요구하는 단체는 이 세상에 없을 것입니다.

이 모든 헌금이 하나님과 예수 그리스도의 이름으로 정당화됩니다. 가장 흔히 사용되는 정당화 방법 중 하나가 세상만물이 다 하나님 것이고 따라서 모든 돈 역시 하나님의 것이라는 논리입니다. 하나님의 것을 하나님에게 갖다 바치라는 것이지요. 이러한 큰 논리에다 하나님의 것을 하나님에게 많이 바칠수록 하나님이 더 많은 복을 준다는 작은 논리를 슬쩍 끼워 넣습니다. 교인들의 귀를 솔깃하게 하는 것은 앞의 큰 논리가 아니라 뒤의 작은 논리입니다. 그리하여 무당에게 복채를 주듯이 헌금을 하게 됩니다. 그야말로 돈 놓고 돈 먹기의 헌금 형태입니다. 설교 중에 노골적으로 헌금을 많이 하면 하나님이 복을 주나 안 주나 시험해보라는 말이 공공연하게 선포됩니다.

한마디로 한국의 교회는 돈 먹는 하마입니다. 먹어도, 먹어도 여전히 '돈이 먹고 싶다'라고 계속 외칩니다. 교회에 다니다가 교회를 등지는 사람들 중에는 목회자들의 돈타령에 염증을 느낀 사람들이 많습니다. 한국의 기독교회는 하나님을 돈을 엄청 밝히는 신으로 만들어 놓았습니다. 목회자들의 입을 통해 하나님은 사람들에게는 돈을 멀리하라고 말하면서, 나는 돈을 좋아하니 나에게 그것들을 갖다 바치라고 계속 반복해서 말합니다. 나에게 돈을 아낌없이 갖다 바치는 정도에 따라 복을 주겠다고 말합니다. 돈지갑의 회개가 참된 신앙의 표시이며, 돈지갑의 회개 정도는 교회를 통해 하나님에게 돈을 갖다 바치는 정도에 비례한다고 말합니다.

몽테스키외는 유명한 『법의 정신』에서 '인간이 신에게 예배를 드릴 때 주의해야 할 것이 하나 있다. 그것은 신이 경멸하라고 명한 것을 우리가 신에게 바쳐서는 안 된다는 것이다. 따라서 우리는 신에게 재산과 보물을 바치는 짓을 그만두어야 한다.'고 말했습니다. 따라서 교회는 돈에 대한 욕심을 버리라고 하면서도 하나님이 돈에 대한 욕심이 많은 신인 것처럼 돈을 하나님께 바치라고 독려해서는 안 됩니다. 그것은 종교가 타락했다는 표시입니다.

모든 인간 조직에는 그 운영을 위해 돈이 필요합니다. 따라서 교회

조직의 운영에도 돈이 필요합니다. 그러나 그 돈의 공급은 교회 운영에 적합한 한도 내에서 이루어져야 합니다. 그러나 한국의 교회는 기독교인들의 돈을 거의 독점하다시피 합니다. 기독교인들의 돈은 교회로만 몰립니다. 돈이 교회로만 몰리니 교인들은 교회 안에서만, 교회를 통해서만 놀 수밖에 없습니다. '교회가 돈을 모아 좋은 일을 하는 것이 뭐가 나쁘냐'라고 할지 모르지만 사물의 이치상 그렇지만은 않습니다. 교회로 돈이 몰리게 되면, 목회자를 비롯한 교회 운영자들이 돈을 많이 만지면서 그것을 기반으로 부당한 권력을 행사하게 됩니다. 또 교회의 덩치가 커지니 그 덩치를 유지하기 위해 돈타령을 합니다. 그리고 자연히 돈을 쓸 곳과 돈을 마련하는 방법에 대해 생각을 많이 하게 되어 교회의 영성을 흐리게 됩니다. 그리하여 교회가 부패하게 될 가능성이 훨씬 커집니다. 한국의 교회가 부패하는 것은 재물과 돈이 교회에 너무 많이 몰려 있기 때문입니다. 교회가 논의 운영에 있어서 불신을 받게 되면 기독교 전체의 이미지에 큰 손상을 주게 됩니다. 한 기독교 단체가 불신을 당하는 것과 교회가 불신을 당하는 것은 본질적으로 차원이 다른 문제입니다.

　교회는 설교와 가르침을 통해 이웃 사람들에게 좋은 일을 많이 하도록 기독교인들을 독려하고, 기독교인들은 그 말씀에 따라 자신의 돈으로 선한 일을 하면 됩니다. 선한 일을 교회라는 집단이 독점하려고 하기 보다는 개개의 기독교인들이 시민 사회에서 활발하게 좋은 활동을 하도록 장려해야 합니다. 그렇게 해야 기독교인들이 교회 밖으로 나가 소금과 빛의 역할을 잘 감당할 수 있습니다. 굳이 교회가 선한 일을 직접 하려고 너무 나설 필요가 없습니다. 교회의 주된 일은 하나님의 말씀을 제대로 알려주는 것입니다. 교회에는 하나님의 말씀을 올바로 알려주는데 필요한 정도의 돈만 있으면 됩니다.

하나님은 돈을 좋아하는 신이 아닙니다. 하나님에게 돈이 무슨 소용이 있겠습니까? 하나님이 좋아하는 것은 사람을 살리고 사회적 약자들을 도와주는데 돈을 사용하는 것입니다. 목회자들이 자꾸 돈을 교회에 바치라고 하면 하나님이 돈을 엄청 좋아하는 신으로 경멸될 수 있습니다. 기독교인으로서 이런 오해만큼 슬픈 일은 없습니다. 이것이 한국 교회가 경멸받는 가장 큰 이유 중 하나입니다.

무례한 기독교

기독교에 대한 경멸에 더하여 비기독교인들은 기독교에 대해 반감을 드러냅니다. 그 이유는 다수의 기독교인들이 이런 막무가내 식 믿음을 바탕으로 자신들이 옳다는 확신에 가득 차서 다른 사람들의 말에 귀를 잘 기울이지 않고 자신들의 감정과 생각대로 행동하기 때문입니다. 이러한 행동 특성은 자기중심성, 독선, 오만, 무례의 네 단어로 요약될 수 있습니다. 때와 장소를 가리지 않고 행해지는 공격적인 전도 활동도 이러한 행동 특성의 한 예입니다. 지난 2007년에 기독교인 23명이 아프간에서 납치되어 온 나라가 떠들썩한 적이 있었습니다. 많은 사람들은 이 사건도 결국 기독교의 그러한 행동 특성 때문에 생긴 것이라고 여기고 있습니다.

이러한 행동 특성은 기독교의 전통적인 구원관과 관계가 있습니다. 기독교인들은 하나님의 은혜로 예수 그리스도를 믿고 구원되었다는 자부심과 예수 그리스도를 전해 세상 사람들을 구원해야 한다는 사명감으로 무장되어 있습니다. 이에 더 하여 전지전능한 하나님이 믿는 자들을 어디서나 항상 지키고 보호해 승리로 이끈다는 승리감은 자부심과 사명감을 배가시킵니다. 기독교의 구원관에서 구원의 은혜를 입었다는 자부심과 그 은혜를 다른 사람들에게도 전해야 한다는 사명감,

하나님이 인도하여 반드시 이기게 한다는 승리감은 하나의 신앙 체계로 결합되어 있습니다. 대부분의 교회들에서는 설교를 통해 이 세 요소를 기독교인들에게 반복적으로 주입시킵니다.

이처럼 자부심, 사명감, 승리감에 근거하여 기독교인들이 자기중심성, 독선, 오만, 무례의 태도로 자신의 생각과 감정을 맹목적으로 우선시킨 나머지 기독교는 많은 비기독교인들로부터 반감의 대상이 되고 있습니다. 애덤 스미스는 『도덕 감정론』에서 다음과 같은 말을 한 적이 있습니다. "우리는 모두 대중 속의 한 사람에 불과하고, 어떠한 점에서도 대중 속의 타인들보다 나을 것이 없다. 따라서 만약 우리가 맹목적으로 우리 자신을 타인들에 우선시킨다면 우리는 분개와 혐오와 저주의 정당한 대상이 될 것이다"(『도덕 감정론』 3부 3장 4절).

인간사회에서는 누구든지 맹목적으로 자신을 타인들에 우선시킨다면 사람들로부터 분개와 혐오와 저주의 대상이 됩니다. 이것은 작용반작용의 물리 법칙처럼 인간사회에 작용하는 일종의 물리법칙입니다. 만약 이 시점에서 한국의 기독교가 자신을 성찰하여 돌이키지 않으면 분노의 대상을 넘어 혐오의 대상이 될지도 모릅니다.

일부 기독교인 운동선수들은 경기를 하다가 골을 넣거나 승리를 하게 되면 꿇어앉아 기도를 하는 세레머니를 행합니다. 골을 넣게 해 주신 하나님, 이기게 해주신 하나님께 감사를 드리고 영광을 하나님께 돌린다는 의미가 있습니다. 비기독교인들은 이러한 세레머니를 비난합니다. 꼭 그렇게 유난을 떨어야 하겠느냐는 것이지요. 이런 비난에 대해 기독교인들은 종교의 자유가 있는 대한민국에서 이런 세레머니 정도도 못하느냐고 항변합니다.

중요한 것은 이런 세레머니를 하지 말아야 하느냐 해도 좋으냐가 아니라 이런 세레머니가 비난의 대상이 될 정도로 기독교에 대한 거부감이 팽배해 있는 현실입니다. 이러한 비난 속에서 우리는 기독교인들의 행동 특성에 대한 비기독교인들의 피로감이 얼마나 누적되어 있는지를 알 수 있습니다. 비기독교인들은 이러한 세레머니에서도 기독교의 공격적인 전도 활동을 떠올립니다. 실제로 일부 목사들이 교회 설교에서 이러한 세레머니를 기독교인의 신앙을 드러냄으로써 하나님을 영화롭게 하는 훌륭한 전도 행위로 치켜세웁니다. 이런 설교는 앞에서 말한 자부심, 사명감, 승리감의 맥락에서 해석될 수 있습니다.

하나님은 이긴 자의 편이다?

 개개의 기독교인 경기자가 단순한 기쁨의 세레머니로 그렇게 하는 것은 별 문제가 없겠지만 그러한 행위를 부추기는 목사들의 설교에는 큰 문제가 있습니다. 왜냐하면 그러한 설교는 마치 하나님이 이긴 자의 하나님인 것처럼 오해를 불러일으키기 때문입니다. 경쟁에서 성과를 내고, 이겼을 때 기독교인은 기뻐하면서 조용히 마음속으로 하나님께 감사의 마음을 가질 수는 있습니다. 그러나 경쟁에서 성과를 내고 이겼다는 사실이 결코 하나님을 영광스럽게 할 수 없습니다. 왜냐하면 하나님은 패한 자의 편도 아니지만 그렇다고 승리한 자의 편도 아니기 때문입니다. 하나님은 이 세상에서 누가 이기고 누가 지는 것에 관심이 있는 것이 아니라 '하나님의 나라와 의'를 이루는데 관심이 있습니다. 인간사회에서 어느 한 쪽이 경쟁에서 이기고 지는 것은 하나님의 나라와 의에 전혀 관계가 없습니다. 경쟁의 규칙이 공정하고, 이 규칙에 따라 경기가 공정하게 진행되며, 진 자는 결과에 승복하여 이긴 자를 축복해주고, 이긴 자는 겸손한 마음으로 진 자의 손을 잡고 일으키면서 다음번에는 당신에게도 기회가 있다고 말해주는 태도가 하나님의 나라와 의에 관계가 있습니다.

기독교인들을 무조건 편드는 하나님?

그러나 지금 한국의 기독교인들은 하나님을, 매우 위험하게도 자신을 무조건 편들어 이기게 하는 우상으로 만들고 있습니다. 이 때문에 많은 한국의 기독교인들이 수단과 방법을 가리지 않고 이기는 데 '올인'하고, 이기면 이를 하나님의 영광이라는 이름으로 자신의 존재를 과시하는 비상식적인 일들이 비일비재하게 벌어지고 있습니다. 밖으로는 하나님의 영광을 외치면서 마음속으로는 나의 영광이라고 기뻐합니다. 단적인 예로, 각 교단의 총회장 선거가 돈과 뇌물을 뿌리는 추태로 얼룩져 있다는 사실을 모르는 기독교인은 아마 없을 것입니다. 선거에서 당선된 사람들은 자신이 사용한 부정한 방법은 전혀 개의치 않고 하나님이 자신을 지켜주고 축복한 것에 기뻐하고 감사해하며 하나님의 영광을 외칩니다. 과연 그런 식의 당선이 하나님이 지켜주고 축복한 것이며, 하나님의 영광이 될까요?

이러다 보니 기독교인들은 하나님과 예수를 자기한테 이익이 되는 일에 마구 갖다 붙입니다. 하나님의 뜻을 자신의 욕심을 채우는 수단으로 사용한다는 의미지요. 성서에 보면, 예수가 유대인들의 그릇된 고르반 전통에 대해 비판하는 장면이 소개됩니다. 고르반은 '하나님께 바쳐진 물건'이라는 뜻입니다. 고르반으로 구별된 것은 다른 용도로 절대 사용될 수 없었습니다. 당시의 많은 유대인들은 부모를 부양하는 데 쓰는 물질이 아까워 고르반이라는 핑계를 대어 부모에게 드리지 않았습니다. 예수는 유대인들의 이러한 행동에 대해 자신들의 전통으로 하나님의 계명(부모를 공경하라는 계명)을 범한다는 사실을 지적했습니다.

한국의 많은 기독교인들도 자신도 모르는 사이에 이런 나쁜 습관에 물들어 있습니다. 하나님의 뜻이라고 정해 놓으면 그 누구도 감히 이의를 제기하지 못하게 됩니다. 그러다 보니 교회 안이나 밖에서 하나님의 뜻을 내세워 사람들의 마음을 무시하고 다치게 하는 일들을 많이 행합니다. 교회 안에서는 군림하기를 좋아하는 목사나 장로들일수록 이런 행동을 많이 합니다. 목사들 중에는 목사의 말≒하나님 말씀, 목사에게 순종하는 것≒하나님께 순종하는 것, 목사를 잘 섬기는 것≒복 받는 길이라는 유치한 도식으로 교인들을 통제하려는 분들이 아직도 있습니다. 한국의 많은 교회가 목사나 장로의 교회가 되어 권위주의적으로 운영되는 것도 이러한 이유에서입니다.

목사 자리를 대물림하고, 많은 보수를 받으면서도(일부 대형 교회에 국한) 투명하게 회계 처리를 하지 않는 것도 하나님의 뜻이라는 명목으로 사람들의 마음을 무시하려는 나쁜 버릇과 관련이 있는 현상입니다. 이런 일탈적인 일들에 대한 언론 보도는 타오르는 반(反)기독교 감정에 기름을 끼얹은 역할을 하고 있습니다. 언제부터인가 목사가 먹사로, 기독교가 개독교로 불리고 있습니다. 그렇다고 비기독교인들과 언론 보도를 나무라겠습니까? 아닙니다. 무엇보다도 먼저 기독교인들은 사람들의 동감을 얻을 수 없는 자신들의 행동 특성을 깊이 성찰해야 합니다.

기독교에 대한 비기독교인들의 반감과 이러한 반감을 유발시키는 기독교인들의 행동 특성은 예수가 그리스도인 이유에 대한 기독교인들의 그릇된 이해에 기인합니다. 많은 기독교인들이 예수를 그리스도로 고백하지만 왜 예수가 그리스도인지에 대해 이해를 잘못한 결과 기독교를 왜곡해서 생각하고 행동하고 표현하고 있습니다. 비기독교인들은 이처럼 왜곡된 기독교에 대해 반감을 갖게 되는 것이지요. 결국 기독교에 대한 비기독교인들의 반감의 출발점은 기독교인들입니다.

예수가 그리스도인 이유

따라서 기독교가 무엇보다 먼저 시도해야 할 과제는 예수가 왜 그리스도인지에 대한 올바른 관점을 정립하고 이를 비기독교인들과 소통할 수 있는 합리적인 방식으로 제시하는 것입니다. 이를 통해 기독교인들은 자기 개혁을 할 수 있고, 비기독교인들은 기독교에 대해 올바로 이해할 수 있습니다.

성서에 의하면, 예수가 그리스도인 이유는 죄로부터 인간을 구원했기 때문입니다. 그런데 죄로부터 인간을 구원했다는 말의 가장 중요한 의미는 고장 난 사회 시스템 안에서 신음하고 고통 받는 사람들을 하나님의 뜻대로 운영되는 원래의 정상적인 사회 시스템으로 구원해서 자유롭고 행복하게 살도록 하는 길을 제시해 주었다는 것입니다. 다음 장에서 자세하게 살펴보겠지만 성서에서 말하는 죄는 하나님이 설정해 놓으신 인간사회 시스템을 파괴하는 행위와 관련되어 있습니다.

예수는 인간이 죄를 범해 파괴된 인간사회 시스템을, 인간을 죄로부터 구원해 원래대로 회복시키려고 하였습니다. 이처럼 죄를 인간사회 시스템과 연결시켜 예수의 그리스도 됨을 보이는 것은 기독교를 일반 사람들과 소통할 수 있는 방식으로 드러내는 가장 좋은 방법이라고 할 수 있습니다. 성서에서는 죄로 인해 고장 난 인간사회 시스템을 '세상 나라'라 부르고, 죄로부터 구원된 정상적인 사회 시스템을 '하나님 나라'라고 부릅니다.

사회 시스템 안에서 생활하는 사람들은 알게 모르게 서로 상대방이 특정한 방식으로 생각하고 행동하고 느끼도록 유도합니다. 이것을 심리학적 용어로 점화(priming)라고 합니다. 고장 난 사회 시스템 속에 사는 사람들은 서로에게 죄를 짓도록, 그래서 가난하게 되도록, 환경을 파괴하도록, 질병에 잘 걸리도록, 서로를 지배하고 억압하면서 갈등하도록, 손을 더럽히고 부패하도록, 빨리 죽도록 점화합니다. 이런 사회는 지옥 같아서 그 속에 사는 인간들에게 큰 고통을 줍니다. 반대로 정상적인 사회 시스템 속에 사는 사람들은 죄를 적게 짓도록, 그래서 가난에서 벗어나 부유하게 되도록, 환경을 잘 관리하도록, 질병과 싸워 이기도록, 서로를 존중하며 평화를 유지하도록, 손을 깨끗하게 하고 부패되지 않도록, 오래 살도록 점화시킵니다. 이런 사회는 천국 같아서 그 속에 사는 인간들을 행복하게 만듭니다.

예수는 무기력하게 세상 나라의 고장 난 사회 시스템 안에 갇혀서 고통스럽게 살던 사람들에게 거기서 빠져 나올 수 있는 길을 보여주고, 자신을 따라 그 길을 함께 걷도록 점화시켰습니다. 이것이 바로 그가 시작한 하나님 나라 운동입니다. 그는 12제자를 부르면서 '사람을 낚는 어부'라는 표현을 썼는데, 이 표현은 하나님 나라 운동에 동참하도록 주위의 사람들을 점화시키는 일을 주도하는 사람이라는 의미입니다. 하나님 나라는 죽은 후 내세에 있는 것이 아니라 현세에서 땀과 눈물과 피를 흘리면서 사람들이 하나님의 인도하심을 따라 함께 만들어가야 하는 사회 시스템입니다. 이게 바로 '예수 천당 불신 지옥'의 진정한 의미입니다.

불완전한 인간이 운영하는 사회 시스템은 아무리 잘 운영되어도 완전하지 못할 것입니다. 인간이 아무리 노력해도 여전히 인간의 힘으로 극복할 수 없는 고통과 어려움이 많이 발생할 것입니다. 이러한 고통과 어려움들은 하나님의 이름을 부른다고 해서, 예수 그리스도의 이름으로 기도한다고 해서 저절로 사라지지 않습니다.

하나님과 예수 그리스도는 도깨비 방망이가 아닙니다. 따라서 기독교인들과 교회는 비기독교인들에게 하나님과 예수 그리스도가 마치 도깨비 방망이나 되는 듯이 선전을 해서는 안 됩니다. 그러면 비웃음을 사게 됩니다. 실제로 기독교는 이런 비웃음을 사고 있습니다. 이런 방식이 통하는 때도 있었겠지만 이제는 더 이상 통하지 않습니다.

그리스도 안에서 성숙한 인간들은 인간의 불완전함에서 오는 고통과 어려움을 회피하지 않고 정면으로 맞서 하나님의 은혜를 간구하면서 서로 협동해 극복해 나갈 수 있는 정신을 가진 사람들입니다. 바로 이런 정신을 세상과 비기독교인들에게 보여 주어야 하는 것입니다. 이런 정신 속에 천국이 임하고 이런 정신이 세상을 천국처럼 만들어 가는 것입니다.

기독교인들이 전도할 때 흔히 말하는 죽은 후 죄에 대한 심판, 천국과 지옥의 개념, 몸의 부활 등은 기독교에서 매우 중요한 교리들입니다. 그러나 이 교리들은 세상 속에서 고장 난 사회 시스템을 정상적인 사회 시스템으로 변화시키려는 인간의 노력과 연관해서 생각할 때 본질적인 의미를 가집니다. 만약 이 교리들이 세상 속에 있는 사회 시스템의 작동과 연결되지 않고 따로 논다면, 그것은 줄이 끊어진 애드벌룬처럼 본질에서 멀리 멀리 날아가 결국은 허공에서 터져버리고 맙니다. 기독교는 이런 공허한 종교가 아닙니다.

예수를 그리스도로 고백하면 개인의 죄가 용서되고 죽어서 영원히 살고 마지막에는 몸이 부활된다는 믿음은 개인들로 하여금 고장 난 사회 시스템을 정상적인 사회 시스템으로 변화시키는데 참여할 수 있도록 동기를 부여하는 역할을 합니다. 죽음을 두려워하고 영원히 살고 싶어 하는 개인의 이기적 욕망을 이용하는 것이지요. 죄를 용서받고 죽어서도 영원히 살 것이라는 믿음을 가진 개인들이 죽음을 두려워하지 않고 선한 동기와 분별력을 갖고 사회 활동에 에너지를 쏟으면 그 사회는 좋은 시스템을 갖게 될 것입니다. 인간사회 시스템을 운영하는 것은 결국 개개인들이므로 개개인들이 변화되어야만 사회 시스템이 변화됩니다.

성서는 창세기부터 요한 계시록까지 죽어서 가는 '저 세상'이 아니라 우리가 육체를 가지고 살아가는 '이 세상(인간사회 시스템)'에 초점을 맞추고 있습니다. 하나님은 이 세상에서 모든 인간이 생명과 자유와 행복을 누리면서 살기를 기뻐합니다. 이것이 바로 하나님이 세상을 창조한 목적이기도 하고, 또 하나님이 인간의 역사에 지속적으로 개입하는 목적이기도 합니다.

요한복음 3장 16절에 보면 "하나님이 세상을 이처럼 사랑하사 독생자를 주셨다"고 되어 있습니다. 여기서 세상이란 하나님이 창조한 피조 세계를 말합니다. 이 피조 세계는 타락으로 인간사회 시스템이 파괴됨으로써 고통 속에 빠지게 되었습니다. 피조 세계가 이 고통으로부터 벗어나는 길은 파괴된 인간사회 시스템을 원래대로 회복시키는 것입니다. 하나님의 아들 예수 그리스도는 파괴된 인간사회 시스템을 원상회복시키러 이 땅에 왔습니다. 한국 기독교의 병리 현상은 이러한 사실을 분명하게 인식하지 못하고 있는 것에 기인하고 있습니다.

죽음의 문제

파괴된 인간사회 시스템이 원상회복되기 위해서는 그 속에서 살아가는 인간들이 대가와 희생을 지불해야 합니다. 왜냐하면 인간사회 시스템은 인간들에 의해서 운영되기 때문입니다. 인간들이 자신이 몸담고 있는 사회 시스템의 개선을 위해 지불하는 대가와 희생 중에는 생명을 내놓고 죽음의 길을 가야하는 것도 포함되어 있습니다. 그래서 성서는 죽음을 인간사회 시스템 형성의 중요한 기제로 다룹니다.

사실, 죽음은 인간이 직면하는 고통 중 가장 두려운 것입니다. 죽는 과정 그 자체에 따르는 고통이 두렵기도 하고, 또 생명이 끝난다는 사실이 두렵기도 합니다. 죽음과 함께 우리는 사랑하는 가족들, 깊은 우정을 나누는 친구들 그리고 우리가 익숙한 모든 것들과 이별하게 됩니다. 그 누구도 나의 죽음에 동참하지 못합니다. 따라서 죽음의 위협 앞에서 인간은 매우 약한 존재가 됩니다.

그러나 죽음이 아무리 두렵더라도 유한한 존재인 인간은 반드시 죽습니다. 죽음은 인간에게 일어날 수 있는 사건들 중 가장 확실한 것입니다. 어떤 사건도 인간에게 100%의 확률로 일어나지는 않습니다. 그러나 죽음은 모든 인간에게 100% 확실한 사건입니다. 이처럼 확실한 죽음에 대해 구성원들이 어떤 태도를 취하느냐에 따라 인간사회 시스템의 모습은 크게 달라질 수 있습니다. 구성원들이 죽음에 종노릇하면서 현세에서 목숨을 부지하고 일신상의 안일을 구하는데 급급 하느냐 아니면 다른 사람들의 행복한 삶을 위해 헌신하고 자신의 목숨까지 버릴 용기를 깆고 있느냐에 따라 그 사회의 운영 방식은 상당히 다를 것이기 때문입니다.

사회학자 피터 버거(P. Berger)는 인간사회를 죽음에 직면하여 결합된 사람들의 모임이라고 말했습니다. 따라서 인류의 모든 문화는 죽음과 그 후의 세계를 가장 진지하고 심각하게 다루어 왔습니다. 인간의 문화 중 이 죽음의 문제를 가장 직접적으로 취급하는 영역이 바로 종교입니다. 다시 피터 버거에 의하면, 종교의 힘은 궁극적으로 사람들이 죽음 앞에 설 때, 보다 정확하게 말해 그들이 죽음을 향해 필연적으로 걸어가고 있을 때, 종교가 사람들에게 제공하는 사후 세계의 신뢰성에 달려 있습니다.

040 영생과 부활에 대해

기독교에서 죽음은 더 이상 공포와 두려움의 대상이 아닙니다. 바울의 다음과 같은 말은 이런 맥락에서 이해될 수 있습니다. 예수가 죽은 후 자신의 부활을 직접 사람들에게 보여주면서 모든 인간에게 영생과 부활의 희망을 준 것은 현세의 삶과 죽은 후의 내세의 삶의 생동감 있는 연속성을 가장 확실하게 보장함으로써 죽음 자체와 죽은 후의 불확실성을 극복할 수 있게 해 주는 매우 중요한 기제입니다. "사망아 너의 승리가 어디 있느냐? 사망아 네가 쏘는 것이 어디 있느냐? … 우리 주 예수 그리스도로 말미암아 우리에게 승리를 주시는 하나님께 감사하노니 그러므로 내 사랑하는 형제들아 견실하며 흔들리지 말고 항상 주의 일에 더욱 힘쓰는 자들이 되라 이는 너희 수고가 주 안에서 헛되지 않은 줄 앎이라"(고린도전서 15장 55-58절). 죽음을 이기는 이 부활의 희망은 사람들이 고통스러운 십자가를 질 수 있는 강력한 동기가 됩니다.

  예수 그리스도가 모든 사람들에게 영생과 부활의 선물을 마련한 이유는 이 땅에서 하나님 나라를 건설하는 것과 깊은 관계가 있습니다. 기독교는 아무렇게나 살다가 죽어서 천국 가는 종교가 아닙니다. 기독교는 이 땅에서 하나님 나라를 이루려는 종교입니다. 죽은 후 영생과 부활을 선물로 받기 위해서는 이 땅에서 하나님 나라를 이루기 위해 나름대로의 노력을 경주해야 합니다. 그래서 예수가 "내 아버지의 뜻대로 행하는 자라야 천국에 들어갈 수 있다"고 말한 것입니다. 기독교에서 말하는 믿음은 이러한 노력의 출발점입니다.

사도신경

  2008년에 출판된 『예수 없는 예수교회』라는 책에서 대한적십자사 총재를 지낸 한완상 박사는 사도 신경에 하나님 나라 운동을 펼친 역사적 예수의 공생애에 대한 언급이 없다고 지적하였는데, 이는 매우 타당하다고 할 수 있습니다. 예수가 성령으로 잉태되어 동정녀 마리아에게서 났다고 한 다음 바로 빌라도에게 고난을 받아 십자가 못 박혀 죽었다는 고백으로 넘어간다는 것이지요. 저도 평소에 사도신경을 고백하면서 좀 의아했습니다.

성서의 복음서에 의하면, 예수가 성령으로 잉태되어 동정녀 마리아에게서 태어난 이유는 이 땅에 창조 질서인 하나님 나라를 이루기 위해서였고, 또 빌라도에게 고난을 받아 십자가에 못 박혀 죽은 이유도 하나님 나라를 이루려는 노력 때문이었습니다. 그럼에도 불구하고 사도 신경은 왜 이 본질적인 요소를 싹 빼버려 노른자위 없는 계란을 만들어 놓았을까요? 이 문제에 대해 생각하다 저 나름대로 다음과 같은 결론에 도달했습니다. 아마 로마 제국을 숙주로 삼아 전 세계에 복음을 전파하기 위해서는 정치적인 의심을 피해야 했고 이를 위해 일부러 그것을 누락시켰는지도 모릅니다. 일종의 트로이 목마 전략이지요. 그렇다면 그것은 당시 상황에서 현명한 전략이었다고 할 수 있습니다.

그러나 불행하게도 그 이후 2000년 동안 기독교는 적을 속이는 전략을 구사하다가 자신도 그러한 자신의 전략에 속고 말았습니다. 그 이후 기독교인들은 기독교의 핵심이 빠진 기독교를 참된 기독교로 고백해 왔습니다. 이제 기독교인들은 사도신경에 생략되어 있는 기독교의 핵심을 다시 제자리에 갖다 놓아야 합니다. "예수는 창조 질서인 하나님 나라를 회복하기 위해 성령으로 잉태되어 동정녀 마리아에게서 나시고 그 일을 하시다가 본디오 빌라도에게 고난을 받아 십자가에 못 박혀 죽으시고 … "기독교계가 합의하여 이런 내용을 첨가하는 것이 가장 좋으나 그것이 어려우면 사도신경을 가르칠 때 이 부분이 빠져 있다는 사실을 분명하게 설명해 주어야 합니다.

사회 시스템은 개인들의 행위와 별개로 존재하는 것이 아니라 다수의 개인들이 반복적이고 지속적인 방식으로 행위하고 관계를 맺는 유형으로 존재합니다. 따라서 사회 시스템이 변한다는 것은 지금까지와는 다른 방식으로 서로의 행위를 점화하는 개인들이 그 사회의 다수가 된다는 것을 의미합니다. 예를 들면, 지연, 혈연, 학연에 따라 패거리를 형성해 밀어 주고 끌어주면서 뇌물을 주고받는 것을 좋아하는 방식으로 서로를 점화하는 개인들의 수가 줄어들고, 모든 사람을 똑같이 공정하게 대우하고 뇌물을 주고받는 것을 거절하는 방식으로 서로를 점화하는 개인들의 수가 늘어나게 되면 그 사회의 시스템은 변하게 됩니다.

제도 변화를 우선시하는 전략을 사용하든 개인의 변화를 우선시하는 전략을 사용하든 사회 시스템의 변화에 성공하기 위해서는 반드시 개개의 인간들이 변화되어야 합니다. 개개의 인간들이 변화되지 않으면 사회 시스템의 운영 방식은 변화되지 않습니다. 기독교는 사회 시스템의 운영 방식과 개개 인간들의 운명(죄를 용서받고 영원히 사는 것)을 밀접하게 연관시키고 있습니다. 개인이 거듭나야 하나님 나라를 볼 수 있는 것처럼, 개개의 사람들이 변해야 나라가 변합니다.

2장_
민주주의 창조 질서를 회복하러 온 예수

유대인과 예수의 갈등

예수는 유대인으로 이 세상에 왔고 당시 유대인들의 문제를 해결하려고 했습니다. 그런 점에서 예수는 온 인류의 그리스도가 아니라 유대인들의 그리스도에 불과합니다. 예수도 자신이 유대인에게 보냄을 받았다고 말하고 있습니다. 그러나 실제로 예수는 유대인들의 그리스도가 되지 못했고 오히려 온 인류의 그리스도가 되었습니다. 예수는 당시 유대인들의 고장 난 사회 시스템을 개혁하여 정상적인 사회 시스템으로 복원하려고 하였지만 유대인들은 예수의 개혁을 받아들이지 않았습니다.

만약 유대인들이 예수의 개혁을 받아들였다면 예수는 진정 유대인들의 그리스도가 되었을 것이고, 유대인들은 그 후로 다른 민족으로부터 핍박받는 민족이 아니라 환영받는 민족이 되었을 것입니다(이것은 유대인에 대한 박해가 정당했다는 것을 의미하는 것이 아닙니다. 오해 없기를 바랍니다). 그러나 유대인들은 온 인류의 그리스도보다는 유대인들만의 그리스도를 원했기 때문에 예수를 받아들일 수 없었습니다. 그릇된 선민의식에 집착해 크게 고장 난 유대적인 삶의 특수성을 고집하는 유대인들과 모든 인간사회에 보편적으로 적용될 수 있는 정상적인 사회 시스템을 복원하려는 예수 사이의 갈등 속에서 예수는 죽임을 당했습니다.

예수는 근본적으로 이 땅에 하나님의 나라를 이루는 데 관심을 갖고 있었습니다. 이것은 그가 직접 가르쳐준 기도문에서 분명히 드러납니다. "하늘에 계신 우리 아버지여, 아버지의 이름을 거룩하게 하시며 아버지의 나라가 오게 하시며 아버지의 뜻이 하늘에서와 같이 땅에서도 이루어지게 하소서"(마태복음 6장 9-10절).

이 기도문에서 예수는 '죽어서 천국 가게 해 달라'고 기도하도록 가르치지 않고 '하나님의 뜻이 이 땅에서 이루어지게 해 달라'고 기도하도록 가르쳤습니다. 이것은 매우 중요한 의미를 갖고 있습니다. 여기서 이 땅의 의미는 자명합니다. 그것은 살과 피로 된 육신을 가진 인간들이 서로 부대끼며 살아가는 인간사회를 말합니다. 따라서 예수가 생각한 하나님 나라는 하나님의 뜻대로 운영되는 인간사회 시스템이 분명합니다.

창조 질서를 회복하러 온 그리스도 [1]

---

[1] 하나님 나라는 신학적으로 중요한 개념이므로 주를 통한 보충 논의가 필요하다. 하나님 나라 개념을 체계적으로 연구 소개한 양용의의 책 『하나님 나라』에 의하면, 하나님 나라는 하나님의 통치를 의미한다. 그것은 구원받은 영혼들이 죽은 후에 가서 사는 공중에 위치한 공간적 영역이 결코 아니다. 하나님 나라 개념은 구약에서는 나타나지 않고 신구약 중간기의 유대교 문학에서 극히 드물게 나타나고 있으며, 신약의 복음서에서 집중적으로 사용되고 있다. 복음서에는 하나님 나라 또는 하늘나라라는 표현이 113회 나타나고 있다. 유대인들을 대상으로 하는 마태복음에서는 하늘나라라는 표현이 많이 나타나고(유대인들은 하나님이라는 호칭을 사용하는 것을 꺼렸기 때문) 비유대인들을 대상으로 하는 마가, 누가, 요한복음에서는 하나님 나라라는 표현이 주로 사용되었다. 하나님 나라는 '이미'와 '아직' 사이에 놓여있다. 예수의 사역과 더불어 하나님 나라는 이미 도래했지만 여전히 도래하고 있고, 예수 재림 시 새 하늘, 새 땅과 함께 완성될 것이다.

저자는 여기서 하나님 나라 개념을 하나님의 창조 질서로 해석하면서 에덴동산의 설정을 민주주의 사회 시스템과 연결시키고 있다. 다른 문헌들에서 이런 식의 시도가 있는지는 모르지만 일단 이것은 저자의 독창적인 생각이다. 이처럼 하나님의 최초의 창조 질서를 하나님 나라로 해석할 때, 예수의 재림 시 형성되는 새 하늘과 새 땅과 어떻게 신학적으로 연결될 수 있을지에 대해서는 아직 체계적으로 정리하지 못했음을 밝혀 둔다. 성서에서 하나님이 "심히 좋았더라"고 표현한 최초의 창조 질서보다 더 나은 하나님의 질서가 형성될 수 있을까하는 예수가 말하고 있는 하나님의 뜻은 하나님이 예수에게 특별히 새롭게 내려준 것도 아니고 또 예수가 특별히 새롭게 깨달은 것도 아닙니다. 그것은 그가 성부와 성령과 더불어 아담과 하와를 만들고 그들을 최초의 인간사회 에덴동산에 둘 때 이미 나타낸 것입니다. 하나님 나라는 꼭 인간이 죽어야만 가는 곳도 아니며, 하나님의 뜻은 우리가 죽어서 영혼이 천국 가는 것에만 있는 것도 아닙니다. 엄격히 말하면, 기독교인은 '영혼구원'이라는 말을 사용해서는 안 됩니다. 영혼구원만 말하게 되면 영지주의의 오류에 빠지게 됩니다. 영지주의는 육체 내에 감금되어 있는 영혼을 해방시키는 것을 구원으로 본 초기 기독교 시대의 이단입니다. 기독교는 영혼만 구원받는 종교가 아니라 영혼과 육체가 함께 구원받는 종교입니다. 그래서 육체의 부활이 중요한 것입니다.

하나님의 뜻은 사람들이 에덴동산에 나타난 인간사회 시스템의 원리대로 인간사회를 운영하며 살아가는 것입니다. 만약 육신을 가진 인간이 죽어서 영혼이 천국 가는 것이 하나님의 뜻이었다면, 이것이 하나님을 믿는 유일한 목표라면, 하나님은 살과 피를 가진 인간을 이 땅에 창조할 필요가 없었을 것입니다. 따라서 죽어서 천국 가는 것만을 강조한다면 그것은 하나님의 천지창조 행위를 부정하고 비웃는 것과 같습니다. 이런 어리석은 기독교인이 되어서는 안 될 것입니다.

예수는 하나님이 인간을 창조하실 때의 그 뜻대로 인간사회 시스템이 운영되는 '바로 그 길'과 '바로 그 방법'을 가르쳐 준 그런 의미에서 그리스도입니다. 교회는 하나님의 나라가 이 땅에서 이루어지도록 예수 그리스도가 세운 기관이라고 할 수 있습니다. 처음에 하나님은 이

측면에서 저자는 일단 재림시의 새 하늘과 새 땅이 최초의 창조 질서와 연속성을 갖지 않겠느냐는 생각을 하고 있다.

스라엘 민족을 택해 고장 난 인간사회 시스템을 복원하려고 했습니다. 하지만 이스라엘 민족은 하나님의 뜻을 깨닫지 못해 그것을 이루는데 실패했습니다.

그래서 하나님의 아들 예수 그리스도가 이 땅에 직접 와서 인간들을 섬기고 십자가에 못 박혀 죽음으로써 절벽 이쪽의 고장 난 인간사회 시스템에서 절벽 저쪽의 정상적인 사회 시스템으로 건너갈 수 있는 다리가 된 것입니다. 그러면서 예수 그리스도는 자신의 뒤를 이어 그 다리 역할을 계속할 수 있도록 교회를 세운 것입니다. 예수를 그리스도로 믿으면 우리는 그 다리를 건너갈 수 있고 또 다른 사람들이 건너 갈 수 있는 다리 역할을 할 수 있게 됩니다.

교회의 존재 의미

교회는 그 자체로서가 아니라 예수의 뜻을 받들어 다리 역할을 잘 감당하는 데 존재 의미를 갖습니다. 만약 교회가 다리 역할을 하지 않고 세상과 분리된 채 자체의 존재 의미만을 추구한다면 그것은 수단을 절대화하는 목적-수단 전치의 오류를 범하게 됩니다. 유대인들이 바로 이런 오류를 범해 실패했습니다. 안타깝게도 오늘날 한국 교회도 같은 오류를 범하고 있는 것처럼 보입니다. 한국의 많은 교회들이 교회 안을 구원 공간으로, 교회 밖을 타락한 세상 공간으로 물리적으로 구분하고 교인들을 교회 안에만 가두어 놓으려는 이원론적 신앙을 좋은 신앙으로 가르치고 있습니다. 교회가 다리 역할은 못할망정 오히려 다리를 건너가려는 사람들을 못 건너가게 막고 있는 것은 아닌지 반성해 볼 일입니다.

기독교가 사람들의 반감을 불러일으키는 가장 큰 이유는 사회적 공신력을 잃었기 때문입니다. 그런데 사회적 공신력을 잃게 된 가장 큰 요인이 바로 교회를 하나님 나라의 실현을 위한 도구로 보지 않고 교회를 하나님 나라와 맹목적으로 동일시하면서 절대화한 교회 지상주의 때문입니다. 그 결과 한국의 많은 교회들은 죄의 용서와 죽은 후의 영원한 삶을 인간사회 시스템의 운영과 별개의 것으로 다룹니다.

이처럼 인간사회 시스템과의 연결성을 잃어버리게 되면 기독교인들은 고장 난 사회 시스템을 정상적인 사회 시스템으로 변화시키기 위해 노력하도록 점화되는 것이 아니라 반대로 사회 시스템에 무관심하도록, 그리고 더 나아가서 정상적인 사회 시스템을 고장 난 사회 시스템으로 망가뜨리기 위해 노력하도록 점화됩니다. 교회 일에 헌신하기 위해 직장 업무를 등한히 하는 직업인, 교회에 헌금은 많이 하면서 고용한 노동자들의 임금을 부당하게 지급하는 고용주 등이 그런 예라 할 수 있습니다. 가시나무가 포도를 맺을 수 없고, 엉겅퀴가 무화과를 맺을 수 없듯이, 이런 교회와 기독교인들은 정상적인 인간사회 시스템의 운영에 기여하지 못합니다. 그릇된 선민의식에 근거한 유대인들이 예수를 그리스도로 인정하지 않고 버렸듯이, 한국의 교회도 그릇된 선민의식에 집착해 예수를 버리고 있습니다. 이것은 당시의 유대인들처럼 한국의 교회와 기독교인들도 예수가 왜 그리스도인지를 아직 제대로 이해하지 못하고 있기 때문입니다.

하나님의 나라와 민주주의의 관계

하나님의 나라, 즉 하나님의 뜻대로 운영되는 인간사회 시스템의 기본 정신은 '서로 사랑하는 것'입니다. 이것은 바로 예수 그리스도의 가르침입니다. "새 계명을 너희에게 주노니 서로 사랑하라 내가 너희를 사랑한 것같이 너희도 서로 사랑하라"(요한복음 13장 34절).

예수 그리스도는 '서로 사랑하는 것'이 새 계명이라고 말했지만 사실 그것은 새 계명이 아닙니다. 그릇된 선민사상에 근거해 폐쇄주의와 차별주의로 치달은 유대교의 왜곡된 가르침과 비교할 때, 예수의 가르침은 분명 완전히 새로운 계명이었습니다. 유대인들이 멸시하고 배척했던 이방인, 사마리아인, 세리, 창녀, 장애인, 어린 아이 등을 예수는 기꺼이 환대하면서 그들과 교제하기를 즐겼습니다. 그러나 '서로 사랑하라'는 가르침은 이미 하나님이 인간을 창조하실 때 인간들에게 나타낸 것입니다. 하나님은 예수 그리스도의 그 사랑하는 마음으로 인간을 창조했고 인간들이 서로 사랑하면서 살도록 인간사회 시스템을 설정했습니다.

인간들이 서로 사랑하는 방식으로 인간사회 시스템을 운영하기 위해서는 다음 세 가지가 반드시 갖추어져야 합니다. 그것은 동료 인간의 존엄성, 자유와 평등, 법의 중요성입니다. 그런데 이 세 요소는 다름 아닌 현대 민주주의의 핵심 가치들입니다. 하나님의 뜻과 민주주의 정신은 거의 같은 것이라고 할 수 있습니다. 민주주의 정신에 따라 인간사회 시스템이 운영되면 그것은 인간들이 서로 사랑하는 것이 됩니다.

흔히 민주주의를 국민이 주권을 갖고, 보통 선거에 의해 경쟁에서 이긴 정당이 정부를 구성하고, 다수결의 원리에 따라 의사 결정을 하는 것으로 이해하는데 이것은 민주주의의 형식적인 겉모습일 뿐입니다. 참된 민주주의는 인간의 존엄성, 자유와 평등, 법의 중요성이 기본 전제를 이루는 가운데 국민이 주권을 행사하는 것이라고 할 수 있습니다. 민주주의의 성공적인 운영을 위해서는 정부 형태뿐만 아니라 지적, 도덕적, 문화적 토양도 마련되어야 합니다. 따라서 하나님의 나라=하나님의 뜻대로 운영되는 인간사회 시스템=인간들이 서로 사랑하는 나라=민주주의 정신에 따라 운영되는 인간사회 시스템이라는 도식이 성립될 수 있습니다.

창조 선언과 민주주의

성서는 하나님이 인간을 비롯한 우주만물을 무에서 창조했다고 선언하고 있습니다. 창조선언이 옳으냐 진화론이 옳으냐를 떠나 이 창조 선언은 매우 중요한 사회학적 함의를 갖고 있습니다. 창조 선언은 민주주의 사회 시스템을 떠받치는 종교적 토대라고 할 수 있습니다. 민주주의 사회 시스템을 위해 가장 먼저 준비되어야 하는 것은 모든 인간이 존재론적으로 평등하다는 사상인데, 창조 선언은 이 존재론적 평등사상을 보증하는 종교적 토대입니다.

인간의 사고 유형에는 크게 '유한한 인간이 무한한 존재가 될 수 있다'고 보는 것과 '유한한 인간은 무한한 존재가 될 수 없다'고 보는 것, 두 유형이 있습니다. 전자는 무한 세계관의 사고 유형이고 후자는 유한 세계관의 사고 유형입니다.[2]

성서의 창조 선언은 무한한 창소주와 유한한 피조물을 엄격히 구별하는 유한 세계관의 사고 유형을 보여줍니다. 창조 선언은 인간이 유한 세계 배후의 무한에 대한 쓸데없는 사변을 좌절시키는 장치입니다. 이 장치는 어떤 인간도 무한에 대해 알거나 능력이 있는 것처럼 허세를 부리지 못하게 함으로써 모든 인간의 존재론적 평등을 보증해 줍니다. 이러한 장치를 갖지 못한 무한 세계관의 사고 유형(기독교 외의 다른 종교들은 모두 무한 세계관을 갖고 있습니다.)은 무한한 존재가

---

[2] 무한 세계관과 유한 세계관은 인간을 서로 다른 관점에서 바라본다. 무한 세계관은 불평등한 인간관을 갖고 있다. ①인간을 유한한 존재와 무한한 존재로 질적으로 양분함. ②인간을 자연 환경을 초월하고 따라서 그와 대립되는 존재로 봄. ③인간의 자연스런 욕구와 감정을 경멸하고 이에 굴복하는 열등한(동물적) 인간과 자연적 욕구를 초월하는 우월한(영웅적) 인간으로 나눔(귀족주의, 엘리트주의, 영웅주의). ④인간을 선한 존재 아니면 악한 존재라는 식으로 극단적으로 규정함. 이에 반해, 유한 세계관은 평등한 인간관을 갖고 있다. ①모든 인간을 체력, 지능, 재능 등 양적으로는 차이가 있음에도 불구하고 질적으로는 똑같이 유한한 존재로 여김. ②인간을 자연 환경 내의 한 부분으로 봄. ③인간의 자연스런 욕구와 감정을 존중함. ④인간을 선과 악의 가능성을 동시에 가지는 존재로 봄.

되려는 존재론적 상승 욕구에 압도되어, 인간 세계를 포함한 눈에 보이는 유한 세계의 사실들을 비실재적이거나 비본질적인 것으로 보고, 그 배후에 있는 무한한 실재와 본질을 추구합니다. 반면에 인간이 육체를 가지고 생활하는 유한 세계는 무가치한 세계가 됩니다. 그 결과 존재론적 불평등이 생겨나 배후의 무한한 실재와 본질을 추구하는 인간은 특별한 존재(초인, 성인, 현자, 영웅 등 어떤 호칭으로 불리든)로 숭배 받게 되고, 그냥 유한 세계에 만족하는 보통의 인간들은 천한 존재로 비하됩니다. 예를 들면, 유교에서 말하는 성인과 범인, 군자와 소인의 구별, 힌두교의 카스트 구별, 불교의 깨달은 자와 중생의 구별 등이 그러합니다. 오늘날 한국 교회에서도 성서 고유의 유한 세계관이 무한 세계관으로 변질되어 목사가 성직이라는 이름으로 평신도와 질적으로 다른 존재인 것처럼 여겨지고 있습니다.

그러나 성서의 창조 선언에 따르면, 인간은 세계의 실재성을 의심할 필요가 없습니다. 아니 의심해서는 안 됩니다. 보통 인간의 눈에 보이는 유한 세계는 하나님에 의해 창조된 참된 실재성을 갖는 세계입니다. 성서는 이러한 실재성을 "하나님은 하늘과 땅을 조성하시고 견고케 하시되 헛되이 창조하지 아니하시고 사람으로 거하게 지으셨다"(이사야 45장 18절)거나 "하나님이 지으신 모든 것이 선하므로 감사함으로 받고 망령되고 허탄한 신화를 버려야 한다"(디모데전서 4장 4-7절)고 표현하고 있습니다.

인간은 이 세계를 관찰하기만 하면 지식을 획득할 수 있습니다. 지식은 '저 너머' 무한의 영역에 있는 것이 아니고 바로 '여기' 유한 세계에 있습니다. 우주가 아무리 크다고 하더라도, 우주가 지금 우리가 알고 있는 크기보다 천만 배 더 크다고 하더라도 그것은 클 뿐이지 여전히 유한한 우주입니다. 유한 세계에 대한 지식을 얻기 위해서는 위대한 인간이 갖고 있는 특별한 능력보다는 모든 사람이 공유하는 감각에 의한 관찰이 중요하게 됩니다. 물론 관찰 이외의 탁월한 이론적 상상력도 중요하지만 이론적 상상력은 항상 관찰된 사실에 의해 뒷받침되어야 합니다.

'여호와를 경외하는 것이 지식의 근본'(잠언 1장 7절)이라는 성서의 말은 성경이 유한 세계관에 근거하여 인간을 바라보고 있다는 뜻으로 볼 수 있습니다. 성서의 창조론과 맥락이 일치합니다. 이 말은 무한 세계에 대한 접근을 차단하고 지식을 관찰 가능한 유한 세계에 한정함으로써 지식 추구의 평등성을 보장합니다. 누구나 정해진 범위 안에서 지식을 평등하게 추구할 수 있다는 것입니다. 이런 지식 추구의 평등성은 인간 존재의 평등성과 밀접한 관련이 있습니다.

과학적 지식의 발전과 민주주의의 발전 역시 이와 밀접하게 관련이 있습니다. 자연과학뿐만 아니라 인문, 사회과학 등 방대한 분야에 걸쳐 업적을 쌓은 세계적인 석학이었던 브로노우스키(Jacob Bronowski)는 과학적 탐구를 위해서는 사고의 독립성, 독창성, 이의제기, 자유, 관용, 공정성 등의 가치들이 필요하며 이런 가치들이 인간 존중의 정신에 근거하고 있다고 주장했습니다. 그에 의하면, 이런 가치들을 가장 잘 충족시키는 것이 바로 민주주의입니다.

무한 세계관의 사고 유형에서는 인간들 사이의 능력의 차이가 하늘과 땅 사이만큼 큰 것이라면, 성서의 유한 세계관 유형에서는 모든 인간이 평등한 유한자이므로 도토리 키 재기 수준의 차이에 불과합니다. 성서의 창조 선언은 피조물의 신격화를 원천적으로 차단합니다. 어떤 공간도, 어떤 시간도, 어떤 인간도, 어떤 생물도 신성시되지 않습니다. 오직 하나님 한분만이 신성합니다. 하나님에 대한 신앙은 곧 평등한 인간들이 서로 협력하여 유한한 경험 세계에 대한 지식을 얻고 그 지식을 선용하는 태도를 배양해서 민주주의 사회 시스템을 잘 운영하도록 만들어줍니다.

참고로 막스 베버(M. Weber)에 의하면, 청교도 계열의 개신교인들은 평민이 신분이 높은 사람들에게 존경을 표해야 했던 전통 사회의 위계서열 풍습을 개혁하였습니다. 그들은 인간에게 과도한 존경을 표하는 것을 피조물 숭배라고 여겨 배척하였고, 따라서 모자 벗기, 무릎 꿇기, 머리 숙이기 등을 거부하였습니다. 이러한 반(反)권위적 태도는 민주주의 문화의 기초가 되었습니다. 토크빌(A. Tocqueville)은 『미국의 민주주의』라는 책의 서론에서 '민주주의는 하나님의 섭리와 같다. 민주주의를 막는 것은 하나님의 뜻을 거역하는 것이다.'라고 썼습니다. 성서 첫머리의 창조 선언, "태초에 하나님이 천지를 창조하시니라"는 말씀은 민주적인 인간사회를 이루겠다는 하나님의 강력한 의지의 표시입니다.

창조론과 진화론은 한 가족

여기서 창조론과 진화론에 대해 한 말씀 드리고 싶습니다. 창조론과 진화론은 지구상에 존재하는 생명체들을 설명하는, 서로 격렬하게 대립하는 견해입니다. 창조론은 모든 생명체의 존재를 하나님의 창조행위로 설명하고, 진화론은 그것을 자연선택(자연이 자신에게 가장 잘 적응한 생명체를 선택하는 과정에서 생겨난 것)으로 설명합니다. 기독교인들은 창조론을 믿고, 비기독교인들은 진화론을 지지합니다. 흔히 비기독교인들은 창조론을 단순히 종교적인 믿음의 산물이라고 치부하고, 진화론을 과학적인 사실인 것처럼 생각합니다. 그러나 진화론도 증명된 이론이 아니라 가능성 있는 하나의 가설적 믿음에 불과합니다.

도킨스는 『만들어진 신』에서 창조론보다 진화론이 더 설득력이 있다는 사실을 논증하기 위해 한쪽은 정상까지 깎아지른 절벽으로 되어 있고, 다른 한쪽은 정상까지 완만한 비탈을 이루고 있는 산에 대해 말하고 있습니다. 그는 창조론을 깎아지른 절벽을 통해 산 정상으로 올라가려는 시도로 보고, 진화론을 완만한 비탈을 통해 산 정상으로 올라가려는 시도로 봅니다.

창조론에 의하면, 생명체의 존재가 "통계적으로 너무나 가능성이 희박하고, 너무나 복잡하고 너무나 아름답고, 너무나 경이롭기" 때문에 그것이 진화를 통해 우연하게 출현했다는 것은 전혀 불가능합니다. 그것은 깎아지른 절벽을 통해 산 정상으로 올라가는 것이 불가능한 것만큼 불가능한 일입니다. 이러한 불가능성 때문에 창조론은 생명체의 존재를 설명하기 위해서는 하나님의 창조행위가 있었다고 밖에 말할 수 없다고 주장합니다.

이에 대해 도킨스는 완만한 비탈을 통해 산 정상으로 올라가는 방법이 있음에도 불구하고 창조론자들이 그것을 무시하고 자꾸 불가능한 절벽 오르기만을 주장하고 있다고 비판합니다. 완만한 비탈길을 통해 산 정상에 올라갈 수 있듯이, 수많은 세월동안 서서히 있어온 자연 선택에 의해 생명체의 진화가 있어왔다는 것이 도킨스의 견해입니다. 그는 절벽을 강조하는 창조론의 설명보다는 완만한 비탈길을 보여주는 진화론의 설명이 더 설득력이 있다고 주장합니다. 진화론을 믿는 사람들은 도킨스의 설명에 동조할 수 있겠지만 그렇다고 도킨스가 진화론이 옳다는 것을 증명해 보이지는 못했습니다. 아마 창조론과 진화론 중 어느 것이 타당한가 하는 것을 사실에 입각해 증명하는 것은 불가능할 것으로 생각됩니다.

그러나 제가 여기서 말하고 싶은 것은 창조론과 진화론 중 어느 것이 더 과학적으로 타당한가 하는 것이 아니라 이 두 주장이 사상적으로 한 가족에 속한다는 사실입니다. 역사적으로 보면 진화론은 칼뱅(J. Calvin)의 신학 사상이 들어간 지역(영국과 미국)에서 출현해 널리 수용되었습니다. 이러한 사실에 근거해 저는 '진화론은 칼뱅 신학으로 표현된 기독교 신앙의 세속적 아들'이라는 가설을 제시하고 싶습니다. 그 가설은 다음과 같습니다.

칼뱅의 신학 사상은 창조주 하나님과 피조물, 신성과 인성을 명확하게 구분했습니다. 이러한 구분에 근거해 그는 하나님을 초월적인 존재로 보고 하나님의 절대주권에 근거해 예정론을 제시하였습니다. 예정론은 창세전에 하나님이 이미 구원받을 자와 구원받지 못할 자를 예정해 놓았다는 사상입니다. 예정은 전적으로 주권자인 하나님의 선택에 의한 것이었습니다. 이 선택 신앙이 세속화되면서 자연

선택으로 변화되었습니다. 칼뱅 사상이 세속화되는 과정에 일시적으로 영국에서는 18세기에 이신론(Deism)이 출현했습니다. 이신론은 시계공이 시계를 만든 후 시계의 작동에는 관여하지 않듯이, 하나님이 세상을 창조한 후 이 세상에서 손을 뗐다는 이론입니다. 이신론은 성서의 신(GOD)을 조물주라는 의미의 대자연(Nature)이라는 개념으로 대체하였습니다. 따라서 칼뱅 사상이 하나님의 섭리로 설명하던 것을 이신론은 대자연의 섭리로 설명하였습니다. 이 대자연의 개념이 일상적으로 사용되면서 오늘날의 자연(nature)개념으로 변하였습니다. 그래서 저는 자연 선택을 강조하는 진화론을 칼뱅의 신학 사상의 세속적 아들이라고 표현해 본 것입니다. 인생사를 보면, 아들이 아버지의 유전자를 물려받고 닮았다고 해서 아버지와 잘 지내는 것은 아닙니다. 아들이 아버지와 충돌하면서 갈등을 일으키는 경우도 많습니다. 창조론과 진화론의 관계는 이처럼 사상적 부자관계라고 할 수 있습니다. 그러나 아버지와 아들은 서로를 더 잘 이해하게 되면 좋은 사이로 회복되어 협력할 수 있습니다. 물론 이것은 단지 저의 가설에 불과합니다. 따라서 지성사적으로 검증되어야겠지요?

 참고로, 루터(M. Luther)는 칼뱅과 달리 신이 자신의 피조물들을 가면(mask)으로 사용하면서, '피조물 안에서 또 피조물을 통해' 자신을 직접 계시한다고 보았습니다. 이러한 신 이해에 따르면, 신은 모든 자연 질서와 인간의 제도 안에 현존합니다. 이것은 범신론과 유사합니다. 인간의 역사는 신이 인간사회의 구조를 만들고, 해체하고, 또 만드는 변증법 운동을 하면서 자신의 의지를 전개시켜 나가는 마당이며, 정-반-합으로 이루어지는 헤겔(F. Hegel)과 마르크스(K. Marx)의 변증법은 역사 속에서 운동하는 루터의 신 개념을 세속적으로 표현한 것입니다. 루터의 신학 사상은 독일 지역에 큰 영향을 끼쳤는데, 헤겔과 마르크스는 모두 독일 철학자들입니다. 루터의 신 개념은 헤겔의 관념론 철학에서는 '절대 정신'으로, 마르크스의 유물론 철학에서는 '생산력'으로 각각 번역되었습니다.

 말이 나온 김에 가톨릭의 신 이해가 어떻게 세속화되었는지에 대해서도 살펴볼까요? 가톨릭은 신을 창조물 뒤에 존재하면서 인간의 이성을 통해 파악되기를 기다리는 존재로 이해했습니다. 틸리히(P. Tillich)라는 신학자에 의하면, 중세의 신은 앎(intellect)으로서 이해되어야 하는 실체로 간주되었습니다. 가톨릭 사상을 완성한 토마스 아퀴나스(T. Aquinas)는 앎(이성)을 신의 첫째가는 특징이라고 보았습니다. 따라서 앎은 당연히 인간의 첫째가는 특징이기도 합니다. 신과 인간은 같은 이성을 공유하고 있으며, 인간을 인간답게 만드는 것은 이성입니다. 이성의 최고 목표는 보편적 선을 실현하는 것입니다. 그러나 보편적 선은 피조물 안에서는 발견할 수 없고 하나님(God) 안에서만 찾을 수 있습니다. 따라서 이성은 감각적이고 잠정적인 세계를 초월하여 영원불변하는 신적 본질을 명상해야 합니다. 가톨릭 문화권에서 이성주의자들이 많이 생겨나는 것도 이러한 이유에서입니다. 지식의 확실성을 생각하는 이성에서 구한 데카르트(R. Descartes)의 이성주의도 가톨릭 신 이해의 계승자라 할 수 있습니다. 데카르트는 프랑스 사람인데, 프랑스는 가톨릭 사상의 영향을 많이 받았습니다.

요약하자면, 칼뱅의 신 이해는 진화론으로 세속화되었고, 루터의 신 이해는 변증법으로 세속화되었고, 가톨릭의 신 이해는 이성주의로 세속화되었다고 할 수 있지요(신 이해에 대한 이상의 논의는 저의 저서 『동감신학』에서 가져온 것입니다). 같은 신을 믿으면서도 신 이해가 이렇게 다른 방식으로 인식되고 세속화되었다는 것이 참으로 흥미롭지 않습니까?

에덴동산, 최초의 인간사회 시스템

그러나 창조 선언만 가지고는 민주주의가 하나의 사회 시스템으로 운영될 수는 없습니다. 그것은 말 그대로 토대에 불과합니다. 이 토대 위에 민주주의 사회 시스템을 구축하기 위해서는 별도의 환경설정이 필요합니다. 그것이 바로 에덴동산입니다.

흔히 기독교인들 사이에서 에덴동산은 단순히 한 가정 정도로 축소 이해되는 경향이 있습니다. 한 남자와 그 아내가 출현하고, 남자가 부모를 떠나 여자와 한 몸을 이루라는 말씀이 나오며, 타락해서 여자가 잉태하는 벌을 받는 장면도 나오고 하니 그렇게 이해되는 것 같습니다. 게다가 한국사회가 가족주의를 근간으로 하다 보니 더욱 가정의 시각이 두드러지는 것 같습니다. 그러나 에덴동산은 단순한 한 가정에 국한된 것이 아닙니다.

그것은 하나님이 아담과 하와가 많은 자손을 퍼뜨릴 것을 염두에 두고 인간사회가 어떻게 운영되어야 할 것인지를 나타낸 인간사회 시스템의 기본 환경 설정이라고 할 수 있습니다. 하나님이 설정한 이 사회적 환경 안에서 인류가 잘 적응해 인류가 번성했다면 이를 바탕으로 인류는 협력하여 에덴동산 밖의 세계를 에덴동산과 같은 살기 좋은 장소로 개척할 수 있었을 것입니다. 그러나 불행하게도 인류의 터무니없는 어리석은 야심으로 에덴동산은 곧 파괴되고 말았습니다. 그러면 지금부터 하나님이 인간사회 시스템의 원활한 작동을 위해 어떤 식으로 에덴동산의 환경을 설정해 놓았는지를 살펴보겠습니다. 한 마디로 말하면, 그 핵심 요소는 인간의 존엄성, 자유와 평등, 법의 중요성이라고 할 수 있습니다.

인간의 존엄성과 존엄성의 역설

성서에 보면, 하나님은 인간을 자신의 형상, 곧 '하나님의 형상'대로 만들었다고 되어 있습니다. 이것은 인간의 존엄성을 아주 잘 표현한 말입니다. 한번 생각해 보십시오. 인간이 하나님의 형상대로 만들어졌다는 것보다 더 인간을 존엄하게 하는 것이 어디에 있겠습니까?

인간은 하나님의 형상을 한 존재라는 말의 의미는 인간이 다른 피조물들처럼 유한 속에 응고되어 있는 존재가 아니라 유한을 넘어 무한(하나님)을 사모하는 마음을 갖고 있는 존엄한 존재라는 것입니다. 하나님은 인간을 포함한 모든 피조물을 때를 따라 아름답게 만들었지만 사람에게는 특별히 영원을 사모하는 마음을 주었습니다(전도서 3장 11절).

'유한한 피조물의 본성'을 갖고 있으면서도 '무한을 사모하는 본성'을 갖는 이러한 애매성은 인간에게 자유의 원천이면서도 자아 분열과 긴장의 원천입니다. 그래서 인간 존재는 균형을 유지하기 어렵습니다. 무한에 대한 '사모함'을 무한이 될 수 있는 '능력'으로 '과의미화(過意味化, I am everything)'해 자신의 존엄성을 과장할 때, 인간은 피조물이라는 사실을 잊고 스스로 하나님이 되려는 자아도취의 유혹에 빠집니다. 반대로 무한으로 상승할 수 없는 좌절감으로 인해 자신을 아무 것도 아닌 존재로 '무의미화(無意味化, I am nothing)'할 때, 인간은 무한을 사모하는 존엄한 존재라는 사실을 잊고 자아 포기의 유혹에 빠집니다. 자아도취와 자아포기는 서로를 극단화시키면서 인간 존재를 방황 속으로 몰아넣습니다. 인간들 사이에 큰 자와 작은 자 사이의 차별과 배제를 만들어낸 전통 사회의 신분 제도는 자아도취와 자아 포기의 결과입니다. 높은 신분의 인간들은 사아노취에 빠지고, 낮은 신분의 인간들은 자아 포기에 빠집니다.

성서는 인간이 하나님과의 관계 안에 머물 때 자아도취의 극단과 자아포기의 극단으로 치닫지 않고 이 둘 사이에서 균형을 잡을 수 있다고 말합니다. "내 말에 거하면 … 진리를 알지니 진리가 너희를 자유롭게 하리라"(요한복음 8장 32절)는 말씀 속에는 이런 의미가 들어 있습니다. 성서가 말하는 진리와 자유는 같은 것을 말하는데, 그것은 곧 무한을 사모하는 본성과 유한한 본성의 이중성 사이에서 균형을 잡을 수 있는 능력입니다. 균형을 잡을 수 있는 이러한 능력이 바로 민주주의적 생활 방식을 잘 운영할 수 있는 능력입니다.

그러나 인간은 하나님의 형상을 한 존엄성에 만족하지 않고 스스로 하나님처럼 존엄하게 되려고 했습니다. 이것은 충분히 이해할 수 있는 일입니다. 왜냐하면 '인간은 하나님의 형상을 한 존재다'라는 말보다는

"인간은 하나님이다"라는 말이 훨씬 더 인간을 존엄하게 만들어 주는 것처럼 보이기 때문입니다. 그러나 인간이 하나님이 되려고 하는 것은 인간을 존엄하게 하는 것이 아니라 오히려 반대로 균형을 잃어 인간들이 서로의 존엄성을 파괴하는 결과를 가져옵니다. 서로 무한한 하나님처럼 존엄하게 되려고 투쟁하게 되면 결국 서로의 존엄성을 파괴하게 됩니다. 우리는 이것을 '존엄성의 역설'이라고 부를 수 있습니다. 존엄성의 역설로 인해 인간사회에는 자아도취의 인간과 자아포기의 인간 사이에 신분제도가 발생하였고, 인간이 인간을 종으로 삼기 시작했습니다.

균형과 민주주의

민주주의는 어떤 인간도, 어떤 인간 집단도 무한의 지위로 상승하는 것을 용납하지 않는 유일한 제도라 할 수 있습니다. 민주주의는 유한하고 불완전한 인간들에 의해 운영되는 만큼 많은 문제들을 안고 있습니다. 하지만 그래도 민주주의를 대신할 사회 운영 방식은 아직 제시되지 않고 있습니다. 저는 그것이 불가능하다고 생각합니다. 17세기에 절대 군주제를 무너뜨리면서 출현한 이후 지금까지 민주주의는 견제와 균형의 원리를 무시하고서도 사회를 잘 운영할 수 있다고 생각한 여러 종류의 세력들로부터 많은 도전을 받았습니다. 이 중에서도 우익 전체주의인 파시즘과 좌익 전체주의인 사회주의의 도전이 특히 강렬하였습니다. 그러나 민주주의는 이에 성공적으로 대처함으로써 견제와 균형의 진리성을 증명하였습니다. 민주주의의 역사는 권력분립에 입각한 견제와 균형의 원리를 제도적으로 더욱 확대시키고 세련하는 과정이었으며, 이 과정은 앞으로도 계속될 것입니다. 견제와 균형 때문에 어떤 인간도, 어떤 권력 기관도 자아도취의 상태에 빠질 수 없습니다.

요즘 많은 사람들이 컴퓨터와 통신 기술의 발달에 고무되어 직접 민주주의와 참여 민주주의에 대한 열망을 표현하고 있습니다. 우리는 이러한 열망이 견제와 균형의 원리 한계 안에 머물면서 그것을 더욱 확대시키고 세련시키려는 것이라면 그 열망을 적극 수용해야겠지만, 기존의 대의제 민주주의의 특징인 견제와 균형을 무시하려고 한다면 전체주의로 나아갈 위험성 때문에 경계해야 합니다. "선 줄로 생각하는 자는 넘어질까 조심하라"(고린도전서 10장 12절)는 성서의 교훈처럼, 더 이상 견제와 균형의 원리에 도전하는 외부의 세력이 없는 지금, 민주주의는 스스로의 승리에 도취되지 말고 항상 깨어 있으면서 그 근거를 무너뜨리려고 하는 내부의 적들을 경계해야 합니다.

그러나 민주주의는 이러한 외적 제도만의 문제가 아닙니다. 그러한 제도를 잘 운영하기 위해서는 민주주의형 인간을 필요로 합니다. 민주주의형 인간은 무엇보다도 스스로의 유한성을 깊이 고려하는 그런 인간입니다. 그는 자아도취에 빠지지 않고 자신의 내부에서 견제와 균형을 유지하려고 부단히 노력하는 인간이며, 나아가서 자신의 유한성으로 인해 불가피하게 다른 사람의 도움을 필요로 하는 동시에 견제도 받아야 한다는 사실을 잘 알고 이를 기꺼이 용납하는 인간입니다. 오늘날 한국사회는 민주주의를 사회 운영 방식으로 선택하고 이를 정착시키기 위해 노력하고 있지만 아직 많은 한국인들이 민주주의형 인간으로 거듭나지 못해 사람과 제도의 괴리로 많은 어려움을 겪고 있습니다. 이러한 거듭나기를 위한 가장 좋은 방법은 성서를 읽는 것입니다. "사람이 거듭나지 않으면 하나님 나라를 볼 수 없느니라"(요한복음 3장 3절).

자유롭고 평등한 존재

하나님의 형상대로 만들어졌다는 말 속에는 모든 인간이 자유롭고 평등하다는 뜻도 들어 있습니다. 하나님이 자유로운 존재이기 때문에 하나님의 형상을 한 인간도 자유로운 존재입니다. 자유는 다른 사람의 방해를 받지 않고 자신이 원하는 대로 행동할 수 있는 것을 말합니다. 하나님은 인간이 자유로운 존재가 되는 것을 기뻐합니다. 그래서 하나님은 인간에게 에덴동산에 있는 모든 나무의 열매를 자기 마음대로 자유롭게 먹으라고 말했습니다.

뿐만 아니라 모든 인간은 하나님의 형상을 한 같은 등급과 종류의 인간이므로 서로 평등합니다. 누가 누구를 지배하는 위치에 있을 수 없습니다. 조선 시대 말에 기독교를 믿은 한 양반은 다음과 같이 고백했다고 합니다. "나는 양반입니다만 하나님이 한 사람은 양반으로 만들고 또 다른 한 사람은 상놈으로 만들지는 않았습니다. 사람들이 그렇게 차별을 둔 것입니다. 하나님은 모든 사람을 평등하게 만들었습니다." 이 양반은 기독교를 믿으면서 모든 인간이 하나님의 형상을 한 평등한 존재라는 사실을 깨달은 것입니다.

법의 중요성

마지막으로, 성서는 법과 규범을 매우 중요하게 여깁니다. 자유롭고 평등한 존재가 서로 조화롭게 살려면 반드시 법과 규범이 필요합니다. 법은 자유롭고 평등한 인간들이 서로를 존엄하게 여기고 사랑하기 위해 반드시 필요한 것입니다. 법은 자신이 존엄한 만큼 다른 동료 인간도 존엄하다는 사실을 사람들의 눈에 명백히 나타냅니다. 모든 개개인은 본성적으로 먼저 자신을 돌보게 되어 있습니다. 자신의 조그마한 불행이 동료 인간들의 커다란 불행보다 더 크게 보입니다. 개인은, 나머지 사람들이 자신의 생명을 하찮게 여길지라도, 자신의 생명을 전 세계와 같이 크게 여깁니다. 우리는 흔히 '내가 죽으면 세상이 무슨 소용이 있느냐'라고 말하곤 합니다. 따라서 모든 인간은 항상 자신의 가치를 과대평가하는 반면 동료 인간의 가치를 과소평가합니다. 법은 인간의 이러한 불완전한 시각을 교정해서 자신의 가치와 다른 사람의 가치가 근본적으로 같다는 사실을 명시적으로 표현합니다.

법이 없거나 법이 파괴되면 모든 사람이 자신의 자유를 제멋대로 사용하여 인간의 존엄성과 자유와 평등은 파괴되고 맙니다. 그래서 하나님은 선악을 알게 하는 나무를 에덴동산 중앙에 세워놓았습니다. 그러면서 모든 나무 열매를 자유롭게 먹으라고 하면서도 동산 중앙에 있는 '선악을 알게 하는 나무의 열매'는 절대 먹지 말라고 했습니다. 선악을 알게 하는 나무는 하나님의 법을 의미하고, 그 열매를 먹는다는 것은 유한한 인간이 무한한 하나님같이 되어 스스로 법을 제정하는 자가 된다는 것을 의미합니다. 뱀이 하와를 유혹하면서 선악과를 먹으면 "너희 눈이 밝아져 하나님과 같이 되어 선악을 안다"(창세기 3장 5절)라고 말했던 것도 이러한 의미를 포함하고 있습니다.

여기서 '눈이 밝아져 선악을 안다'는 말의 의미는 말 그대로 선악을 모르는 상태에서 선악을 아는 상태가 되는 것을 말하는 것이 아닙니다. 하나님은 인간을 창조할 때 이미 인간 속에 선악을 구별하는 능력을 만들어 놓았기 때문에 선악을 아는 상태라고 할 수 있습니다. 그래서 바울은 "율법 없는 이방인이 본성으로 율법의 일을 행할 때에는 … 마음에 새긴 율법의 행위를 나타낸다"(로마서 2장 14절-15절)고 말했던 것입니다. 그럼 선악을 안다는 말의 의미는 무엇일까요? 그것은 피조물인 인간이 창조주인 하나님같이 선과 악의 기준을 제정하는 위치에 오르는 자가된다는 것을 의미합니다.

마키아벨리(N. Machiavelli) vs 몽테스키외(Montesquieu)

단순화의 위험을 무릅쓰고 우리는 동서고금을 통틀어 인류가 지향한 사고를 크게 두 종류로 나눌 수 있습니다. 하나는 마키아벨리 식 사고이고, 다른 하나는 몽테스키외 식 사고입니다. 마키아벨리 식 사고는 법에 의한 지배보다 능력(도덕적, 정신적, 지적, 육체적 능력 등 일체의 능력을 다 포함)에 의한 지배를 전제로 하면서 위대한 능력의 인간은 법 위에 설 수 있다고 봅니다. 마키아벨리는 『군주론』에서 이러한 사상을 표현했습니다. 그에 의하면, 공화국이든 군주국이든 한 사람의 위대한 인간에게 무제한의 권력을 주어야만 그가 자신의 마음에 품은 생각을 효과적으로 실천할 수 있고, 자신의 생각에 따라 법을 만들어 국민의 마음속에 새로운 덕성과 영혼을 창조하면서 사회를 개혁할 수 있습니다. 이런 전제에 근거해서 『군주론』은 위대한 군주가 되는 방법을 제시하고 있습니다. 그것은 권력 유지를 위해 수단과 방법을 가리지 말라는 것입니다. 군주는 약속을 잘 지키는 것처럼 쇼를 잘해야지 실제로 약속을 잘 지켜서는 안 된다고 충고합니다. 위대한 군주는 상황의 변화에 따라 자신의 태도를 바꿀 수 있어야 하고, 필요할 때는 악마가 될 결심과 능력을 갖추고 있어야 합니다. 이런 주장에서 마키아벨리즘이라는 말이 생겼습니다. 이 말은 목적을 이루기 위해 수단과 방법을 가리지 않는 행태를 의미합니다.

이에 반해 몽테스키외 식 사고는 아무리 능력이 출중해도 누구도 법 위에 설 수 없다는 전제에서 출발합니다. 몽테스키외는 『법의 정신』에서 법의 중요성을 강조하였습니다. 그에 의하면, 법은 온갖 존재들 간의 상호 관계를 규정하고 있으므로 모든 존재는 법을 가지고 있고, 모든 것은 법에 따라 일어납니다. 하지만 그는 인간이 물리적 존재와 달리 법을 어길 때가 많으므로 법을 잘 지키도록 서로 감시하고 견제해야 한다고 주장하면서 이를 위한 방법으로 삼권분립을 제안했습니다. 몽테스키외는 마키아벨리 식 전제정이 무조건적인 복종을 요구해 인간의 정신을 노예처럼 비굴하게 하므로 명령하는 사람이나 명령을 받는 사람이나 다 이성을 사용할 필요가 없는 무식한 정부 유형이라고 비판합니다. 전제정에서는 명령하는 사람은 바라기만 하면 되고, 명령을 받는 사람은 시키는 대로만 하면 됩니다.

심오한 종교 사상이든, 지혜로운 철학 사상이든, 아름다운 문학 사상이든 법보다 인간의 능력을 더 중요하게 여기고 능력이 많은 위대한 인간은 법 위에 설 수 있다는 생각을 표현한다면 그러한 사상은 마키아벨리 식 사고 계열에 속한다고 할 수 있습니다. 우리는 어떤 사상의 심오함과 지혜로움과 아름다움에 속아서는 안 됩니다. 성령의 능력을 강조하는 기독교 정치든, 이성의 능력을 강조하는 플라톤의 철인 정치든, 덕의 능력을 강조하는 유가의 왕도 정치든, 힘을 숭요시하는 법가의 패도정치든, 인위적인 것을 경멸하는 도가의 무위자연 정치든, 집착을 떨쳐버리는 불교의 깨달음의 정치든, 법의 폐지를 주장하는 마르크스의 공산 정치이든, 인간을 법 위에 세운다면 그것은 마키아벨리즘으로 타락하게 되어있습니다. 왜냐하면 법 위에 선다는 것은 무법자가 되는 것이며, 이런 인간은 수단과 방법을 가리지 않고 자신의 욕망을 추구하기 때문입니다. 법 위에 선 인간은 부패하기 마련이고 그 권력이 절대적일수록 절대적으로 부패하기 마련입니다. 성서는 모든 인간이 법 아래 있어야 한다고 선언하는 점에서 몽테스키외의 편에 서 있습니다. 이것이 에덴동산에서 선과 악을 알게 하는 나무의 의미입니다.

064 동산 중앙에 서 있는 그 나무

그런데 하나님은 왜 선악을 알게 하는 나무를 동산 중앙에 세워 두었을까요? 하나님은 그 열매를 먹으면 "죽으리라"고 했습니다. 그런데 열매를 먹으면 죽는 나무를, 그것도 그 열매가 "먹음직도 하고 보암직도 하고 지혜롭게 할 만큼 탐스럽기도 한" 나무를 동산 중앙에 두다니 너무하지 않습니까? 처음부터 선악과를 두지 말든가 아니면 동산 변두리나 숲 속에 숨겨두든가 해야 하지 않을까요? 먹으면 죽는 탐스러운 사과를 식탁 가운데 놓아두고서 아이들에게 먹으면 죽는다고 말하는 부모가 있다면 정신이 좀 이상한 부모가 아니겠습니까?

많은 교회에서 하나님과 인간의 관계를 지배-복종의 도식으로 설정해 놓고 아담과 하와가 자신의 명령에 얼마나 잘 복종하나 하나님이 시험해 보기 위해서였다고 설명합니다. 그러면서 하나님에 대한 무조건적인 복종을 강조합니다. 하나님이 어떻게 인류 전체의 생명이 달린 것을 가지고 이렇게 무모한 복종의 시험을 할 수 있겠습니까? 만약 그렇다면 하나님은 매우 불합리하고 잔인한 분입니다. 이런 하나님을 믿는 기독교인들은 자신들이 믿는 하나님을 닮아 다른 사람을 지배하면서 명령을 내리고 그 명령에 복종하지 않으면 분노하는 그런 불합리하고 잔인한 사람이 됩니다.

그러나 하나님은 자신의 기분에 따라 인간을 다루는 폭군이 아닙니다. 하나님은 매우 합리적이고 인간을 무척 사랑하는 분입니다. 따라서 우리는 이것을 다음과 같이 설명할 수 있습니다. 선악과는 인간사회를 운영하는 법을 말합니다. 이 법은 투명하게 공개되어 있어야 하고 모든 사람이 쉽게 접근할 수 있어야 합니다. 만약 법이 존재하지 않는다든지, 공개되어 있지 않고 숨겨져 있다든지 어렵고 난해하다든지 하면 인간사회 시스템은 고장이 나 잘 작동하지 않습니다. 그래서 선악과는 누구나 잘 볼 수 있게 투명하게 공개되어 있고 쉽게 접근할 수 있는 동산 중앙에 둘 수밖에 없습니다. 또 동산 중앙은 한 쪽으로

2장 | 민주주의 창조 질서를 회복하러 온 예수

치우치거나 자의적이지 않고 공정하고 객관적이라는 의미를 갖고 있습니다. 대한민국의 헌법은 한국사회의 중앙에 존재해야 하고, 한 회사의 규칙은 그 회사의 중앙에 위치해야 하며, 수업 규칙은 수업 중심에 위치해 있어야 합니다. 한 집단을 다스리는 법이 그 집단의 중심에 있고 구성원들이 그 법을 잘 지킨다면 그 집단은 에덴동산처럼 될 수 있습니다.

게임에 비유해 설명하면, 법의 중요성을 쉽게 이해할 수 있습니다. 게임이 제대로 진행되려면 심판과 규칙과 선수가 분화되어야 합니다. 이렇게 분화되어 있으면, 선수는 게임의 규칙에 따라 열심히 경기에 임하고, 심판은 게임의 규칙을 공정히 적용하여 게임이 잘 진행됩니다. 심판이 없고 규칙과 선수만 있는 게임, 규칙이 없고 선수와 심판만 있는 게임, 힘센 선수가 규칙과 심판을 겸하는 게임은 공정하지 못하기 때문에 잘 진행되기 어렵습니다. 이런 게임은 금방 싸움판으로 돌변해 만인에 대한 만인의 투쟁 상태가 되고 말 것입니다.

하나님≒심판, 선악과≒규칙, 인간≒선수

에덴동산의 메시지는 '하나님≒심판, 선악과≒공정한 규칙(법), 인간≒서로의 존엄성을 존중하는 자유롭고 평등한 선수'라는 등식으로 나타낼 수 있습니다. 그것은 인간사회라는 시스템이 순조롭게 운영될 수 있는 기본 환경이라고 할 수 있습니다. 어떤 인간사회든지 제대로 운영되려면 심판과 규칙과 선수가 나누어져 있도록 환경이 설정되어 있어야 합니다. 이것은 컴퓨터를 할 때 반드시 필요한 환경 설정을 해주어야 하는 것과 같은 이치입니다. 만약 우주에 인간만큼의 지적 능력을 가진 존재가 있다면, 이러한 환경 설정을 따라야 그들 사회도 제대로 운영될 수 있습니다. 이런 점에서 에덴동산에 설정된 사회적 환경은 전 우주적인 모형이라고 할 수 있습니다.

하나님은 너희가 선악과를 따먹으면 '내가 너희를 죽이겠다', 또는 '죽게 하겠다'고 말하지 않았습니다. 하나님은 너희가 선악과를 먹으면 "반드시 죽을 것(You will surely die.)"이라고 말했습니다. 이 말은 '논리적 필연성'을 의미합니다. 선악과를 먹은 결과로 죽게 될 것이라는 논리적 필연성 말입니다. 이것은 밥을 굶으면 죽게 되는 것과 같은 필연성입니다.

이 '죽는다'는 말은 하나님과의 관계가 단절되거나 직접적인 생명의 죽음을 의미하는 것으로 해석되기도 하지만, 인간들이 법을 어기고 스스로 심판자인 하나님이 되려고 하면 인간사회는 싸움터로 변해 서로 죽이고 죽인다는 의미로도 해석될 수 있습니다.

이러한 논리 전개는 삼척동자도 알 수 있습니다. 이것은 "서로 물고 먹으면 피차 멸망한다"(갈라디아서 5장 15절)는 바울의 논리적 추론과 다르지 않습니다. 인간사회 시스템의 관점에서 볼 때 성서의 메시지는 매우 분명합니다.

하나님의 형상으로서 인간의 존엄성, 자유와 평등, 법의 중요성은 인간사회 시스템의 기본 환경으로서 모든 인간 집단은 이러한 환경에 적응해야 합니다. 그 환경은 인간사회를 향한 하나님의 뜻이자 창조 질서입니다. 이러한 창조 질서가 잘 지켜질 때 인간사회는 민주적으로 운영되면서 평화롭게 협력할 수 있습니다. 단순히 국민이 주권을 가지고 선거에 참여한다고 해서 그 사회가 민주적으로 잘 운영되는 것은 아닙니다. 국민이 주권을 가지고 투표권을 행사하는 나라 중에도 민주주의가 제대로 잘 운영되지 않는 나라가 많습니다.

정부를 구성하든지 기업을 만들든지 교회를 형성하든지 인간 집단이 제대로 운영되려면 반드시 하나님의 창조 질서에 따라 서로의 존엄성을 인정하는 자유롭고 평등한 인간들이 서로의 자발적 동의하에 법(물론 하나님이 주신 십계명에 어긋나지 않는 법)을 만들어야 합니다. 그리고 법을 관리하고 시행할 심판을 독립기관으로 따로 세우고 선거나 전문자격을 통해 그 기관을 운영할 사람을 임명하고 나머지 사람들은 선수로서 그 법을 지키며 경기에 임하여야 합니다.

  인간 집단의 규모가 작으면 심판의 역할이 단순하지만 집단의 규모가 커지면 그 운영이 복잡해지므로 심판의 할 일도 아주 많아집니다. 따라서 대규모의 심판진이 편성되어야 합니다. 심판진 중 일부는 전체 구성원들을 대표하여 법을 만들어야 하고(입법부), 또 일부는 그 법을 해석해서 적용해야 하고(사법부) 또 일부는 해석되고 적용된 법을 집행해야 합니다(행정부). 오늘날 많은 민주주의 국가들이 채택하고 있는 입법, 사법, 행정의 삼권분립제도는 심판진을 분화시킨 것에서 더 나아가 심판진 내부를 다시 분화시켜 서로 견세와 균형을 유지하게 함으로써 보다 공정하게 사회를 운영하기 위한 것으로, 이는 하나님의 창조 질서를 제도적으로 잘 구현한 것이라고 할 수 있습니다.

한국 민주주의의 문제점

  이런 면에서 한국사회도 좀 더 성숙해야 합니다. 국제무대에서 한국사회는 식민지를 경험한 나라들 중 경제발전에 이어 민주화까지 이룬 경이적인 사례로 인식되고 있지만 민주주의를 운영하는 방식에서 아직 많이 서투릅니다. 많은 한국 사람들이 동료 인간을 존엄한 존재로 여기지도 않고, 자유롭고 평등한 존재로 대우하지도 않습니다. 권력, 돈, 지식, 나이, 가문 등에서 남보다 우월한 힘을 조금이라도 더 갖고 있으면 그것을 과시하려고 합니다. 갑은 을에게 갑질하고, 을은 병에게 을질하고, 병은 또 정에게 병질하는 식입니다.

또 많은 한국 사람들이 법을 잘 지키지 않습니다. 에덴동산의 선악과는 서구 사회에서 법치에 입각하여 심판과 규칙과 선수를 분화시키는 제도를 만들어 내도록 한 정신적 모형이라고 할 수 있습니다.(한국 민주주의 문제점에 대한 이하의 논의는 저의 저서 『동감신학』에서 가져온 것입니다.) 한 사회가 전통문명에서 현대문명으로 변동할 때 가장 심리적으로 적응하지 못하는 부분이 바로 규칙과 심판과 선수의 엄격한 분화를 기초로 하는 법치(法治) 개념입니다. 전통 사회는 집단주의에 뿌리를 둔 미분화된 정서적 일체감('우리는 하나')을 이상으로 하며, 우두머리에 대한 인간적 충성과 친분을 바탕으로 선수가 심판을 겸하는 인치(人治)에 의해 운영됩니다. 그러나 민주주의의 핵심인 법치는 모든 사람에게 동일하게 적용되는 것을 이상으로 하는 규칙을 바탕으로 운영됩니다. 이러한 규칙 중심의 운영에는 인간적인 충성과 친분관계를 벗어나 감정을 중립적인 상태에 놓는 태도가 필요합니다.

세월호 참사는 한국사회의 총체적 부실을 보여주는 사건으로, 총체적 부실의 핵심에는 법과 규칙의 준수보다는 인간적인 친분과 의리라는 미명으로 사적 이해관계를 앞세우는 부패한 한국적 관행이 도사리고 있었습니다. 이 관행에 의하면, 법과 규칙의 준수는 어리석은 것으로 간주됩니다. 언론들이 세월호 사건의 배후로 관피아 관행을 지목했는데, 관피아는 인간적인 친분관계에 바탕을 두고 사적인 이해관계를 추구하는 당파적 집단을 말합니다.

관피아는 관료+마피아의 합성어로, 고위관리들이 퇴직 후 유관 공공기관, 협회, 사기업 등의 고위직에 재취업해 관료시절의 인맥을 이용해 법 제정과 폐지에 영향력을 행사하고 심판을 보는 공직자를 매수하는 방식으로 특정 집단의 사적 이익을 대변하는 역할을 합니다. 세월호 참사가 일어난 후 박근혜 대통령이 관피아를 해체하겠다고 선언했는데 이를 위해서는 법과 규칙보다는 인간적 친분관계를 더 중시하는 한국의 전통 문화 자체를 바꾸어야 합니다. 많은 사람들이 익히 알고 있듯이, 한국의 전통 문화는 '피가 물보다 진하다'는 가족주의를 핵심코드로 삼고 있습니다. 제사를 통해 나타나는 조상숭배는 조상이라는 매개물을 통해 같은 피를 나눈 혈족집단이 피의 동질성을 확인하고 그 유대를 강화하는 종교 행사라고 할 수 있습니다.

관피아의 배후에는 이러한 피의 논리가 도사리고 있습니다. 피가 물보다 진하긴 하지만 피와 물 중 어느 것이 더 중요할까요? 큰 상처를 입어 급히 피를 수혈 받아야 하는 사람에게는 피가 더 중요할 것입니다. 그러나 정상적인 사람은 깨끗한 물을 마셔주면 피가 저절로 만들어집니다. 한 사회에는 수혈이 필요한 사람보다는 정상적인 사람이 훨씬 더 많습니다. 따라서 상대적으로 물이 더 중요하다고 할 수 있습니다. 물이 피로 오염되면 사람들은 물을 마실 수 없어 피도 만들지 못합니다. 또 상처를 입어 수혈을 필요로 하는 사람들에게 가족만이 피를 줄 수 있는 것도 아닙니다. 전혀 모르는 사람도 그들에게 피를 제공할 수 있습니다. 한국사회의 개조를 위해서는 무엇보다도 피의 논리를 극복하고 물의 논리에 따라 작동하는 사회를 만들어야 합니다. 이것이 어떻게 가능할까요? 예 그렇습니다. 성서의 창조 질서로 돌아가면 됩니다.

현대 사회로의 변동 과정에 노출된 전통 사회들이 현대성을 소외, 비인간성 등으로 공격하는 가장 큰 이유는 중립적인 규칙에 의한 시스템 운영 때문입니다. 그러나 이러한 시스템 운영이 반드시 인간적 관계를 부정하지는 않습니다. 그것은 과도한 인간적 관계를 추구함으로써 초래되는 권력의 부패를 방지하기 위한 하나님의 방식입니다. 중립적인 규칙 시스템 내에서도 우리는 충분히 인간적인 관계와 유대를 발전시킬 수 있습니다.

그리스 민주주의와 현대 민주주의

참고로 현대의 민주주의와 고대 아테네 민주주의 사이의 관계에 대해 간단하게 언급하고 싶습니다.(이 부분도 『동감신학』에서 가져온 것입니다.) 많은 사람들이 오늘날의 민주주의가 아테네의 민주주의에서 유래했다고 생각합니다. 물론 민주주의라는 용어가 고대 아테네에서 유래한 것은 분명하지만 오늘날의 민주주의와 아테네의 민주주의는 근본적으로 다르다고 할 수 있습니다. 차이점은 다음 네 가지로 요약될 수 있습니다.

첫째, 아테네 민주주의에는 개별적인 인격체로서의 시민 개념이 없었습니다. 세이빈과 솔슨(G. H. Sabine & T. L. Thorson)이 쓴 『정치사상사』에 의하면, 현대 민주주의의 가장 중요한 측면은 법을 통해 시민들에게 한 인간으로서의 개인적 권리를 보장함과 동시에 이러한 목적에 필요한 의무들을 부과하는 것 사이에, 또 효율적 운영을 위해 국가에 충분한 권력을 부여하는 것과 시민들이 활동하기에 충분한 자유를 남겨두는 것 사이에 균형을 유지하는 것입니다. 그러나 아테네의 민주주의는 개인을 독립된 인간으로 보지 않고 공동체(아테네라는 도시 국가) 속의 존재로만 보았습니다. 그리스의 철학자 아리스토텔레스(Aristoteles)는 '인간을 정치적 동물'이라고 불렀는데 여기서 '정치적'이라는 말의 의미는 '폴리스적'이라는 의미입니다. 이것은 폴리스 안에 존재할 때에만 인간은 존재가치를 갖는다는 의미입니다. 아테네인들은 공공문제에 아무런 관심이 없는 사람들을 쓸모없는 사람으로 인식하였습니다. 따라서 그리스 민주정치에서는 국가 권력으로부터의 자유 개념은 없었고, 국가 권력을 행사하는데 참여하는 자유 개념밖에 없었습니다.

둘째, 이처럼 개인의 권리를 부정하고 도시 국가의 공동생활에 대한 참여만을 강조한 아테네의 직접 민주주의 제도는 심판과 규칙과 선수를 제도적으로 명확하게 분화시키지 못하였습니다. 심판과 규칙과 선수의 제도적 분화는 개인의 권리를 출발점으로 하는 현대 민주주의의 두드러진 특징입니다. 아테네 민주주의에서는 모든 시민이 정치에 참여함으로써 선수인 동시에 심판의 역할을 겸하였습니다. 그러다보니 공정성이 확보되지 못하여 아테네 민주주의가 이상으로 삼은 공동생활의 실현보다는 당파적인 논쟁과 대립으로 빠지고 말았습니다.

셋째, 아테네 민주주의는 입법, 사법, 행정의 권력 분립을 통한 견제와 균형의 제도를 갖고 있지 못했습니다. 이것은 심판과 규칙과 선수를 제도적으로 분화시키지 못한 것과 관련이 있습니다. 삼권분립은 심판의 억할을 독립석으로 분화시키고, 심판 역할의 공정성을 위해서 심판을 다시 입법기능, 사법기능, 행정기능으로 분화시킨 것이었습니다. 복잡한 국가 운영에는 공정한 법을 만드는 심판, 법을 해석해서 판결하는 심판, 판결된 내용을 집행하는 심판 등으로 이루어진 심판진을 구성하는 것이 필요합니다.

민주주의의 전성기인 페리클레스 시대에 아테네는 민회(18세 이상의 남자시민으로 구성), 평의회(5백인회), 시민법원(6천명의 배심원 내지 재판관으로 구성)이라는 기관을 두고, 그 밑에 행정관직을 두었습니다. 민회를 오늘날의 입법부, 평의회를 행정부, 시민법원을 사법부로 볼 수도 있을지 모릅니다. 하지만 아테네의 민주주의에서는 대부분의 시민이 민회와 시민 법원의 동일한 구성원으로 참여하였기 때문에 현대 민주주의가 추구하는 엄격한 삼권분립의 실현이 불가능하였습니다.

넷째, 그리스의 민주주의 운영은 모든 사람을 포함한 것이 아니라 아테네 시민에 한정된 것이었습니다. 여자, 노예, 외국인은 정치 참여로부터 원천적으로 배제되었습니다.

현대 민주주의에서 매우 중요한 한 인간으로서의 개인의 존엄성·권리·독립성에 대한 투철한 인식과 심판과 규칙과 선수의 제도적 분화, 입법·사법·행정의 상호 의존과 상호 견제를 통한 균형 개념은 성경의 정신성에서 유래한 것이라고 할 수 있습니다. 이렇게 말할 수 있는 이유는 성경의 정신성이 문화 속에 스며들지 않은 곳에서는 이러한 현상이 거의 존재하지 않기 때문입니다.

다시 예수가 그리스도인 이유

예수는 인간의 타락으로 왜곡된 창조의 인간사회 시스템을 복원하기 위해 이 땅에 왔습니다. 예수의 가르침을 따라 살면 인간사회는 반드시 민주적 시스템으로 운영되게 되어 있습니다. 그는 세상의 권력자가 힘을 과시하며 아랫사람을 억압하고 지배하는 것이 당연시 되었던 타락한 인류 문화 가운데 와서 인간을 섬기고 인간의 죄를 대신해 십자가에서 희생하는 놀라운 행동을 보여 주었습니다. 이러한 행동은 인간들로 하여금 동료 인간을 지배의 대상이 아니라 존중하면서 사랑의 대상으로 보도록 만들었습니다. 그리고 지도자는 권력을 행사하는 자가 아니라 섬기는 자라는 새로운 지도자 상을 보여주었습니다.

예수는 자신의 이러한 행동이 타락한 방식으로 운영되던 인간사회 시스템을 완전히 뒤바꿀 것이라는 사실을 알았습니다. 그는 십자가에 못 박히기 전 다음과 같이 말했습니다. "이제 이 세상에 대한 심판이 이르렀으니 이 세상의 임금이 쫓겨나리라 내가 땅에서 들리면 모든 사람을 내게로 이끌겠노라"(요한복음 12장 31-32절).

이 말의 의미는 분명합니다. 힘으로 동료 인간을 누르고 지배하던 세상이 심판을 받고, 또 그렇게 하던 권력자가 쫓겨나고 예수 자신처럼 인간들이 서로 섬기는, 따라서 권력자도 동료 인간을 섬길 수밖에 없는 세상이 올 것이라는 것입니다. 민주주의 사회 시스템이 바로 이렇게 작동합니다. 민주주의를 제대로 운영하는 나라들을 보십시오. 권력자들은 더 이상 횡포를 부리며 지배하는 자가 아닙니다. 그들은 자신이 속한 사회의 전체 구성원들과 똑같은 사람으로서 그들을 섬기는 자들입니다.

"내 나라는 이 세상에 속한 것이 아니다"(요한복음 18장 36절)는 예수의 말을 인간사회 시스템의 운영에 관심이 없다는 말로 해석해서는 안 됩니다. 예수는 왜곡된 인간사회 시스템(세상 나라) 안에 갇혀 있었던 당시 유대인들의 왕이 되는데 관심이 없었습니다. 이런 점에서 그의 나라는 세상에 속한 것이 아니었습니다. 그는 전혀 다른 새로운 인간사회 시스템인 하나님 나라를 사람들에게 보여주기를 원했습니다. 그는 흑암에 앉은 백성에게 큰 빛을 주고, 사망의 땅과 그늘에 앉은 자들에게 빛을 비추었습니다(마태복음 4장 16절). 정말로 그 안에는 생명이 있었고 이 생명은 세상의 빛이었습니다(요한복음 1장 3절).

그의 출현은 타락한 인류 문화에 대전환을 가져왔습니다. 참으로 그는 하나님의 아들이었고 인류의 구원자였습니다. 예수를 그리스도로 고백하는 사회는 자신들의 사회를 민주적으로 잘 운영할 수 있습니다. 민주주의를 잘 운영하고 있는 선진국들이 거의 모두 기독교 문명에 속하는 것도 이러한 이유 때문입니다. 물론 기독교 문명권이 민주주의를 이루어가는 과정에서 많은 잘못들을 저질렀습니다. 우리는 기독교 문명권이 범한 이러한 잘못들을 못 본체 해서는 안 됩니다. 그러한 잘못들을 뚜렷하게 인식하고 반면교사로 삼아야 합니다.

하지만 그렇다고 해서 민주주의의 소중함이 평가 절하되는 것은 아닙니다. 민주주의는 21세기 인류 문명의 가장 큰 화두라고 할 수 있습니다. 화두(話頭)는 불교에서 깨달음을 얻기 위해 골똘히 생각하는 문제를 말합니다. 지구촌의 모든 나라가 민주주의를 얼마나 성숙하게 잘 운영하느냐 하는 것은 인류의 평화와 행복 추구에 결정적으로 중요한 요소라고 할 수 있습니다.

정치 제도가 민주주의 모양을 갖고 있다고 해서 민주주의가 잘 운영되는 것은 아닙니다. 더 중요한 것은 가정과 직장을 포함한 삶의 구석구석에, 사회 시스템 전체에 민주주의 정신과 생활이 녹아들어가는 것입니다. 예수는 우리의 생명을 영생으로 인도하는 그리스도인 동시에 인간사회 시스템이 하나님의 뜻대로 민주주의 정신에 따라 운영되게 하는 그리스도입니다.

예수 그리스도를 버리면 민주주의의 영성이 쇠퇴하고, 민주주의 영성이 쇠퇴하면 민주주의의 가치가 약화되고 민주주의의 가치가 약화되면 민주주의 제도가 무너집니다. 예수 그리스도 위에 세울 때 민주적 사회 시스템은 반석 위에 서게 됩니다. 지구상에 민주주의가 어느 정도 확립되었으므로 더 이상 예수 그리스도를 믿을 필요도 없고, 따라서 기독교는 더 이상 소용없다고 말하는 사람이 있을지 모르겠습니다. 그는 인간의 본성을 제대로 알지 못하는 어리석은 사람입니다. 무한을 사모하는 본성을 갖고 있는 인간은 스스로 도취되어 무한자가 되려고 하는 욕망의 유혹에 언제든지 빠질 수 있습니다. 이 욕망을 이길 수 있는 힘은 스스로를 십자가에 못 박히도록 내어준 예수 그리스도뿐입니다. 지금 민주적 사회 시스템을 잘 운영하고 있는 나라들도 예수 그리스도를 버리면 풍화작용으로 반석이 모래로 변하여 그 시스템이 붕괴되고 말 것입니다.

아무리 예수를 그리스도로 고백한다고 하더라도, 그의 이름으로 선지자 노릇하며 귀신을 쫓아내며 많은 권능을 행사하더라도 인간의 존엄성, 자유와 평등, 법의 중요성을 무시한다면 그는 예수가 그리스도인 이유를 제대로 이해하지 못한 것입니다. 한국의 기독교인들과 교회는 이 점을 투철하게 인식하지 못하고 있습니다. 한국 기독교의 위기는 여기서 발생합니다. 많이 안타깝습니다.

이하에서는 하나님의 창조부터 그리스도가 이 땅에 오실 때까지 성서에 기록된 내용을 '하나님의 나라≒인간들이 서로 사랑하는 나라≒하나님의 뜻대로 운영되는 인간사회 시스템≒민주주의 정신에 따라 운영되는 인간사회 시스템'이라는 등식의 관점에서 일별해 보려고 합니다.

3장_
창조 질서의 붕괴와 회복의 시작 :
타락과 족장 시대

고장 난 인간사회 시스템

성서는 하나님이 우주만물과 더불어 인간을 창조하는 이야기로 시작하고 있습니다. 하나님은 최초의 인간사회 에덴동산에서 인간들이 서로를 존엄하게 여기며 자유롭고 평등하게 살도록 했습니다. 다시 말하면 인간사회 시스템이 민주주의 정신에 따라 운영되도록 하셨다는 말씀이지요. 이를 위해 의로운 재판관인 하나님은 모든 인간에게 똑같이 적용되는 공정한 법(선과 악을 알게 하는 나무)을 주고 이 법의 한계 안에서 살도록 했습니다.

민주주의는 법에 의한 다스림이 존재할 때에만 가능하지요. 하나님은 전지전능한 존재로 무한한 힘을 갖고 있지만 초법적으로 힘을 행사하는 전제 군주적 권력자가 결코 아닙니다. 전제 군주적 권력자로서의 하나님 상이 한국 교회를 타락시키는 가장 결정적인 요소입니다. 하나님을 전제 군주적 권력자로 인식하다 보니 자연스럽게 하나님을 대신하는 성직자에 대한 맹목적인 순종이 강조됩니다.

하나님은 법에 입각해 전 우주를 다스립니다. 따라서 인간사회를 운영하는데 있어서도 하나님은 법을 인간 삶의 중심에 두었습니다. 하나님이 법을 무시하는 전제군주와 같은 존재가 아니라 법에 의해 다스리는 '의로운 재판관'이라는 사실을 기억하는 것이 성서 전체를 올바로 이해하는데 매우 중요합니다.

그러나 인간은 스스로 심판관인 하나님이 되려는 야심을 품고 하나님이 주신 법을 파괴함으로써 인간사회 시스템은 고장이 나고 말았습니다. 기독교에서는 이것을 '원죄'라고 부릅니다. 원죄라고 부르는 이유는 이것이 인간사회 시스템을 고장 나게 만든 가장 기본적인 요소이기 때문입니다. 그것은 〈반지의 제왕〉이라는 영화에서 절대 반지를 자신의 손에 끼려는 시도와 같은 것으로서, 인간사회 시스템 전체를 파괴하는 행위입니다. 선수가 규칙을 무시하고 심판의 자리에 오르려는 순간부터 모든 게임은 제대로 진행되지 않습니다.

선수가 심판이 되려는 '원죄'는 선수들이 게임을 진행하면서 상대 선수들에게 파울을 범하는 '개개의 죄들'과는 비교가 안 되는 치명적인 죄입니다. 아무리 큰 파울이라도, 설혹 상대 선수를 죽이는 살인을 저지르는 파울이라도 게임 자체를 파괴하지는 못합니다. 심판이 있어서 규칙에 따라 그 선수를 퇴장시키고 응분의 벌을 주면 게임은 그대로 진행이 됩니다. 그러나 선수가 심판의 자리를 차지해 자기에게 유리하게 게임의 규칙을 정하려는 시도는 게임 자체를 완전히 파괴하여 살인과 같은 무서운 파울도 정당한 것으로 둔갑시키는 상태를 초래합니다. 아담과 하와가 선악과를 따 먹은 이후 인간사회는 이러한 사태가 벌어지게 되었습니다. 타락 이후 인간 세상은 종교의 이름으로 이러한 초법적인 권력을 정당화하는 일이 벌어졌습니다. 모든 전통 문화 속에 들어 있는 신분제도도 종교의 이름으로 정당화되었습니다. 기독교도 역사적 과정에서 성서의 가르침을 잘못 이해하여 초법적인 권력을 정당화하는데 기여했고, 신분 제도를 옹호하기도 했고, 또 제국주의에 편승하기도 했습니다. 천부인권 사상에 입각해서 출발한 미국이 흑인들을 그 사상의 적용 대상에서 제외시킨 노예 제도를 시행한 것도 한 사례라고 할 수 있습니다.

이처럼 고장 난 사회 시스템 안에서 인간들은 인간의 방법인 민주주의 정신에 따라서가 아니라 마키아벨리가 제안한 짐승의 방법, 즉 사자와 여우의 방법을 사용해 서로 권력을 차지하려는 야심으로 동료를 지배하고 죽이면서 온갖 악한 짓들을 많이 저질렀습니다. 사자의 방법은 힘으로 무자비하게 짓누르는 방법이고, 여우의 방법은 꾀를 내어 상대방의 뒤통수를 치는 방법입니다. 권력을 차지하려는 권력 의지는 타락한 인간의 궁극적인 목적이 되고 말았습니다. 권력 의지를 삶의 본질로 파악한 니체는 타락한 인간사회에 대한 심오한 통찰력을 보여주고 있습니다.

성서에 나오는 라멕이라는 사람의 다음과 같은 시가 타락한 인류의 권력 의지와 잔인성을 말해줍니다. "나의 상처로 말미암아 내가 사람을 죽였고 나의 상함으로 말미암아 소년을 죽였도다. 가인을 위하여는 벌이 칠 배일진대 라멕을 위하여는 벌이 칠십칠 배이리로다"(창세기 4장 23-24절). 나에게 상처를 입히거나 나의 감정을 상하게 하는 자는 어른이든 소년이든 죽여 버렸고, 가인을 해하는 자는 7배의 벌을 받았지만 라멕을 해하는 자는 칠십칠 배의 벌을 받을 것이라는 의미입니다. 이 시에서 스스로 심판자가 되어 엄청난 보복을 가하는 무법자의 모습을 봅니다. 인류의 역사를 한번 보십시오. 피의 보복으로 점철된 전쟁의 역사라고 해도 과언이 아닙니다. 인류가 숭배하는 대부분의 영웅들은 이러한 전쟁들에서 짐승의 방법을 가장 잘 사용하여 승리한 사람들이었습니다. 라멕은 타락한 인류의 영웅이었습니다.

인류의 역사가 원죄의 결과 라멕 같은 인간을 영웅으로 추앙하며 서로 죽이고 죽이는 악한 상태에 빠지자 하나님은 크게 실망했습니다. 하나님은 사람의 죄악이 세상에 가득하고 사람이 마음으로 생각하는 모든 계획이 항상 악할 뿐임을 보고 사람을 지은 것을 한탄했습니다 (창세기 6장 5-6절).

시스템 복구를 위하여

하나님은 인류의 역사를 새로 쓰고 싶었습니다. 그래서 노아 가족만 남겨두고 대홍수로 모든 인간사회를 다 쓸어버렸습니다. 인류의 역사는 노아 가족으로부터 새롭게 시작되었으며 노아 가족은 많은 자손들을 퍼뜨렸습니다. 그러나 여전히 고장 난 인간사회 시스템 안에서 인간들은 악한 짓을 그치지 않았습니다.

하나님은 방법을 바꾸어 교육을 통해 고장 난 인간사회 시스템을 다시 원래대로 복원하여 인간 세상을 구원하기로 마음먹었습니다. 이 목적을 위해 그는 아브라함을 선택하여 그와 그의 자손들을 교육시키기로 하였습니다. 이때부터 하나님의 기나긴 교육 과정이 시작됩니다. 하나님은 아브라함과 그의 자손들에게 가나안 땅, 오늘날의 팔레스타인을 주어 살게 하겠고, 또 그들을 통해 망가진 인간사회 시스템을 회복하여 인간 세상을 행복한 곳으로 만들겠다는 약속을 했습니다.

"여호와께서 아브람에게 이르시되 너는 너의 고향과 친척과 아버지의 집을 떠나 내가 네게 보여 줄 땅으로 가라 내가 너로 큰 민족을 이루고 네게 복을 주어 네 이름을 창대하게 하리니 너는 복이 될지라"는 창세기 12장 1-2절의 말씀은 이러한 의미를 가진 것으로 해석될 수 있습니다.

하나님이 이처럼 교육적인 방법을 사용하기로 한 것은 인간사회 시스템의 복원이 결국 자유로운 존재로 창조된 인간들의 노력에 달려 있기 때문입니다. 인간사회 시스템은 구성원인 인간들의 자유로운 행위에 의해서 운영될 수밖에 없습니다. 말을 물웅덩이까지 끌고 갈 수는 있어도 물을 억지로 마시게 할 수는 없다는 말이 있지 않습니까? 미물인 말도 이러한데 하물며 하나님의 형상대로 창조된 자유로운 존재인 인간에게 물을 강제로 마시게 할 수 있겠습니까?

하나님이 인간을 위해 모든 좋은 것을 다 해줄 수 있어도 인간사회 시스템을 운영하는 것은 인간의 자유로운 행위에 의해서만 가능합니다. 설혹 하나님이 인간이 좋아하는 모든 것들(영원한 생명, 건강, 재물, 아름다움, 권력, 명예 등)을 다 해준다고 해도 인간사회 시스템이 정상적으로 운영이 안 되면 그 모든 것은 다 수포로 돌아가고 인간사회는 여전히 서로 싸우는 전쟁 상태를 벗어나지 못합니다. '하나님 나라와 그 의'가 무엇보다 먼저인 것은 바로 이러한 이유 때문입니다.

인간들이 인간사회 시스템을 하나님이 원하는 방식으로 운영할 수 있기 위해서는 교육을 통해 인간에게 계속 가르치는 수밖에 없는 노릇입니다. 아무리 오랜 시간이 걸리더라도 다른 방법은 없습니다. 하나님은 아브라함과 그 자손들을 선택해 교육시키고 이를 다른 인간 집단들에게 본보기 모델로 제시하려고 하였습니다. 그러나 아브라함의 자손인 이스라엘 민족은 이러한 하나님의 마음을 잘 이해하지 못해 교육을 제대로 잘 수행하지 못했습니다.

지금부터 우리는 아브라함의 자손인 이스라엘 민족이 어떻게 하나님의 뜻을 따르는 데 계속 실패했는지를 살펴 볼 것입니다. 이 실패의 역사를 잘 알고 있어야 왜 하나님의 아들 예수가 그리스도로 올 수밖에 없었는지를 이해할 수 있습니다.

아브라함을 통해 씨앗을 심다: 인간사회의 회복을 위한 출발

아브라함을 택한 이유를 하나님은 "하나님의 도를 지켜 공의와 정의를 행하게 하기 위해서"(창세기 18장 19절, NIV성경)라고 직접 말했습니다. 여기서 하나님의 도, 공의와 정의는 궁극적으로 인간의 존엄성, 자유와 평등, 법의 지배를 핵심 가치로 하는 민주주의 정신을 의미하는 것으로 해석할 수 있습니다. 어떻게 그렇게 말할 수 있느냐고요? 앞에서 거듭 말했지만, 이러한 가치들은 타락하기 전 에덴동산에 설정되어 있던 인간사회 시스템의 기본 정신입니다. 이 시스템을 회복하는 것이 하나님이 역사 속에 직접 개입하신 이유입니다. 그 시스템 환경에서만 인간들은 인간답게 살 수 있습니다. 창세기에 나와 있는 에덴동산에 대한 묘사를 주의 깊게 읽지 않으면 성서 전체를 엉뚱하게 해석하는 오류를 범하게 됩니다.

하나님은 아브라함을 통해 민주주의 정신의 씨앗을 뿌리고자 했습니다. 만약 이 씨앗이 하나님의 의도대로 잘 자라나 준다면 아름다운 꽃을 피우고 많은 좋은 열매를 맺을 것입니다. 물론 아브라함은 하나님이 자신과 지신의 후손을 통해 무엇을 하려는지 정확하게 살 몰랐을 것입니다. 아브라함이 살던 시대는 BC 1800-1900년경 이었습니다. 이 당시는 지구상의 모든 곳에서는 타락한 문화가 번성하여 권력을 가진 사람이 힘을 과시하고 횡포를 부리며 다수의 사람들로부터 신으로, 주인으로 섬김을 받는 것이 당연시되는 시대였습니다. 이런 현상은 아브라함 이후에도 수천 년 간 지구상의 당연한 패러다임으로 자리 잡았습니다. 이 당연한 패러다임이 본격적으로 바뀌기 시작한 것은 서유럽과 미국에서 시민 혁명이 일어난 17-18세기로, 지금부터 불과 200-300년 전 일입니다. 대한민국에서는 1987년 이후였으니까 아직 30년도 못되었지요. 아직도 지구상에는 아브라함 시대와 같은 방식으로 권력자를 숭배하는 집단들이 많이 있습니다. 한반도의 북쪽에서는 아브라함 시대보다 더한 일이 벌어지고 있습니다.

시민 혁명기에 혁명의 정신을 제공하고 혁명 이후 민주주의 체제를 확립하는데 기독교 정신은 매우 큰 역할을 했습니다. 영국의 청교도들은 영국에서 최초의 시민 혁명을 일으키는데 아주 큰 기여를 했고(그래서 이 혁명은 청교도 혁명이라 불립니다), 이후 미국으로 건너가 가장 먼저 민주주의 제도를 정착시키는데 지대한 공헌을 하였습니다. 토크빌의 『미국의 민주주의』는 이에 대해 잘 설명하고 있습니다.

물론 아브라함이 민주주의 정신을 알 수는 없었을 것입니다. 아마 하나님이 아브라함에게 민주주의 정신에 대해 말했다고 해도 아브라함은 전혀 이해하지 못했을 것입니다. 그래서 하나님은 그냥 아브라함을 통해서 하나님의 도와 공의와 정의를 실현할 것이며, 하나님을 잘 믿으면 그렇게 된다고 말했고, 아브라함도 그렇게 될 것이라고 믿었을 것입니다.

많은 인간적인 약점에도 불구하고 아브라함은 생각이 깊고 신중한 사람이었습니다. 분열과 갈등을 조장하는 사람이 아니라 화해와 평화를 추구하는 사람이었습니다. 그는 인간에 대한 사랑과 연민을 가진 사람이었습니다. 그래서 하나님이 아브라함을 선택해서 교육을 시작한 것인지도 모르겠습니다. 아브라함의 이러한 인간성은 조카 롯과의 갈등을 평화적으로 해결하는 아브라함의 온유함에서 잘 나타납니다. 아브라함은 조카 롯과 함께 가나안 땅에 정착했는데 시간이 지나 소유가 많이 불어나면서 종들 간에 서루 다투는 일이 자주 있었습니다. 아브라함은 더 이상 함께 사는 것이 어렵다는 것을 깨닫고 조카 롯에게 따로 살 것을 제안하며 먼저 좋은 땅을 고르라고 합니다. 자신은 조카 롯이 고르고 남은 좋지 못한 땅에 정착했습니다.

또 아브라함은 소돔과 고모라를 멸망시키러 가는 하나님께 몇 번에 걸쳐 의인을 악인과 함께 멸하면 안 된다고 항변하면서 하나님의 의지를 되돌리려고 노력합니다. 그는 하나님이 자신과 자신의 자손들을 통해 공의롭고 정의로운 인간사회를 만드시겠다고 말한 것에 의지해 하나님께 이의를 제기합니다.

'의인을 악인과 함께 멸하면 안 됩니다. 소돔과 고모라에 의인 50명이 있다면 그 의인을 보아서라도 소돔과 고모라를 용서해 주세요. 의인을 악인과 함께 죽이는 것은 부당합니다. 하나님은 심판관이시니 정의를 행해야 되지 않습니까?'(창세기 18장 23-25절, 쉬운 성경). 아브라함의 말을 듣고 하나님은 소돔성에서 50명의 의인을 발견한다면 그들을 봐서 소돔 지역 전체를 용서할 것이라고 말합니다. 하지만 아브라함은 물러서지 않고 의인이 45명 있다면, 40명 있다면, 30명 있다면, 20명 있다면 등 네 번에 걸쳐 소돔과 고모라를 용서하도록 거듭 요구합니다. 아브라함의 이러한 항변과 요구에 대해 하나님은 역정을 내지 않고 계속 아브라함의 말에 귀를 기울입니다. 그러면서 의인 10명만 있어도 내가 소돔과 고모라를 멸망시키지 않겠다고 말합니다.

악인을 벌주려다가 의인까지 상하게 해서는 안 된다는 아브라함의 항의는 가라지를 뽑으려다가 곡식까지 뽑을 것을 염려한 예수 그리스도의 마음을 그대로 닮아 있습니다. 공의와 정의의 문제를 두고 일어난 아브라함과 하나님의 대화는 성서의 기본 정신이 무엇인지, 하나님의 뜻대로 운영되는 인간사회 시스템에서 공의와 정의의 문제가 얼마나 중요한 문제인지를 잘 보여주고 있습니다.

이삭을 제물로 바치라!

소돔과 고모라를 멸망시키겠다고 하는 하나님의 말씀에 대해 공의의 문제를 제기하면서 몇 번에 걸쳐 항변하던 아브라함이 이삭을 제물로 바치라는 하나님의 말씀에는 뜻밖에도 아무런 항변도 하지 않습니다. 실제로 아브라함이 항변을 했는지 안했는지는 모르지만 성서에는 어떤 군소리도 없이 하나님의 말씀대로 이삭을 제물로 바칠 작업에 곧바로 착수합니다.

이삭이 어떤 아들입니까? 아들을 주겠다는 하나님의 약속에 대해 의심하기도 하고 믿기도 하면서 그야말로 학수고대하다가 100세에 얻은 귀한 아들이 아닙니까? 그런 아들을 자기 손에 칼을 잡고 죽여서 제물로 바치라는 말씀을 듣고 그냥 그대로 따르는 아브라함의 모습을 우리는 어떻게 이해해야 할까요? 왜 성서는 이런 식으로 기록되어 있을까요? 소돔과 고모라의 심판과 이삭을 제물로 바치는 것에 대한 아브라함의 너무 대조되는 모습을 우리는 어떻게 설명할 수 있을까요?

덴마크의 실존주의 철학자 키에르케고르(Kierkegaard)는 이삭 제물 사건에 대한 유명한 해석을 제공한 인물입니다. 그는 인간의 삶을 미적 삶, 도덕적 삶, 종교적 삶 3단계로 나누었습니다. 미적 삶은 기분에 따라서 감각적으로 살아가는 것을 말하고, 도덕적 삶은 보편적인 도덕적 의무에 따라 살아가는 것을 말하고, 종교적 삶은 초월적 신앙에 따라 살아가는 것을 말합니다. 키에르케고르는 이 단계 중에서 종교적 삶을 최고의 삶으로 여겼습니다.

그에 의하면, 초월적 신앙은 이성으로 이해할 수 없는 신앙이며, 불합리함에도 불구하고 믿는 신앙입니다. 그는 기독교 신앙이 바로 그런 초월적 신앙이며, 이삭을 바치라는 하나님의 말씀에 복종한 아브라함의 믿음이야말로 참된 기독교 신앙의 본질이라고 주장했습니다. 이러한 해석에 의하면, 소돔과 고모라의 멸망에 앞서 공의의 문제를 따지는 아브라함의 태도는 도덕적인 것에 머물러 있는 아직 차원 낮은 신앙이고, 이삭을 제물로 바치라는 명령에 무조건 순종한 아브라함의 태도는 최고 수준의 신앙인 셈이 됩니다.

그러나 키에르케고르의 해석은 아브라함을 통해 "여호와의 도를 지켜 공의와 정의를 행하게 하려고 그를 택하였다"는 하나님의 말씀과 조화를 이루기 어렵습니다. 하나님은 아브라함을 통해 공의와 정의가 지배하는 도덕적인 나라를 만들기를 원했습니다. 따라서 하나님을 믿는 것은 반드시 공의와 정의라는 도덕적 내용과 연결되어 있습니다. 공의와 정의라는 도덕적 내용을 무시하는 불합리한 신앙을 최고의 신앙으로 해석하는 키에르케고르 관점은 성서를 합리적인 눈으로 읽는 것을 방해할 수 있습니다. 기독교 신앙은 합리성과 상식을 초월하는 부분을 분명 갖고 있지만 합리성과 상식을 무시하는 신앙이 결코 아닙니다. 무조건 믿는 신앙은 어려운 시기에 때로는 두려움을 이기는 담대한 신앙이 되기도 하지만 궁극적으로는 몰상식한 맹목적인 신앙으로 타락합니다. 한국에서 흔히 나타나는 기독교인들의 맹목적인 신앙처럼 말입니다. 맹목적인 신앙은 공의와 정의 실현을 어렵게 합니다.

서는 하나님에 대하여 공의의 문제를 따지는 아브라함과 이삭을 바치라는 명령을 따르는 아브라함을 다음과 같이 해석하고 싶습니다. 민주주의 사회 시스템(하나님 나라)을 운영하기 위해서는 반드시 공의와 정의가 필요합니다. 그리고 이 민주주의 사회 시스템을 성공적으로 유지하기 위해서는 자신의 목숨과 자기 자식의 목숨까지 바칠 각오를 해야 합니다. 민주주의는 희생 없이 유지될 수 없습니다. 모든 시민들이 공의와 정의를 위해 자신과 자신보다 더 소중한 자기 자식(그가 독자라 하더라도)의 목숨을 바칠 각오를 해야 유지하고 지켜낼 수 있습니다. 시민들이 모두 무임승차를 하려고 한다면 그 사회는 유지되지 못합니다. 이삭을 제물로 바치라는 하나님의 명령과 이에 대한 아브라함의 순종은 바로 이러한 사회학적 의미를 내포하고 있다고 저는 해석하고 싶습니다.

이에 더하여 우리는 왜 하나님이 아브라함에게 이삭을 번제(짐승을 불에 태워 바치는 제사)로 바치라고 했을까를 생각해 볼 수 있습니다. 성서에는 하나님이 아브라함의 믿음을 시험하기 위해서라고 나와 있습니다. 그러나 그것은 단지 시험하기 위한 것에만 그치는 것은 아니라고 생각됩니다. 그 이상의 의미를 내포하고 있다고 여겨지는데, 그것은 하나님이 사람을 번제물로 요구하는 신이 아니라는 사실을 보여주기 위한 것이라고 할 수 있습니다.

성서에 보면, 사람을 제물로 바치는 행위를 하나님이 가증스럽게 여긴다는 표현이 여러 군데에 나옵니다. 그리고 신명기에 보면 가나안 주민들의 종교를 모방해 자기 아들이나 딸을 불 가운데로 지나가게 해서는 안 된다고 경고하고 있습니다(신명기 18장 9-10절). 하나님은 가나안 부족들을 특히 가혹하게 다루도록 하는데, 그것은 자식을 불에 태우는 그들의 종교행위와도 관련이 있습니다. 그런 하나님이 사람을 제물로 바치라고 한 것은 도무지 납득이 되지 않습니다. 따라서 우리는 '이삭 번제 사건'을 하나님이 아브라함이 지금까지 경험한 주변 종교들의 신들, 즉 사람을 제물로 요구하는 신들과 전혀 다른 신임을 분명하게 보여주려는 의도를 가지고 있었다고 해석할 수 있습니다. 결코 사람을 희생물로 삼아서는 안 된다는 일종의 역설적이고 반어법적 표현이지요.

기독교는 공의(도덕적 삶)와 믿음(종교적 삶)을 두 단계로 나누는 종교가 아니라 이 둘을 하나로 통합하는 종교입니다. 우리가 하나님을 믿는 이유는 하나님이 공의롭고 정의로운 하나님이기 때문입니다. 아브라함이 아무 말 없이 순종한 것도 하나님이 공의롭고 정의로운 하나님이라는 믿음이 있었기 때문입니다. 아브라함은 그냥 불합리함에도 불구하고 순종한 것이 아닙니다.

이삭을 제물로 바치라는 성서의 말씀은 하나님의 뜻에 따라 운영되는 인간사회 시스템을 회복하고 유지하고 지키기 위해서는 가장 사랑하는 자식의 생명도 기꺼이 내놓아야 할 때가 있다는 교훈을 말해주고 있습니다. 그것은 거저 주어지지 않습니다. 수많은 인간의 땀과 눈물과 피가 필요합니다. 그러나 인간의 땀과 눈물과 피만으로는 부족했습니다. 그것은 하나님의 눈물과 피(하나님의 독생자 예수 그리스도의 십자가 희생)까지 요구했습니다.

이삭과 야곱: 갈등과 화해(1)

성서에 나타난 것으로 보면, 이삭은 좀 유약해 보이지만 평화를 지향하는 사람이었습니다. 자신이 힘들여 판 우물을 주위의 부족들이 빼앗아 가려고 했을 때 이삭은 싸우지 않고 몇 번에 걸쳐 그냥 양보합니다. 하나님은 이런 이삭을 보호하고 인도해 평안한 삶을 살게 하였습니다. 성서에는 하나님이 복을 주어 이삭이 거부가 되었다고 되어 있습니다.

하지만 야곱은 아버지 이삭과 전혀 달랐습니다. 야곱은 형 에서와 이란성 쌍둥이로 태어났습니다. 야곱은 먼저 태어난 에서를 누르고 가문의 지배자인 장자가 되려는 집요한 권력 의지를 가진 인물이었습니다. 야곱의 집요한 권력 의지는 그의 이름에서도 잘 나타나 있습니다. 야곱은 '발꿈치를 잡았다'는 의미를 갖고 있습니다. 힘에서 밀린 야곱은 엄마 뱃속을 먼저 나가는 에서의 발꿈치를 잡을 정도로 권력 의지가 강했습니다. 태어나서도 야곱의 권력 의지는 계속 작동해 결국 형과 아버지를 속이고 장자의 명분을 차지합니다. 타락한 세상에서 인간들의 최고의 꿈은 다른 사람을 지배할 자리에 올라 권력 의지를 충족시키는 것이었습니다. 그리고 그 꿈을 이루는 것이 가장 큰 축복이었습니다.

'지배자가 되는 것=축복'이라는 타락한 세상의 권력 논리는 이삭 집안에서도 그대로 작동하였습니다. 이삭은 에서인 줄 알고 야곱에게 축복했는데 그 축복 내용 중에 다음과 같은 내용이 있습니다. "나라들이 너를 섬기고, 백성들은 너에게 절할 것이다. 너는 네 형제들을 다스리고, 네 어머니의 아들들이 너에게 엎드려 절할 것이다."(창세기 27장 29절, 쉬운 성경). 축복 내용이 모두 지배자가 되는 것에 집중되어 있습니다. 타락한 세상 인물의 전형인 야곱은 가문의 지배자라는 축복을 가로채기 위해 교활하게 에서와 아버지를 속였던 것입니다.

속은 것을 안 에서가 그를 죽이려고 하자 야곱은 위험을 피해 외삼촌 라반의 집으로 도망가 머슴 생활을 하게 됩니다. 야곱은 라반으로부터 많은 속임을 당합니다. 사랑하는 라헬과 결혼하기 위해 야곱은 7년을 공짜로 일했는데, 라반은 결혼식 날 밤에 라헬 대신 언니 레아를 야곱에게 들여보냅니다. 마치 야곱이 아버지 이삭을 속이고 에서로 변장해 축복을 가로챈 것처럼, 이번에는 야곱이 그대로 속임을 당합니다. 뿐만 아니라 라반은 야곱의 품삯을 열 번이나 바꿉니다. 속임수를 잘 쓰는 야곱이 속임수의 피해자가 되고 이에 대해 야곱은 다시 속임수로 맞서 자기 양의 숫자를 불려 '큰 부자'가 됩니다.

자신의 부에 대한 외삼촌 라반의 곱지 않은 시선에 위기를 느낀 야곱은 다시 고향으로 돌아가려고 하였습니다. 그러나 고향으로 돌아가기 위해서는 자기를 죽이려고 하는 에서와의 화해가 필수적이었습니다. 에서와 화해해야만 고향 땅에 정착이 가능했습니다. 야곱은 에서와 화해하여 평화를 회복하기 위해 필사적인 노력을 기울입니다.

야곱은 에서의 환심을 사기 위해 수많은 선물을 준비해 앞서 보냈지만 그래도 마음이 불안하여 얍복 강가에서 밤새도록 죽을힘을 다해 하나님을 붙잡고 살려달라고 씨름을 합니다. 야곱의 간절한 기도에 하나님은 엉덩이뼈를 쳐서 어긋나게 만들고 그에게 이스라엘이라는 새로운 이름을 지어줍니다. 저는 하나님이 야곱의 엉덩이뼈를 쳐서 어긋나게 만든 것이 야곱을 에서로부터 살리기 위한 것이라고 해석합니다. 이미 많은 선물을 받아 마음이 좀 풀어졌지만 여전히 에서는 야곱에게 '이놈이 또 무슨 수작을 부리나'라고 생각하며 경계심을 가지고 있었을 것입니다. 하지만 절뚝거리며 나아와 자기에게 일곱 번이나 절하는 야곱의 초췌한 모습을 보고, 에서는 적개심보다는 불쌍한 마음이 들었을 것입니다. 그래서 에서는 달려와 "야곱을 끌어안고 그의 목에 얼굴을 기대었습니다. 그리고 야곱에게 입을 맞추었고, 두 사람은 함께 소리 내어 울었습니다."(창세기 33장 4절, 쉬운 성경)

야곱이 절뚝거리며 에서에게 일곱 번이나 절하면서 "형님이 저를 받아 주시니 마치 하나님의 얼굴을 뵙는 듯합니다"고 말하는 장면을 보면, "나라들이 너를 섬기고, 백성들은 너에게 절할 것이다. 너는 네 형제들을 다스리고, 네 어머니의 아들들이 너에게 엎드려 절할 것이다"는 이삭의 축복과 너무나도 동떨어진 모습입니다. 도대체 이 축복은 무슨 의미가 있는 것일까요? 왜 야곱의 이야기는 이런 식으로 앞뒤가 안 맞는 방식으로 기록되어 있을까요? 저는 야곱의 이야기를 통해 하나님이 다른 사람들을 지배하려는 권력 의지는 갈등과 불화를 일으키고, 섬기는 태도는 갈등을 해소하고 평화를 가져온다는 사실을 인류에게 가르쳐주고 싶어 한다고 해석하고 싶습니다. 야곱은 장자가 되기 위해 속임수를 쓰는 방법으로가 아니라 절뚝거리며 에서에게 일곱 번이나 절을 하는 섬기는 태도를 통해 '나라들과 백성들과 형제들을 다스리는' 장자가 되는 축복을 받게 된다는 의미입니다. 이것은 마태복음 20장 26-27절에서 예수가 "너희 중에 누구든지 크고자 하는 자는 너희를 섬기는 자가 되고 너희 중에 누구든지 으뜸이 되고자 하는 자는 너희의 종이 되어야 하리라"고 한 말과 정확하게 같은 의미입니다.

하나님이 야곱에게 준 새 이름 이스라엘에는 바로 그런 의미가 들어 있습니다. 이스라엘의 문자적 의미가 '하나님과 겨루어 이김'이라는 뜻이라는 사실에서 보면 이러한 해석이 좀 어색하게 느껴질지도 모릅니다. 하지만 야곱이 하나님과 씨름한 이유가 에서와의 화해라는 절박한 상황 때문이라는 것을 생각할 때 우리는 이스라엘이라는 이름을 얻게 되는 내적인 의미에 더 주목할 필요가 있습니다. 어떻게 인간이 하나님과 겨루어 이길 수 있겠습니까? 그것은 불가능합니다. 이스라엘의 내적인 의미는 분열과 갈등의 야곱에서 화해와 평화의 이스라엘로 거듭나라는 것이고, 그럴 경우에 말 그대로 하나님과도, 사람과도 겨루어 이길 수 있다는 의미지요. 분열과 갈등의 인간 상황을 화해와 평화로 바꾸는 것은 성서 전체의 큰 주제로, 소재만 바뀌어 거듭 반복해서 강조됩니다. 여기서 이스라엘 민족이라는 이름이 유래했습니다. 따라서 이스라엘 백성은 타락한 인류가 지배하려는 권력 의지 때문에 지속적으로 일으키는 분열과 갈등을 섬기는 태도로 화해와 평화로 바꾸는 그런 소명을 짊어지게 됩니다.

요셉과 그의 형제들: 갈등과 화해(2)

야곱과 그 자손들은 가나안 땅에 극심한 흉년이 들어서 이집트로 이주를 하게 됩니다. 이 이주 과정에서 분열과 갈등을 화해와 평화로 바꾸는 또 다른 아름다운 이야기가 나옵니다. 요셉은 야곱의 11번째 아들로 야곱이 무척 사랑했습니다. 야곱에게는 아내가 넷 있었는데 요셉은 야곱이 가장 사랑한 아내 라헬의 첫아들이었습니다. 라헬은 요셉의 동생 베냐민을 낳다가 죽고 말았습니다. 야곱은 라헬을 아내로 얻기 위해 외삼촌 집에서 7년을 무료로 봉사했습니다. 야곱은 무척 슬퍼하였고, 이 때문에 요셉을 더욱 사랑했습니다.

야곱은 요셉을 특별 대우하여 다른 형제들과는 달리 화려하게 장식된 옷을 입혔습니다. 이러한 편애가 분열과 갈등을 위한 씨앗이 됩니다. 게다가 요셉은 아버지의 이러한 편애에 편승하여 형들이 양을 치면서 저지른 잘못들(양을 한 마리 잡아 먹는다든지 등)을 야곱에게 고자질 하곤 했습니다. 이 때문에 형들은 요셉을 매우 미워했습니다. 이런 상황에서 요셉은 자기가 꾼 꿈을 형들에게 자랑하듯 말했습니다. 형들의 곡식 단이 나의 곡식 단에 절을 한다느니, 해와 달과 열한 개의 별이 자기에게 절을 한다느니 하는 꿈이었습니다. 이 꿈 이야기는 형들의 분노에 기름을 붓는 격이었습니다. 많은 기독교인들이 요셉을 좋게, 형제들을 나쁘게 해석하는 경향이 있는데, 실제로 어릴 때의 요셉은 악동까지는 아니더라도 아버지를 등에 업고 형들을 자극하는 행동을 많이 했습니다.

형들은 요셉에게 화풀이할 기회를 노렸습니다. 드디어 기회가 왔습니다. 형들이 양을 치러 멀리 갔을 때 야곱이 요셉에게 형들이 양을 잘 치고 있는지를 알아보도록 보낸 것입니다. 형들이 먼 거리에서 요셉이 오는 것을 보고 요셉을 죽일 계획을 세웠습니다. 그러나 형들 사이의 의견 차이로 요셉을 죽이지는 못하고 지나가는 상인들에게 팔아버렸습니다. 여기서 요셉과 나머지 형제들 사이의 분열과 갈등은 최고조에 달합니다.

편애와 인간사회의 갈등

한 가족이든, 작은 집단이든, 큰 집단이든 인간사회가 편애적인 시각에서 운영되면 반드시 불신과 반목이 초래되고 분열과 갈등으로 치닫게 됩니다. 애덤 스미스는 『도덕 감정론』에서 편애적인 관망자가 가까이 있고, 이해관계가 없는 중립적인 관망자가 멀리 있으면 인간의 도덕 감정은 부패한다고 말했습니다. 도덕 감정의 부패는 인간사회를 분열과 갈등으로 몰아넣습니다. 인류의 역사는 편애적인 시각에서 사회를 운영하려는 특권층, 지배층과 이에 맞서는 다수의 비특권층, 피지배층 간의 지속적인 갈등의 역사였습니다. 민주주의 사회 시스템은 이러한 갈등을 해소하고 보다 공정한 시각에서 사회를 운영할 수 있는 유일한 대안입니다.

성서에 짧게 언급되어 있는 것에 의해 추정해 본다면 이삭의 가족은 편애적인 시각에 따라 작동했습니다. 아버지 이삭은 에서를 편애하였고, 어머니 리브가는 야곱을 편애했습니다(창세기 25장 28절). 장자의 권리를 놓고 에서와 야곱이 충돌한 것은 야곱의 집요한 욕망에도 원인이 있지만 에서에 대한 아버지 이삭의 편애, 야곱에 대한 어머니 리브가의 편애가 크게 작용하였습니다. 한 가족이 두 패로 나뉘어져 권력 투쟁을 벌이고 있었습니다.

사실 이러한 편애는 가족에 대해 절대적인 권력을 행사하던 가부장제 하에서는 불가피하게 일어날 수밖에 없는 현상이라고 할 수 있습니다. 가부장은 가족들에 대한 생사여탈권을 갖고 있었습니다. 그러나 분명히 알아야 할 것은 가부장제는 하나님이 창조 시 설정한 질서가 아니라 선악과를 따먹은 타락의 산물입니다. 가부장제 하에서 아버지가 누구를 선택하느냐 하는 것은 자녀들의 운명에 결정적인 영향을 끼칩니다. 이런 상황에서 야곱이 쌍둥이 형제 에서와 장자 권을 놓고 격돌하는 것은 충분히 이해할 수 있는 일이었습니다.

부모의 편애로 인하여 피곤한 인생길을 살았던 야곱이었지만 가부장제 구조 하에서 또다시 요셉을 편애하는 잘못을 범하고 맙니다. 요셉에 대한 지나친 편애가 요셉을 방자하게 만들었고, 이에 대한 형제들의 분노를 야기했습니다. 형제들은 아버지에 대해 불만을 털어놓지 못하고 아버지에 대한 분노를 모두 요셉에게 쏟아 내었습니다. 이러한 분노의 제물이 되어 요셉은 이집트 노예로 팔리고 말았습니다.

유다의 자기희생

상인들에 의해 이집트로 내려간 요셉은 여러 가지 지혜로운 행동으로 이집트의 총리가 되었습니다. 그 중 하나는 이집트에 7년 풍년이 든 다음 그것보다 더 심한 7년 흉년이 들 것을 나타내는 이집트 왕의 꿈을 정확하게 해석한 것입니다. 실제로 이 꿈대로 7년 풍년 다음에 7년 흉년이 들었습니다. 이집트는 요셉이 곡식을 잘 관리하여 흉년에도 큰 문제가 없었습니다. 그런데 흉년은 이집트뿐만 아니라 그의 가족들이 사는 가나안 땅에도 있었습니다.

그래서 요셉의 형들은 곡식을 구하러 이집트로 오게 되고 그들이 노예로 팔았던 요셉과 만나게 됩니다. 곡식을 사러 온 사람들 사이에서 요셉은 형들을 발견했습니다. 오랫동안 보지 못했던 형제들에 대한 우애감과 자신을 죽이려다 팔았던 형제들에 대한 분노감이 동시에 일어났을 것입니다.

성서에는 나오지 않지만 요셉은 이집트에서 여러 가지 어려움을 겪으면서 자신에 대한 아버지 야곱의 편애와 형들에 대한 자신의 방자함을 깊이 생각하고 반성을 했을 것이라고 생각이 됩니다. 그렇지 않았다면 형들에 대해 감정을 억누르고 중립적인 태도를 유지하면서 대하기가 어려웠을 것입니다. 그러나 그렇다고 형들에 대한 요셉의 분노감이 다 없어진 것은 아니었습니다. 요셉의 머릿속에서는 형들을 용서할 것인지 복수할 것인지를 놓고 생각이 왔다 갔다 했을 것입니다. 그래서 요셉은 자신의 정체를 숨기고 형제들을 시험해 보기로 했습니다.

이 시험을 통과하면 우애감이 승리하여 형제들은 살 것이고, 통과하지 못하면 분노감이 승리하여 형제들은 죽을 수도 있습니다.

요셉은 자신의 정체를 밝히지 않은 채 형제들을 정탐꾼으로 몰아 위기에 빠뜨립니다. 당황한 형제들이 정탐꾼이 아니라고 극구 변명하는 과정에서 고향에 있는 아버지 야곱과 막내 동생 베냐민(요셉의 친동생, 요셉의 어머니 라헬이 베냐민을 낳다가 죽었음)을 들먹였습니다. 이에 요셉은 형제들 중 한 명을 볼모로 잡아놓고 자신의 친동생인 베냐민을 데리고 오면 정탐꾼이 아니라는 사실을 믿어 주겠다고 했습니다. 요셉이 시므온을 지목한 것을 보아서 그가 요셉을 죽이려고 가장 열심을 내었던 인물이 아닌가 생각이 됩니다.

졸지에 위기에 빠진 형제들은 지난날 동생 요셉에 행한 일을 떠올리며 요셉이 당한 괴로움을 자신들도 당한다고 자책합니다. 장자 르우벤은 그들이 당하는 어려움을 죽은 요셉의 피의 대가로 해석합니다(르우벤은 요셉이 상인들에게 팔렸다는 사실을 모르고 실제로 죽은 것으로 알고 있었습니다). 이러한 형들의 뉘우침 소리를 옆에서 들었던 요셉의 마음의 추는 분노감에서 우애감으로 많이 이동했습니다.

요셉에게서 곡식을 구한 형제들이 고향에 돌아가서 아버지에게 자초지종을 이야기했습니다. 이에 야곱이 돌아온 아들들에게 너희가 요셉도 없애고 시므온도 없애고 또 베냐민까지 없애려고 한다고 책망하면서 베냐민을 결코 보낼 수 없다고 말합니다.

그러나 세월이 가고 양식이 떨어졌으므로 야곱은 어쩔 수 없이 자식들에게 베냐민을 데리고 이집트로 가 곡식을 사 오도록 합니다. 형제들은 요셉의 동생 베냐민을 데리고 요셉 앞에 섰습니다. 요셉은 여전히 자신이 누구인지 모르는 형제들을 융숭하게 대접하고 다시 곡식을 주어 고향으로 돌려보내면서 베냐민의 자루에 자신이 점치는 데 쓰는 은잔을 몰래 넣습니다. 형제들이 고향을 향해 떠난 얼마 후 요셉은 부하들에게 일행을 뒤쫓아 가서 베냐민의 곡식 자루에서 은잔을 찾아내도록 시킵니다.

이 계략에서 요셉은 두 가지 생각을 했을 것입니다. 하나는 나머지 형제들은 고향으로 돌려보내고 은잔을 훔친 책임을 물어 종으로 삼는다는 구실로 베냐민만 따로 데리고 살 생각이었습니다. 다른 하나는 위기에 처한 베냐민에 대해 '형들이 어떻게 나올까'하는 것이었습니다. 요셉에게는 참으로 궁금한 관심사였습니다. 과연 베냐민을 비난하고 희생시키면서 자신들만 사는 길을 갈 것인가? 이렇게 된다면 요셉의 마음의 추는 다시 분노감으로 이동하여 형제들을 모두 죽일지도 모릅니다.

형제들이 보기에 이제 베냐민은 딱 걸려 죽게 되었습니다. 이 위기의 순간에 유다가 자신을 희생하기로 마음먹었습니다. 그는 아버지 야곱에게 있어서 베냐민이 어떤 의미를 갖고 있는 아이인지를 상세히 설명한 다음 베냐민을 대신하여 자신이 요셉의 종이 되겠다고 말합니다. "주의 종으로 그 아이를 대신하여 머물러 있어 내 주의 종이 되게 하시고 그 아이는 그의 형제들과 함께 올려 보내소서."(창세기 44장 33절) 이 한 마디가 형제들을 구원하고 이스라엘을 구원하였습니다. 성서의 요셉 이야기에서 유다의 자기희생은 매우 중요한 포인트입니다. 유다의 자기희생은 예수의 십자가 희생과 맞닿아 있습니다. 유다의 희생정신으로 요셉과 형제들이 서로 화목하게 될 수 있었듯이, 예수 그리스도의 십자가 희생으로 하나님과 인간이, 인간과 인간이 서로 화목하게 될 수 있는 길이 열렸습니다.

유다는 다른 형제들이 요셉을 죽이려고 할 때에도 "우리가 우리 동생을 죽이고 그의 피를 덮어둔들 무엇이 유익할까 자 그를 이스마엘 사람들에게 팔고 그에게 우리 손을 대지 말자 그는 우리의 동생이요 우리의 혈육이니라"(창세기 37장 26-27절)고 형제들을 설득해 요셉의 생명을 구했습니다.

유다의 말에 우애감으로 가득 차게 된 요셉은 곧 자신의 정체를 밝히고 형제들과 크게 한바탕 울고 다음과 같이 말합니다. "당신들이 나를 팔았다고 해서 근심하지 마소서. 하나님이 생명을 구원하시려고 나를 당신들보다 먼저 보내셨나이다. … 나를 이리로 보낸 것은 당신들이 아니요 하나님이시라"(창세기 45장 5-8절). 자신이 이집트에 팔려간 사건을 이처럼 하나님의 시각으로 폭넓게 조망하는 요셉의 비전은 기독교인들의 인생 해석과 역사 해석에 매우 중요한 준거를 제공합니다. 우리는 우리의 삶을 보다 넓은 하나님의 관점에서 바라 볼 수 있어야 합니다. 이리하여 야곱의 가족은 모두 이집트로 옮겨가게 되고 혹독한 가뭄에서 생명을 보존하게 됩니다. 이스라엘 민족은 그 후 400년간이나 이집트에서 큰 걱정 없이 살게 되었습니다.

유다의 인물 됨

여기서 잠시 유다 이야기를 좀 해야겠습니다. 유다는 자신의 명예보다 사람의 생명을 더 소중히 여기는 분별력 있는 따뜻한 사람이었습니다. 그에게는 세 아들이 있었습니다. 첫째가 다말이라는 여자와 결혼하였지만 자손을 낳지 못하고 죽었습니다. 당시 이스라엘에는 형이 아들을 낳지 못하고 죽으면 동생이 형수와 결혼해서 대를 잇는 풍습이 있었습니다. 그래서 유다는 둘째 아들을 다말과 동침하도록 했지만 역시 후사를 보지 못하고 죽었습니다. 유다는 셋째 아들을 다말과 결혼시켜야 했지만 그도 형들처럼 죽을까 염려하여 다말에게 셋째 아들이 다 자랄 때까지 친정에 가서 기다리라고 한 후 결혼을 차일피일 미루었습니다.

 이런 상황에서 다말은 자기 시아버지인 유다가 친정 근처에 온다는 소문을 듣고 창녀로 변장하여 유다를 유혹해 동침합니다. 동침한 후 유다는 그 대가로 염소 새끼를 주겠다고 했지만 다말이 염소 새끼를 넘겨받을 때까지 유다의 도장과 지팡이를 담보물로 달라고 했습니다. 다말과 헤어진 유다는 곧 염소 새끼를 보내어 도장과 지팡이를 찾으려고 했지만 그 지역에는 원래 창녀가 없다는 말만 듣고 창녀를 찾지 못했습니다. 유다는 계속 창녀를 찾다가는 창피를 당할 것 같아 그만두었습니다. 이 일이 있은 후 다말이 음행하여 임신했다는 소문이 퍼졌습니다. 이 소문을 들은 유다가 노해 다말을 끌고 와 불살라 죽이라고 했습니다. 다말이 끌려와 유다에게 유다의 도장과 지팡이를 내어 놓으면서 임신을 시킨 주인공이 바로 당신이라고 말했습니다. 이에 유다는 자신의 잘못을 솔직히 인정하고 다말이 자신보다 더 옳다고 고백하면서 다말을 풀어주었습니다. 이 이야기에서 우리는 유다의 사람됨을 읽을 수가 있습니다. 이 유다가 위기의 순간에 자신을 희생하여 야곱의 가족을 구한 것입니다. 유다의 이러한 행동은 밧세바와 정을 통한 후 이것이 발각될까 전전긍긍하여 밧세바의 남편을 죽인 다윗의 행동과 좋은 대조를 이룹니다. 다윗의 이야기는 나중에 다시 자세하게 다루어집니다.

족장 시대의 의의

 아브라함-이삭-야곱-요셉의 시대는 이스라엘의 족장 시대로 불립니다. 족장 시대의 이야기 속에는 여러 모양의 인생이 파노라마처럼 펼쳐집니다. 그러나 핵심적 메시지는 분열과 갈등의 상황을 화해와 평화의 상황으로 변화시키는 것입니다. 이게 하나님이 아브라함을 통해 드러내시고자 한 하나님의 공의이고, 정의입니다.

　인간사회에는 불가피하게 분열과 갈등이 발생합니다. 민주주의 정신은 이런 상황을 구성원들의 자발적인 노력으로 화해와 평화의 상황으로 치유해가는 인간사회 시스템의 기본 정신이라고 할 수 있습니다. 아주 원시적이지만 아브라함-이삭-야곱-요셉의 이야기 속에는 민주주의 사회 시스템을 위한 씨앗을 발견할 수 있습니다.

4장_
거듭되는 실패 :
출애굽, 가나안 정착, 왕국의 건설과 분열

전혀 새로운 나라를 향하여

이집트(애굽)에서 400년간 살면서 이스라엘 자손들이 엄청 불어났습니다. 남자 청년만 60만이 될 정도로 불어났습니다. 그러자 이집트 사람들이 크게 걱정하게 되었습니다. 저것들 혹시 다른 민족과 내통하여 반란이라도 일으키는 것 아니냐는 이런 걱정이었습니다. 그래서 심한 노동을 시키고 남자 아이를 낳으면 죽이는 정책을 강요했습니다.

이처럼 이스라엘 백성이 학대 받을 때 하나님은 모세를 지도자로 세워 이집트에서 이스라엘 자손을 구해내었습니다. 모세는 이스라엘 사람이었는데 이집트 왕궁에서 왕자로 키워졌습니다. 남자 아이가 태어나면 나일 강에 던지라는 이집트 왕의 명령 때문에 그 부모가 갈대 상자에 담아 버린 것을 이집트 공주가 데려가 키웠습니다. 이집트 왕자였던 모세는 왕자의 자리를 버리고 이스라엘 백성을 이끌고 나와 하나님이 이전에 조상들에게 약속한 가나안 땅으로 인도합니다.

아마 여러분들 중에는 하나님이 모세를 이집트 왕 파라오로 삼고 이스라엘을 이집트의 지배 집단으로 만들면 이스라엘 사람들을 고통에서 쉽게 구할 수 있었을텐데 왜 굳이 새로운 나라를 만드는 어려운 길을 가게 했는지 의아하게 생각하실 분들도 있을 것입니다. 하나님이 만약 이스라엘만의 하나님이었다면 이런 질문은 나름대로 의미가 있을 것입니다. 그러나 하나님은 이스라엘만의 하나님이 아니라 천지의 창조주이고 모든 인류의 하나님입니다. 따라서 하나님의 관심은 이스라엘 백성을 지배 집단이나 통치 집단으로 만드는 것도 아니었고, 다른 나라를 지배하는 큰 나라로 만드는 것도 아니었습니다. 이 점이 성서를 읽을 때 정말 중요합니다. 따라서 기독교인들이 단순히 사회 계층의 높은 자리에 많이 진입하는 것만을 강조하거나 자랑스럽게 여기는 관점은 매우 위험합니다.

하나님의 관심은 오직 에덴동산에서와 같이 민주주의 정신에 따라 운영되는 인간사회 시스템을 회복시키는 것이었습니다. 하나님은 자신의 이러한 뜻을 실현하기 위한 도구로 이스라엘을 선택한 것뿐입니다. 이스라엘은 이러한 하나님의 뜻을 잘못 해석하여 과잉 선민의식에 빠지는 오류를 범하게 됩니다. 이런 잘못된 과잉 선민의식 때문에 결국 예수 그리스도를 그리스도로 받아들이지 못하는 비극을 자초합니다.

당시 이집트는 다른 모든 지역에서처럼 가장 힘센 선수(왕)가 스스로를 신이라고 칭하고 심판을 겸하면서 제멋대로 경기를 운영하는 전형적으로 타락한 그런 사회였기 때문에 거기서 모세가 왕이 되어보았자 하나님이 원하는 인간사회를 만들기는 어려웠다는 것입니다. 그러한 방식은 근본적인 사회 시스템의 변화가 아니라 단지 지배자나 지배 집단의 교체에 불과한 것입니다. 참고로, 17-8세기의 시민 혁명 이전에 일어난 모든 정치적 투쟁은 이처럼 단순한 지배 집단의 교체를 위한 노력에 불과했습니다. 시민 혁명 이후 출현한 민주주의 사회가 그 이전의 사회와 근본적으로 다른 유형의 사회인 것도 이러한 이유 때문입니다.

동산 중앙의 새로운 선악과, 십계명

하나님은 이스라엘을 이집트에서 구해내자마자 맨 먼저 십계명이라는 법을 주었습니다. 성서는 인간사회 시스템이 정상적으로 운영되는 데 있어서 법이 매우 중요하다는 사상을 계속 강조하고 있습니다. 구약의 전체 내용이 법의 중요성에 대한 강조라고 한마디로 요약해도 과언이 아닙니다. 좋은 법은 일종의 복음입니다. 무법천지의 상태에서, 그리고 법이 강자의 지배 도구 역할을 하는 상태에서 모든 사람을 공평무사하고 평등하게 취급하는 법이 주어진다는 것 그것이 바로 해방입니다.

이것에서 우리는 마르크스주의의 치명적인 약점을 알 수 있습니다. 마르크스는 모든 형태의 법이 인간들 간의 지배-복종 관계를 강요하여 인간을 소외시키기 때문에 모든 법을 폐지하는 것만이 인간의 참된 해방으로 보았습니다. 그래서 인간이 해방되는 공산주의 사회에서는 법도 존재하지 않고 정부도 존재하지 않는다고 주장했습니다. 이것은 공산주의 사회에서는 규칙도 심판도 없고 오직 선수들만 존재하면서도 선수들이 서로를 존중하면서 조화롭게 게임을 한다는 것과 같은 의미입니다. 그러나 이러한 낭만적 생각은 선수가 심판을 겸하는 또 다른 형태의 지배-복종 관계로 귀결됩니다. 실제로 마르크스의 혁명 이념을 따랐던 공산주의 사회는 모두 힘센 선수가 심판을 겸하는 경직된 지배-복종의 인간관계를 강요했습니다. 이것은 낭만적 이상으로 시작된 레닌의 러시아 공산주의가 스탈린 독재로 귀결된 것에서 잘 알 수 있습니다. 이런 점에서 공산주의 사회는 진보된 사회가 아니라 선수와 규칙과 심판을 분화시킨 시민 혁명에 반동적으로 반응한 전통적 정신성의 한 변종에 불과한 것입니다.

이 십계명은 에덴동산의 선악과나무와 같은 것입니다. 선악과나무가

동산 중앙에 서 있었던 것처럼 하나님은 십계명을 궤 속에 넣어 이스라엘 진영의 중앙에 두도록 했습니다. 이스라엘 사람들은 이 궤를 법궤라고 불렀습니다. 하나님의 법이 들어 있는 궤다 이거지요. 이 법궤는 이스라엘에게 있어서 가장 거룩한 것이었습니다. 법궤는 공간적인 의미에서 중앙에 있어야 하는 것이 아니라 인간 생활의 중심에 있어야 하는 것입니다. 그래서 하나님은 이스라엘 백성이 이동할 때마다 그 이동의 중심에 법궤를 둬 같이 움직이도록 했습니다.

십계명의 구성

다들 잘 알고 계시겠지만 십계명은 다음과 같이 이루어져 있습니다(출애굽기 20장 2-17절).

서 론, 나는 너를 애굽땅 종 되었던 집에서 인도하여 낸 네 하나님 여호와니라
1계명, 너는 나 외에 다른 신들을 네게 두지 말라.
2계명, 너를 위해 우상을 만들지 말고 그것에 절하거나 섬기지 말라.
3계명, 너는 네 하나님 여호와의 이름을 망령되게 부르지 말라.
4계명, 안식일을 기억하여 거룩하게 지키라.
5계명, 네 부모를 공경하라.
6계명, 살인하지 말라.
7계명, 간음하지 말라.
8계명, 도둑질하지 말라.
9계명, 네 이웃에 대하여 거짓 증거하지 말라.
10계명, 네 이웃의 집을 탐내지 말라.

그런데 흥미로운 것은 하나님은 이 십계명을 기본법으로 주기 전에 십계명의 대전제로서 자신을 "애굽 땅 종 되었던 집에서 인도하여 낸 하나님"(출애굽기 20장 2절)으로 자신의 정체성을 밝히고 있다는 사실입니다. 하나님이 십계명을 주기 전에 자신의 정체성을 이렇게 분명히 밝힌 것은 매우 중요한 의미를 담고 있습니다. 왜냐하면 십계명과 모든 성서는 하나님의 이 같은 정체성에 근거하고 있기 때문입니다. 하나님을 믿는 사람은 하나님의 정체성을 분명히 이해해야 합니다.

우리는 "나는 너를 애굽땅 종 되었던 집에서 인도하여 낸 네 하나님 여호와니라"는 말씀을 이스라엘 민족에게만 국한시켜서는 안 됩니다. 하나님은 모든 인간을 종 되었던 집에서 인도하여 내는 모든 인간의 하나님입니다. 이를 달리 표현하면, 하나님은 인간이 인간을 종으로 삼는 그런 고장 난 사회 시스템에서 인간을 해방하여 서로를 존엄하게 여기고 자유롭고 평등하게 살아가는 사회 시스템을 회복하는 하나님이라는 것이지요. 보통 기독교에서는 개인의 '죄'만 다루는데, 사회 시스템이 고장 난 상태에서 개인의 죄만 다루는 것은 죄를 지으면 벌 받고, 잘 믿으면 복 받는다는 기복신앙으로 전락하게 됩니다. 따라서 죄의 문제를 사회 시스템의 타락과 연결시키는 상상력이 기독교 사고에 매우 중요합니다.

스스로를 신이라 칭하는 인간이 다른 동료 인간을 종으로 삼는 나라 이집트는 고장 난 인간사회의 전형이었습니다. 이에 반해 하나님이 가나안 땅에서 새로 만들려는 나라 이스라엘은 모든 인간이 자유롭고 평등한 상태에서 서로를 존엄하게 여기는 정상적인 인간사회의 전형입니다. 1계명, 2계명, 3계명, 4계명은 모두 하나님의 이러한 정체성과 깊은 관련이 있는 계명들입니다.

이에 비해 5-10계명은 자유롭고 평등한 인간이 모여 서로를 존중하면서 평화롭게 살 수 있는 인간사회의 기본법입니다. 모든 사회는 이 기본법 위에 건설될 수 있습니다. "네 부모를 공경하라. 살인하지 말라. 간음하지 말라. 도둑질하지 말라. 네 이웃에 대하여 거짓 증거하지 말라. 네 이웃의 집을 탐내지 말라."는 계명들은 인간이 알지도 못하고 이해하지도 못하는 것을 하나님이 억지로 정해놓고 지키게 한 것들이 아닙니다. 이것들은 인간이면 누구나 알 수 있고, 이해할 수 있으며, 또 자연스럽게 동감할 수 있습니다. 이 계명들은 창조 시에 인간의 본성 속에 새겨진 법이므로 자연법이라고 할 수 있습니다. 인간 사회의 모든 법은 이 자연법에 기초하여 만들어진다고 할 수 있습니다. 인간은 이 자연법의 한계 안에서, 이 자연법 정신을 살려 서로 협력하여 자신들의 사회를 운영할 다른 법들을 만들 수 있습니다.

5-10의 계명들을 가만히 살펴보시기 바랍니다. 인간이 인간을 지배하고 착취하는 것을 정당화하는 어떤 것도 들어 있지 않습니다. 이 기본법 속에는 지배자와 피지배자의 구분도 없고, 귀족과 평민의 구분도 없고, 양반과 상놈의 구분도 없고, 남자와 여자의 구분도 없고 어른과 어린 아이의 구분도 없습니다. 모든 인간은 이 기본법 안에서 자유롭고 평등합니다. 이 기본법과 그것의 정신은 창조 시부터 종말이 올 때까지 모든 시대와 장소에 관계없이 타당하게 지켜져야 하는 법이라고 할 수 있습니다.

질투하는 하나님과 기독교의 배타성

하나님은 이 십계명을 주면서 가나안 땅에 정착하여 살 때 이 법을 잘 지키고 그 정신을 잘 실현하면 많은 복을 줄 것이지만 그 법을 지키지 않고 그 정신을 파괴하면 엄청난 저주를 내릴 것이라고 했습니다. 이러한 복과 저주는 이스라엘 백성에게만 해당되는 것이 아니라 모든 인간 집단에게 다 해당됩니다. 이러한 복과 저주는 인간사회의 물리 법칙이라고 할 수 있습니다. 십계명과 그 정신을 존중하는 인간사회는 번성할 것이고, 그것을 무시하고 파괴하는 사회는 자멸할 것입니다. 이스라엘 민족이 이집트에서 나와서 가나안에 정착하는 과정은 기원전 1300년부터 1200년까지 100년 정도 됩니다.

십계명에 보면, 하나님은 우상이나 다른 신을 섬기지 못하도록 하면서 자신을 질투하는 하나님으로 소개하고 있습니다. 이것 때문에 기독교는 배타적이라는 비난을 받습니다. 실제로 배타적인 것이 사실입니다. 그러나 이를 사회학적 관점에서 다음과 같이 풀이하면 어느 정도 오해가 풀릴 수 있을 것입니다. 여호와 신앙이 민주주의 사회 시스템을 위한 정신적 가치에 해당한다면 당시 팔레스타인 지역 주민들이 믿는 신들은 이와 반대로 힘센 선수가 심판을 겸하던 사회 시스템을 정당화시키는 정신적 가치를 담고 있었습니다.

성서에 나오듯이 당시 팔레스타인 주민들은 바알(Baal) 신을 숭배하였습니다. 바알은 비, 바람, 천둥, 번개를 주관하는 풍요의 신이었습니다. 팔레스타인 주민들은 농사를 지을 수 있는 우기가 바알이 여동생 아나트(Anat)와 격렬한 성행위를 함으로써 시작된다고 믿었습니다. 그들은 풍년을 빌며 바알과 아나트의 성행위를 모방해 신전 창기와 성행위를 하면서 바알을 예배했습니다. 풍요에 대한 욕망과 성적 욕망이 결합된 바알 신앙은 사회 시스템을 타락시키는 매우 위험한 요소였습니다. 한국사회에서도 선수, 심판, 규칙이 제도적으로 분화되어 있지만, 실제로는 권력자가 심판을 겸하려는 권력욕으로 시스템 운영이 제대로 되지 않고 있습니다. 그리고 이런 권력욕이 물질적 부와 성적 욕망과 결합해 한국사회를 타락시키고 있습니다.

광야 생활에서 40년간 고생을 한 후 가나안 땅에 들어간 이스라엘 백성들은 팔레스타인 주민들의 풍요로운 생활과 그들이 섬기는 풍요의 신들에 유혹될 위험성이 매우 컸습니다. 만약 이러한 유혹에 넘어가면, 하나님이 이스라엘 백성들을 통해 이루려고 하는 사회 시스템은 불가능하게 됩니다. 따라서 주위 지역의 다른 신들에 마음을 빼앗기지 않도록 하는 강력한 경고가 필요했습니다.

가치와 제도

모든 사회 시스템과 마찬가지로 민주주의 사회 시스템은 가치(또는 정신)와 제도로 이루어져 있습니다. 민주주의의 가치는 하나님이 에덴동산에 설정해 놓은 세 가지 환경, 즉 하나님의 형상을 한 인간으로서 개개인의 존엄성, 자유와 평등, 법의 중요성입니다. 민주주의의 제도는 이러한 정신이 제대로 잘 실현되도록 절차를 통해 뒷받침하는 메커니즘으로서, 이에는 정치권력의 원천이 국민에게 있다는 국민주권제도, 정치권력의 형성에 구성원들이 함께 참여하는 보통선거제도, 권력의 독점을 막기 위한 권력분립제도, 지방 분권과 중앙 집권의 균형제도 등이 있습니다. 가치 또는 정신과 제도는 함께 잘 어울려야 사회 시스템이 잘 돌아갑니다.

그런데 성서를 읽어 보면 알겠지만, 민주주의 제도에 대한 언급이 전혀 없습니다. 성서에는 오히려 민주주의 제도보다는 권위주의 제도가 신정정치의 형태로 나타나고 있습니다. 하나님으로부터 계시나 영감을 직접 받은 인물이 카리스마를 가지고 사회를 운영하는 방식으로 나타나고 있지요. 그래서 많은 사람들은 성서의 사회 운영 방식은 민주주의 시스템이 아니라 신정적인 권위주의 시스템이라고 주장하는 오류를 범합니다. 오늘날 많은 한국 교회들이 이런 오류에 빠져 있습니다.

그러나 이것은 하나님의 의도나 사물의 이치를 제대로 파악하지 못한 소치입니다. 하나님은 타락한 인간을 교육시켜 민주주의 사회 시스템을 회복시키려는 과정에서 먼저 민주주의의 정신을 집중적으로 교육시키고 있습니다. 여호와 신앙과 십계명을 통한 법의 강조가 바로 민주주의 핵심 정신이라고 할 수 있습니다. 하나의 나무가 뿌리를 내리고, 줄기를 내어 가지가 뻗어 꽃피고 열매 맺기 위해서는 먼저 씨앗이 잘 뿌려져 싹이 제대로 나야 합니다. 이 싹이 나온 다음에야 거기서 줄기가 자라고 가지가 뻗고 꽃피고 열매 맺지요. 씨가 제대로 뿌려져 뿌리를 내리고 싹을 틔우는 것을 민주주의 정신의 정착에 비유한다면 그 후 줄기가 자라 가지를 내고 꽃피우고 열매 맺는 것을 정신이 제도화되는 과정으로 말할 수 있습니다.

따라서 제도보다 먼저 정신이 올바로 정착해야 합니다. 정신이 올바로 정착하면 제도화도 사연스럽게 형성될 수 있을 것입니다. 그래서 하나님은 이스라엘을 상대로 민주주의 정신을 집중적으로 교육시키고 있습니다.

하나님의 계시나 영감을 직접 받은 인물(모세나 여호수아)들에 의한 권위주의 사회 시스템은 이 과정에서 나타나는 과도기적 현상에 불과합니다. 독재적인 사회 시스템에서 민주적인 사회 시스템으로 이행하는 과정에는 불가피하게 권위주의적인 과도기가 필요할 수 있습니다. 특히 민족 집단 전체가 노예 상태에서 탈출하여 정착하는 과정에서는 처음부터 곧바로 민주주의 사회 시스템을 시행하는 것이 불가능했을 것입니다.

그러나 이스라엘은 민주주의 시스템의 싹을 내는 과정에서 계속 실패하고 맙니다. 성서 전체의 내용은 이 싹을 제대로 내는 것에 집중되어 있지만 예수 그리스도가 올 때까지도 이스라엘은 이 단계에 머물러 있습니다. 이스라엘 백성은 하나님의 의도대로 싹을 내지 못하고 엉뚱한 싹을 내어 거기서 엉뚱한 줄기와 가지가 자라 엉뚱한 꽃을 피우고 열매를 맺습니다. 이사야 5장 1절에서 6절까지 나와 있는 포도원 노래에는 이스라엘의 이탈에 대한 하나님의 답답한 심정이 잘 나타나 있습니다.

〈내가 사랑하는 사람에게 노래를 불러 주겠다. 이는 그의 포도원에 관해 노래한 것이다. 나의 사랑하는 친구가 기름진 언덕 위에 포도밭을 가꾸고 있었네. 그가 땅을 일구고 돌을 골라내어 가장 좋은 포도나무를 심었다네. 그 한가운데에 망대를 세우고, 그 안에 포도주 틀도 만들었다네. 그는 거기에 좋은 포도가 열리기를 바랐지만 나쁜 포도가 열렸다네. "자, 예루살렘에 사는 백성아, 유다 사람들아, 나와 내 포도밭 사이에서 판단해 보아라. 내가 내 포도밭을 위해 무슨 일을 더 할 수 있겠느냐? 내가 할 수 있는 일은 다 했다. 좋은 포도가 열리기를 바랐지만 어찌하여 나쁜 포도가 열렸을까? 이제 내가 내 포도밭을 어떻게 할지 너희에게 일러 주겠다. 울타리와 담을 무너뜨려 짐승들에게 짓밟히도록 하겠다. 내가 그 밭을 황무지로 만들겠다. 거기서 더 이상 김매기나 손질도 못하게 하겠다. 그 밭에서는 잡초와 가시가 자랄 것이다. 내가 또 구름에게 명령 하여 그 위에 비를 내리지 못하게 하겠다."〉 (쉬운 성경)

이스라엘이 이집트를 탈출한 후 바벨론에 멸망당할 때까지 구약 성서의 기록은 민주주의 사회 시스템의 정착에 대한 이스라엘의 실패를 적나라하게 보여주고 있습니다.

청교도의 하나님 신앙과 미국의 민주주의

하나님 신앙은 민주주의 정신의 뿌리입니다. 하나님에 대한 제대로 된 신앙을 갖고 있으면 민주주의 정신이 자라나고, 민주주의 정신이 자라나면 민주주의 제도는 자연스럽게 형성됩니다. 우리는 이것을 미국 건국의 역사적 경험에서 알 수 있습니다. 청교도들은 하나님을 제대로 믿기 위해 영국에서 빠져나왔습니다. 반드시 같은 것은 아니지만 청교도 무리의 이러한 출영국은 이스라엘 민족의 출애굽(이집트)에 비유될 수 있습니다. 그리고 청교도들의 미국정착은 이스라엘 백성의 가나안 정착에 비유될 수 있습니다.

최초의 청교도 무리는 메이플라워호를 타고 매사추세츠 주의 플리머스 항구에 입항했습니다. 이 무리는 '필그림 파더스(Pilgrim Fathers, 순례의 시조들)'라고 불립니다. 이들은 메이플라워호 안에서 서로 약속을 했는데, 이 약속을 '메이플라워 서약'이라고 합니다. 이 서약의 내용을 보면 "…… 우리는 최초의 식민지를 건설하려고 항해를 시도하였다. … 우리는 더 좋은 질서 수립과 생명 보존을 … 위해 신과 서로의 면전에서 계약을 맺고 시민주도의 정치 단체를 결성하기로 한다. 이에 의거하여 우리는 식민지의 일반 복지에 가장 적합하다고 생각되는 정의롭고 평등한 법률을 … 수시로 제정하기로 한다."

이 서약은 미국 최초의 시민 자치 헌법으로 심판과 규칙과 선수를 분화시키는 제도적 틀의 기초가 되었습니다. 청교도 무리의 자손들은 하나님 앞에서의 이 서약에서 출발해서 아메리카 대륙에 지구상에서 가장 큰 민주주의 국가를 만들었습니다. 그들이 영국으로부터의 독립을 선언할 때에도 여전히 그 기초를 하나님 신앙에 두었습니다.

미국의 독립선언문 서두를 소개합니다. "우리는 다음과 같은 진리를 자명하게 여긴다. 모든 사람은 평등하게 창조되었으며, 창조주가 주신 누구도 빼앗을 수 없는 권리들을 갖고 있다. 생명, 자유 그리고 행복의 추구가 이러한 권리들에 속한다. 이러한 권리들을 확보하기 위해 사람들은 정부를 설립하였다. 정부의 정당한 권력은 피치자의 동의로부터 나온다. 어떤 정부형태라도 이러한 목적을 파괴한다면 국민은 그 정부를 바꾸거나 폐지하고 새로운 정부를 설립할 권리를 갖고 있다."

이 독립 선언문은 하나님에 대한 신앙 고백입니다. 하나님에 대한 신앙 없이는 이러한 독립 선언문이 작성될 수 없습니다. 이러한 독립 선언문에 근거하여 미국은 국민주권제도, 보통선거제도, 권력의 독점을 막기 위한 권력분립제도, 지방 분권과 중앙 집권의 균형을 추구하는 연방 제도 등을 만들고 점차 발전시켜 나갔습니다.

물론 미국의 민주주의가 오직 하나님 신앙에만 근거했다고 말하기는 어렵습니다. 버나드 베일린(Bernard Bailyn)에 의하면, 미국 혁명기(1776)의 저술은 다음과 같은 네 가지 이데올로기적 기원을 갖고 있습니다. 첫째, 고전 고대의 유산, 둘째, 계몽주의 저술, 셋째, 영국의 보통법 전통, 넷째, 청교도 신앙(『미국 혁명의 이데올로기적 기원』). 그러나 이 네 요소들이 미국 독립 혁명에 영향을 끼치고, 그래서 미국의 민주주의 형성에 기여했다고 하더라도 청교도 신앙은 미국 민주주의의 기본 틀을 형성하는 핵심적인 역할을 했다는 점에서 가장 중요한 요소라고 할 수 있습니다.

고전 고대의 유산과 계몽주의 저술은 미국뿐만 아니라 유럽 대륙에서도 널리 퍼져 있었지만 당시 유럽 대륙은 민주주의 정신을 가진 정부와 시민을 제대로 갖고 있지 못했습니다. 프랑스 혁명(1789)이 계몽주의 사상을 기초로 미국 혁명에 이어 발발했지만 프랑스에 제대로 민주정부가 정착된 것은 혁명 후 거의 100년이나 지난 제 3공화국(1871)에 들어와서였습니다. 프랑스 사람인 토크빌은 미국에서 민주주의가 성공적으로 정착된 과정을 보면서, 왜 자신의 조국 프랑스에서는 민주주의의 정착이 그렇게 힘든지를 설명하고, 미국의 민주주의로부터 무엇인가를 배우기 위해 『미국의 민주주의』를 썼습니다. 이 책에서 그는 뉴잉글랜드 지역에 정착한 청교도들이 자율과 자치를 통해 발전시킨 타운 제도가 어떻게 미국적인 삶의 뿌리가 되어 미국의 민주주의를 형성했는지 설명하였습니다. 그는 미국에서는 자유정신과 종교(청교도) 정신이 일치한 반면 프랑스에서는 자유정신과 종교(가톨릭) 정신이 불일치한다는 사실을 지적하였습니다.

미국이라는 나라가 자유인들 간의 '메이플라워 서약'을 통한 결사체 형성에서 이루어졌듯이, 미국 사람들은 어려서부터 결사체 형성의 훈련을 받습니다. 토크빌의 책에 의하면, 미국 아이들은 학교에서 놀이할 때 규칙을 만들고 정해진 규칙에 따라 위반 사항을 처벌합니다. 자발적인 계약에 의해 형성된 규칙은 미국인들의 삶의 중심 속에 자리합니다. 선악과가 에덴동산의 중앙에 있었고, 십계명이 이스라엘 민족의 중심에 있었듯이 말입니다.

하나님 신앙의 실패 사례 ① : 사사 시스템

그러나 출애굽하여 가나안 땅에 정착한 후 이스라엘 민족은 가나안 지방 사람들이 섬기는 우상들의 유혹에 넘어가 하나님 신앙을 지키는 데 실패하게 됩니다. 저는 이러한 실패로 인해 사사 시스템이 생겨났다고 해석하고 싶습니다. 사사 시스템은 이스라엘 백성이 가나안 땅에 들어간 후 주위 부족들의 침략과 지배로 고통을 당하고 있을 때 하나님이 지도자를 보내 이스라엘을 구하고 다스리던 상태를 말합니다. 사사 시스템은 하나님 신앙에 어울리는 사회 시스템이 아니었습니다. 이스라엘 민족이 하나님 신앙을 일관되게 유지했다면 통일 정부를 구성하면서 12부족이 상당한 자치권을 갖는 균형 잡힌 연방제 국가를 만들 수 있었을 것입니다. 미국의 연방제 국가처럼 말입니다.

그러나 이스라엘 12지파는 팔레스타인 지역의 신들의 유혹에 넘어가고 말았습니다. 따라서 각 부족은 여호와 신앙에 구속되기 싫어 더 많은 자유를 가지기를 원했습니다. 그들은 자신의 소견에 옳은 대로 행하였기 때문에 통일된 연방 정부를 만들지 못하고 말았습니다. 이스라엘 사람들은 중앙 정부를 가지지 못한 채 12부족이 느슨하게 연맹을 형성해 살았습니다. 연맹(聯盟)은 둘 이상의 단체나 나라가 서로 관계를 맺어 서로 돕고 함께 행동하는 것을 말합니다.

이러한 느슨한 연맹체제로는 주위의 군사적 위협에 대처할 수 없었으므로 이스라엘 백성들은 주위 민족들의 침입으로 많은 어려움을 당합니다. 하지만 이러한 잘못된 사회 시스템에도 불구하고 하나님은 이스라엘을 불쌍히 여겨 위기가 닥칠 때마다 일시적으로 지도자를 세워 위기에서 구출합니다. 성서에서는 이 시기를 사사기로 표현하고 있습니다. 사사 시대는 대략 기원전 1390년부터 1050년까지 약 340년간 지속되었습니다. 이 사사기에는 다음과 같은 유형이 반복되어 나타납니다. 이스라엘 민족이 하나님을 버리고 가나안 부족들의 우상을 섬김 ==〉 하나님이 이에 대해 벌을 내려 주위의 부족들이 이스라엘을 침략하도록 함 ==〉 이스라엘이 고통을 당하여 용서를 구함 ==〉 하나님이 이스라엘을 구하기 위해 사사를 세움 ==〉 위기가 없어지자 이스라엘 민족이 다시 우상을 섬김.

혹 기독교인들 중에는 사사 모델을 하나님이 직접 다스린 신정 정치 모델로 이상화하는 사람이 있을지도 모릅니다. 그러나 이것은 무정부주의를 찬양하는 터무니없는 상상력입니다. 이런 엉터리 상상력은 기독교를 무지몽매한 종교로 전락시킵니다. 사사 모델은 하나님 신앙에 대한 공통된 신앙 고백을 유지하지 못한 결과 발생한 실패 사례에 불과합니다. 상식적으로 생각해 보십시오. 중앙 정부가 없는 상태에서, 그것도 열두 부분으로 나누어져 있는 집단이 어떻게 효과적으로 외부의 침략으로부터 자신을 방어할 수 있겠습니까?

사사 시스템은 이스라엘의 12부족이 한 마음으로 하나님을 믿지 않은 결과입니다. 성서에 보면, 이스라엘 자손은 여호와를 버리고 주위에 있는 백성의 신들인 바알들을 섬겼습니다. 하나님에 대한 신앙이 흐트러지자 각 부족의 마음도 흐트러지게 되었습니다. 사사제도는 이처럼 흐트러진 신앙과 마음의 산물입니다. 우상을 섬기는 집단은 반드시 분열됩니다. 우상을 숭배하지 말라는 말은 사회학적으로 볼 때 사회 통합을 위한 매우 중요한 기초입니다.

사사 시스템은 제도적으로 확립된 중앙의 권력이 존재하지 않아 위기에 잘 대처하지 못하는 문제가 있었습니다. 사사기의 끝부분에는 다음과 같이 기록되어 있습니다. "이 시대에는 이스라엘에 왕이 없었으므로 사람마다 자기 생각에 좋을 대로 하였다"(사사기 21장 25절). 사람들이 모두 자기 생각대로만 하니 나라의 힘이 모아지지도 않았고, 도덕적으로도 심히 타락하게 되었습니다.

사사 시스템의 타락상

사사 시스템은 선수와 심판과 규칙의 구분이 제도적으로 존재할 수 없는 혼란 상태를 만들어냅니다. 이 상태에서는 모든 선수가 심판이 되어 자신의 주관적인 규칙을 적용할 위험성이 있습니다. 사사 시스템의 이러한 문제점을 적나라하게 드러내는 한 사건이 성서에 나와 있습니다. 한 레위 지파 사람이 자기 첩과 함께 베냐민 지파 지역에 있는 기브아에 유숙했습니다. 그런데 그 성읍에 있던 불량배들이 그의 첩을 돌아가면서 밤새도록 성폭행하여 죽음에 이르게 한 사건이 발생했습니다. 이에 분개한 레위 지파 사람은 자기 첩의 시체를 열두 덩이로 나누어 각 지파에게로 보내었습니다. 각 살덩이를 받은 이스라엘의 나머지 부족들이 놀라 이 악행을 문책하기 위해 베냐민 부족에게 불량배들을 내어 놓으라고 하였으나 베냐민 부족이 이를 거부해 이들 간에 전쟁이 벌어졌습니다. 이 전쟁에서 베냐민 지파는 패하고 전쟁에 참여했던 거의 모든 남자들이 몰살되어 씨가 마르게 되었습니다. 이 일 이후 베냐민 지파는 거의 몰락하고 말았습니다. 이런 말도 안 되는 사건으로 지파들 간에 내전에 이르렀다는 것 자체가 사사 시스템의 문제점을 적나라하게 보여주고 있습니다.

하나님 신앙의 실패 사례 ② : 왕정 시스템

이러한 정치적, 도덕적 문제를 극복하기 위해 이스라엘 사람들은 하나님께 나라의 힘을 모을 수 있는 왕을 달라고 요구했습니다. 그러나 왕정 시스템도 하나님 신앙에 어울리는 시스템이 아니었습니다. 사사 시스템이 너무 많은 자유로 문제를 일으킨다면 왕정 시스템은 너무 적은 자유로 문제를 일으키게 됩니다. 이를 알고 하나님은 왕이 생기면 왕의 권력이 비대해져 이스라엘 백성이 '왕의 종'이 되고 말 것이라고 경고했습니다. 그래도 이스라엘 백성은 듣지 않고 계속 졸라댔습니다. 인간의 자유의사를 존중하는 하나님은 할 수 없이 왕 제도를 허락하면서 왕이 너희들을 괴롭혀 부르짖어도 너희를 돕지 않을 것이라고 말했습니다.

이렇게 해서 사사 시스템 시대를 지나 왕정 시스템 시대가 시작되었습니다. 각 부족의 자유와 자율성이 너무 커 문제점을 드러내자 중앙의 권력을 크게 함으로써 문제를 해결하려고 한 셈이라고 할 수 있습니다. 왕정 시대 초기에는 나라의 힘이 잘 모아져 이스라엘 민족은 역사상 유래가 없는 큰 왕국을 건설했습니다. 그 주역이 바로 다윗 왕이었습니다. 다윗이 건설한 왕국은 그 크기가 동·서양의 여러 제국들에 비교해 볼 때 볼품이 없을 정도로 초라한 것입니다만 이스라엘 역사에서는 대단한 사건이었습니다.

다윗은 이스라엘 12부족을 통일하여 왕국을 만들고 그때까지 이방인의 손에 있었던 예루살렘을 빼앗았습니다. 그리고 십계명이 들어 있는 궤를 예루살렘으로 옮겨 놓았습니다. 이리하여 예루살렘이 정치적으로나 종교적으로 통일 왕국의 중심이 되었습니다. 다윗 왕은 성서에서 최고의 왕으로 인정되었습니다. 성서에 보면, 하나님은 다윗에게 그의 자손들이 계속해서 이스라엘을 다스릴 것이라고 약속했습니다. 그래서 후에 나라를 잃고 어려움에 빠졌을 때 이스라엘 사람들은 다윗의 자손 중에서 메시아, 곧 그리스도가 출현할 것이라고 믿었습니다.

그러나 다윗 왕이 성서에서 신앙의 표준이 되는 최고의 왕으로 인정받았다고 해서 왕정 시스템이 하나님의 뜻에 어울리는 인간사회는 아닙니다. 하나님이 기뻐하지 않는 왕정 시스템이었지만 누군가는 왕을 해야 하기 때문에 하나님은 남다르게 진실한 신앙을 가진 다윗을 왕으로 삼았을 뿐입니다. 따라서 이스라엘 사람들이 도래할 메시아를 왕정 시스템 하에서의 왕처럼 정치적, 군사적 힘을 가진 왕으로 생각한 것은 하나님의 뜻을 제대로 이해하지 못한 소치입니다. 6장에서 보겠지만 이러한 그릇된 메시아 관 때문에 유대 민중들은 정치적 왕의 지위를 거부한 예수를 메시아가 아니라고 생각하고 죽이게 됩니다.

사실 인류 역사의 대부분은 왕정 시스템 하에 있었습니다. 왕정 시스템은 인류의 조상 아담과 하와가 금단의 열매 선악과를 따먹은 이후 인간들 사이에 서로 권력을 차지하기 위한 투쟁의 결과 출현한 것입니다. 힘센 집단이 약한 집단을 약탈하고 빼앗고 죽이는 살벌한 세상에서 권력과 영광을 차지하려는 한 개인의 야심과 적들로부터 보호를 받으려는 민초들의 절박함이 맞아 떨어져 왕정이 생겨납니다.

그러나 일단 왕정 시스템이 들어서면 어디서나 폭정을 일삼는 왕이 생겨났습니다. 이런 타락한 왕정 시스템 하에서도 다윗처럼 하나님을 두려워하는 진실한 신앙을 가진 사람이 왕이 되면 그래도 백성의 형편은 좀 낫습니다. 하나님을 두려워하는 왕은 폭정을 자제하고 백성의 복지에 관심을 가지기 때문입니다. 그러나 하나님을 두려워하지 않는 왕은 권력의 맛에 취해 마구 폭정을 휘두르므로 백성의 삶은 참으로 고단하게 됩니다.

다윗

우리는 성서에서 신앙의 표준이 되는 최고의 왕으로 인정받은 다윗에 대해 좀 더 자세하게 살펴볼 필요가 있습니다. 성서에는 다윗의 비열한 악행 하나가 소개되어 있습니다. 자신의 군사들을 전쟁터에 내보내고 궁에서 쉬고 있던 다윗은 무료하여 저녁에 궁 옥상을 거닐다가 목욕하는 여인을 발견하고는 그 여인과 동침하였고 여인은 임신을 합니다. 이 여인의 이름은 밧세바로 나중에 솔로몬 왕을 낳게 됩니다. 이 사실을 안 다윗은 당황하여 어떻게 이 문제를 해결할까 고심하다 전쟁에 참여하고 있던 그녀의 남편 우리아를 불러 휴가를 주어 밧세바와 잠자리를 함께 하도록 유도를 합니다. 그렇게 되면 뱃속의 아이를 우리아의 아이로 만들 수 있으니까요. 그러나 우리아는 다윗에게 다른 군사들이 전쟁에 참여하고 있는데 자신만 낙을 누릴 수 없다고 하며 아내에게 가지 않습니다. 우리아의 행동은 상을 내려야 할 만큼 기특한 것이었지만 이로 인해 다윗은 낭패에 빠졌습니다. 초조해진 다윗은 교활한 꾀를 생각해 내었습니다. 그는 우리아를 다시 전쟁터로 보내면서 전쟁을 지휘하던 요압이라는 장군에게 편지를 가져다주라고 시킵니다. 우리아가 들고 간 편지에는 전쟁할 때 우리아를 맨 앞줄에 세워두었다가 퇴각하여 우리아가 맞아 죽게 하도록 지시하는 내용이 들어 있었습니다. 우리아는 다윗의 의도대로 적에게 맞아 죽었습니다. 다윗의 행위는 참으로 가증스러운 악행이 아닐 수 없습니다.

성서에 보면, "다윗이 행한 그 일이 여호와 보시기에 악하였더라"고 되어 있습니다. 이 사건으로 인해 다윗은 하나님으로부터 다음과 같은 벌들을 받습니다. 먼저, 밧세바를 아내로 맞아 처음 얻은 아이가 병을 앓다가 죽었습니다. 다음으로, 다윗의 아들 암몬이 배다른 누이 다말을 강간했고, 이에 다말의 친오빠 압살롬이 암몬을 죽이는 사건이 발생했습니다. 이 일로 다윗과 압살롬은 관계가 소원해졌고 압살롬이 다윗에 반역을 꾀하여 궁을 점령하여 다윗의 후궁들과 동침하게 됩니다. 그리고 반역은 진압되어 압살롬이 죽임을 당하였습니다.

이런 과오를 범한 다윗을 성서는 신앙의 표준이 되는 최고의 왕으로 꼽고 있습니다. 이에는 먼저 처음이자 마지막으로 이스라엘의 통일 왕국을 건설한 인물이라는 이유가 작용했을 것입니다. 그러나 성서가 보여 주는 이보다 더 중요한 이유는 다윗이 거짓이 없는 깨끗한 마음으로 하나님 앞에서 치열한 신앙의 삶을 산 인물이었다는 사실입니다. 치명적인 잘못을 범했지만 인생 전체를 놓고 볼 때 다윗은 신실한 신앙을 가지고 하나님과 동행한 인물이라고 할 수 있습니다. 시편에 다윗이 쓴 것으로 되어 있는 시들을 읽어 보면 그가 하나님 앞에 자신의 양심을 내어 놓고 얼마나 치열하게 신앙생활을 했는지 알 수 있습니다. 예를 들면 다음과 같은 것들이 있습니다.

"여호와여 주의 분노로 나를 책망하지 마시오며 주의 진노로 나를 징계하지 마소서."(시편 6편 1절)

"의로우신 하나님이 사람의 마음과 양심을 감찰하시나이다."(시편 7편 9절)

"여호와의 장막에 머무를 자 누구이며, 주의 성산에 사는 자 누구오니이까? 정직하게 행하며 공의를 실천하며 그의 마음에 진실을 말하며 그의 혀로 남을 허물하지 아니하고 그의 이웃에게 악을 행하지 아니하며 그의 이웃을 비방하지 아니하며 … 뇌물을 받고 무죄한 자를 해하지 아니하는 자이니 이런 일을 행하는 자는 영원히 흔들리지 아니하리이다."(시편 15편)

"나를 훈계하신 여호와를 송축할지라 밤마다 내 양심이 나를 교훈하도다."(시편 16편 7절)

"자기 허물을 능히 깨달을 자 누구리요 나를 숨은 허물에서 벗어나게 하소서."(시편 19편 12절)

"허물의 사함을 받고 자신의 죄가 가려진 자는 복이 있도다. 마음에 간사함이 없고 여호와께 정죄를 당하지 아니하는 자는 복이 있도다. 내가 입을 열지 아니할 때에 종일 신음하므로 내 뼈가 쇠하였도다. 주의 손이 주야로 나를 누르시오니 내 진액이 빠져서 여름 가뭄에 마름 같이 되었나이다(셀라). 내가 이르기를 내 허물을 여호와께 자복하리라 하고 주께 내 죄를 아뢰고 내 죄악을 숨기지 아니하였더니 곧 주께

서 내 죄악을 사하셨나이다(셀라)."(시편 32편 1-5절)

"여호와여 주의 노하심으로 나를 책망하지 마시고 주의 분노하심으로 나를 징계하지 마소서. 주의 화살이 나를 찌르고 주의 손이 나를 심히 누르시나이다. 주의 진노로 말미암아 내 살에 성한 곳이 없사오며 나의 죄로 말미암아 내 뼈에 평안함이 없나이다. 내 죄악이 내 머리에 넘쳐서 무거운 짐 같으니 내가 감당할 수 없나이다."(시편 38편 1-4절)

"내가 말하기를 나의 행위를 조심하여 내 혀로 범죄하지 아니하리니 악인이 내 앞에 있을 때에 내가 내 입에 재갈을 먹이리라 하였도다."(시편 39편 1절).

"나의 죄악을 말갛게 씻으시며 나의 죄를 깨끗이 제하소서. 무릇 나는 내 죄과를 아오니 내 죄가 항상 내 앞에 있나이다. … 내가 죄악 중에서 출생하였음이여 어머니가 죄 중에서 나를 잉태하였나이다. 보소서 주께서는 중심이 진실함을 원하시오니 … 하나님이여 내 속에 정한 마음을 창조하시고 내 안에 정직한 영을 새롭게 하소서 … 하나님이여 상하고 통회하는 마음을 주께서 멸시하지 아니하시리이다."(시편 51편)

시편 51편의 이 시는 우리아가 전쟁에서 죽고 난후 다윗이 자신의 잘못을 회개하며 지은 것입니다. 하지만 '우리아 사건'은 선수가 심판을 겸하는 왕정 시스템 하에서의 왕은 다윗처럼 아무리 하나님 앞에 깨끗한 양심을 유지하는 신앙생활을 하기 위해 노력한다고 하더라도 결국 권력을 자의적으로 행사해 타락할 위험이 있다는 사실을 단적으로 보여줍니다. 전통 중국 또는 우리나라의 조선 시대에서 선한 왕이 다스리면 천하가 태평하게 된다는 유교의 덕치사상에 따라 왕정 시스템을 유지했지만 많은 왕들이 권력을 남용하는 타락의 길을 걸었습니다. 선수가 심판을 겸하는 왕정 시스템은 정치권력의 타락 문제를 해결하는데 근본적으로 결함을 가진 제도라고 할 수 있습니다.

선수와 규칙과 심판이 구분되어 있는 시스템 하에서의 덜 양심적인 권력자가 그런 구분이 안 되어 있는 시스템 하에서의 보다 양심적인 권력자보다 덜 타락합니다. 이미 선악과 사건에 대한 논의에서 자세하게 살펴본 것처럼, 무제한의 권력을 가진 정의로운 인간 존재의 개념을 성서는 철저하게 부정하고 있습니다. 이런 점에서 유대인들이 발전시킨 다윗과 같은 왕으로서의 그리스도 개념은 성서의 정신을 잘못 이해한 것이라고 할 수 있습니다.

왕국의 분열

폭정을 향한 불안한 징조가 다윗의 왕위를 계승한 그의 아들 솔로몬에게서부터 나타나기 시작합니다. 성서에 보면 솔로몬은 매우 지혜로운 왕으로 나타납니다. 그는 자신의 지혜를 잘 사용해 훌륭한 국제 외교를 수행해 통일 왕국을 더욱 발전시켰습니다. 그러나 그는 이 과정에서 다른 나라와 동맹 관계를 맺기 위해 수많은 여자들과 결혼했습니다. 아내와 첩이 1000여명이나 되었습니다. 그는 많은 아내들이 믿는 이방 신들을 위해 신당을 지어주었습니다. 그래서 종교적으로 타락하게 되었습니다. 당연히 하나님을 두려워하는 마음이 점점 사라져갔습니다. 또 그는 하나님을 모실 성전과 자기가 들어가 살 궁궐을 크게 짓기 위해 백성들에게 세금을 많이 거두고 강제로 일을 시켰습니다.

솔로몬이 죽자 이스라엘 사람들이 왕위를 계승한 그의 아들 르호보암에게 세금과 강제 노동을 줄여 달라고 하소연했습니다. 그러나 그는 오히려 세금과 강제 노동을 더 많이 시키겠다고 선언했습니다. 누적되어 있던 왕정 시스템의 병폐가 적나라하게 드러나는 순간입니다. 그래서 이스라엘의 12부족 중 10부족이 르호보암 왕을 버리고 새로운 나라를 세웠고, 유대와 베냐민 부족만 르호보암 왕을 지지했습니다. 이스라엘은 북쪽의 이스라엘과 남쪽의 유대 두 나라로 분열되고 말았습니다. 북쪽은 10부족으로 되어 그대로 이스라엘이라는 이름을 쓰고 남쪽은 유대 부족이 왕으로 있으니 유대라는 이름을 사용했습니다. 통일 왕국은 기원전 1020에서 922년까지 약 100년간 지속되었습니다.

남쪽의 유대와 북쪽의 이스라엘은 서로 분열된 이후에도 우상들을 섬기고 하나님의 법을 지키지 않았습니다. 또 왕들의 횡포가 심해 백성들은 많은 고통을 겪었습니다. 하나님의 경고처럼 이스라엘 백성들이 왕들의 종이 되고 만 것입니다. 그러다가 북쪽의 이스라엘은 기원전 722년에 아시리아의 침략으로 멸망하고, 남쪽의 유대는 기원전 587년에 바벨론의 침략으로 멸망했습니다. 이로써 이스라엘은 하나님의 뜻에 합당한 인간사회 시스템을 만들어 세상의 본보기가 되는 사명을 수행하는데 실패하고 말았습니다.

지방 분권만을 추구한 사사 시스템도 중앙 집권만을 추구한 왕정 시스템도 민주주의 정신을 제도적으로 실현하는데 실패하고 말았습니다. 성서는 지속적으로 민주주의 정신을 강조하면서 민주주의 사회 시스템을 지향하고 있습니다. 제도는 정신이 온전하게 작동할 때 만들어지게 되는데 이스라엘은 처음부터 하나님의 법을 무시함으로써 민주주의 정신을 무시했습니다. 따라서 민주주의 정신을 제도화하여 민주주의 사회 시스템을 만들어 내는 것은 아예 꿈도 꾸지 못했습니다. 구약 성서는 민주주의 정신을 끊임없이 상기시키는 하나님과 이것을 거부하는 이스라엘 백성들 간의 갈등으로 가득 차 있습니다.

5장_
또 다른 실패 : 유대교

예견된 실패

　북 왕국 이스라엘과 남 왕국 유대가 멸망하고 유대교가 형성됩니다. 그러나 불행하게도 유대교는 그 논리상 처음부터 실패가 예정되어 있었습니다. 유대교는 이스라엘 백성이 지금까지 하나님을 잘못 믿은 것을 철저히 회개하고 정말 하나님을 열심히 잘 믿어보겠다고 결심한 결과 생겨났습니다. 그런데 참으로 아이러니한 것은 오히려 그러한 열심이 유대교를 실패로 치닫게 만든 결정적인 요인이 되었다는 것입니다. 왕국의 멸망 이전에는 하나님을 제대로 믿지 않아서 실패했고, 멸망한 이후에는 하나님을 너무 열심히 믿어서 실패하고 말았습니다.

　예언자 미가는 하나님 신앙을 아주 간결하게 다음과 같이 요약하고 있습니다. 저는 성서 전체를 통해 이처럼 하나님 신앙의 핵심을 잘 요약한 구절을 발견할 수 없습니다. "사람아 주께서 선한 것이 무엇임을 네게 보이셨나니 여호와께서 네게 구하시는 것은 오직 정의를 행하며 인자(자비)를 사랑하며 겸손하게 네 하나님과 함께 행하는 것이 아니냐"(미가 6장 8절). '정의를 행하며 인자(자비)를 사랑하는 것'은 민주주의 사회 시스템의 두 축이며, 이것은 겸손하게 하나님과 함께 행할 때에 가능합니다. 그러나 목이 곧은 이스라엘 백성은 겸손하게 하나님과 함께 행하지 못하여 우상을 섬김으로써 정의를 행하고 인자를 사랑하는데 실패하게 됩니다. 그 결과 하나님의 진노를 사 북 왕국과 남 왕국 모두 패망하는 비참한 운명을 맞게 됩니다.

유대인들의 귀환

앞에서 말씀드린 것처럼 북 왕국 이스라엘은 기원전 722년에 아시리아에게 멸망했다고 했습니다. 아시리아는 북 왕국 이스라엘을 점령한 후 지배층의 사람들을 모두 포로로 잡아가 버리고 수도 사마리아에는 아시리아 사람들을 비롯해 다른 민족의 사람들을 이주시켜 살게 했습니다. 북 왕국은 처음에 세겜이라는 곳을 수도로 삼았지만 후에 사마리아로 옮겼습니다. 이 때문에 북쪽 이스라엘 사람들과 이방 민족 사람들은 서로 결혼해 섞여버렸고, 하나님에 대한 신앙도 이방 신들을 숭배하는 신앙과 혼합되어 버렸습니다. 그래서 북쪽에서는 순수한 이스라엘 혈통과 전통이 사라지고 말았습니다.

남 왕국 유대는 북 왕국 이스라엘이 멸망한지 135년 후인 기원전 587년에 바벨론이라는 나라에게 멸망했습니다. 바벨론은 유대 왕국을 점령하고 예루살렘 성전에서 예배드릴 때 사용하는 기구들과 물건들을 가져가고 이와 함께 많은 사람들을 사로잡아 가 버렸습니다. 바벨론 포로는 네 차례에 걸쳐 있었습니다. 처음에는 왕족, 군인들, 기술자들이 사로잡혀 갔고, 나중에는 농부를 제외한 대부분의 사람들이 끌려갔습니다.

여기서 끝났다면 남 왕국 유대인들도 북 왕국 이스라엘 사람들처럼 소멸되었을지 모릅니다. 그러면 유대인들은 오늘날 존재하지 않을지도 모르지요. 그러나 기원전 539년에 페르시아 왕 고레스(Kyrus)가 바벨론을 멸망시키고 1년 후인 기원전 538년에 공식적으로 칙령을 내려 포로로 잡혀온 모든 민족들이 자기 나라로 돌아가도 좋다고 했습니다. 포로로 잡혀간 유대인들 중 일부는 이러한 관용 정책을 하나님의 은혜로 여기면서 새로 나라를 세우기 위한 꿈을 안고 예루살렘으로 돌아왔습니다. 고레스 왕은 유대인들에게 예루살렘 성전의 재건을 허락하였고 예루살렘 성전에서 빼앗아 온 예배 기구와 물건들을 돌려주었습니다. 하지만 막상 예루살렘으로 돌아와 보니 그곳에는 이방인들과 그들의 풍습이 널리 퍼져 있었습니다. 돌아온 유대인들은 자신들의 나라가 망한 것은 하나님과 그의 법을 떠나 이방의 우상을 섬겼기 때문이라고 생각하고 크게 뉘우치면서 앞으로 하나님을 열심히 섬기고 법을 열심히 지킬 것을 굳게 결심하였습니다.

유대교의 출현

돌아온 유대인들은 계속 페르시아의 지배를 받고 있었기 때문에 나라를 세울 수는 없었습니다. 그래서 그들은 종교 정신을 회복해 정체성을 확립하려고 했습니다. 이들은 유대인의 순수성을 보존하기 위해 이방 민족과 결혼하지 않았고, 이미 결혼한 사람도 이혼을 하도록 했습니다. 그리고 자기들만의 생활방식을 고집했습니다. 이렇게 하여 유대교가 생겨났고, 12부족으로 된 이스라엘의 역사는 유대 부족의 역사로 축소되었습니다.

유대인들은 이전의 실패를 만회하기 위해 유대교를 새롭게 형성하면서 각오를 다졌지만 유대교는 새로운 실패의 시작이 되고 말았습니다. 유대교는 처음부터 하나님의 뜻에 따라 운영되는 인간사회 시스템과는 거리가 먼 방식으로 편협하게 형성되었습니다. 구부러진 쇠막대를 펴기 위해서는 그에 상응하는 힘을 주어야 하는데 유대교는 너무 힘을 주어 반대 방향으로 굽게 만들고 말았습니다.

하나님의 법을 지키지 않은 것에 대한 자책을 너무 크게 한 나머지 법을 주신 하나님의 마음을 잃어버리고 법 자체의 형식에 너무 집착하였습니다. 시간이 흐를수록 유대교의 편협한 정신은 더욱 강화되어 갔고 쓸데없는 법조문들이 부가되어 법이 사람들의 생명을 살리는 것이 아니라 옭아매고 질식시키는 도구로 변해 갔습니다. 예수는 유대교의 이러한 편협한 정신을 개혁하여 원래의 하나님 뜻을 알려 주려고 하였습니다.

유대인들은 이방인들의 피가 섞인 북쪽의 사마리아 사람들을 이스라엘 사람으로 인정하지 않았습니다. 그들을 천하게 여기고 그들과의 관계를 피하였습니다. 더러운 피가 섞인 놈들이라는 것이지요. 결국 유대인들과 사마리아인들은 서로 등을 지게 되었고, 사마리아인들은 예루살렘으로 가서 하나님께 예배드릴 수가 없었습니다. 신약 성서에 보면 유대인들이 사마리아 사람들을 개처럼 취급한다는 것을 나타내는 표현이 나오는데 이것은 이런 역사적인 이유 때문입니다.

유대교가 출현한 배경에는 예언자들의 영향이 컸습니다. 북 왕국 이스라엘과 남 왕국 유대가 멸망당하는 시기를 전후로 해서 많은 예언자들이 나타났습니다. 그들은 나라의 장래를 걱정하면서 재앙과 희망을 동시에 선포했습니다. 지금처럼 계속 하나님의 법을 무시하면 엄청난 재앙을 맞을 것이지만 마음을 돌이켜 하나님의 법을 지키면 새로운 희망을 주실 것이라고 했습니다.

나라가 망하기 전에 이스라엘 사람들은 이런 예언자들의 외침에 귀를 전혀 기울이지 않았습니다. 그러나 나라가 망하는 큰 재앙을 당하고 바벨론의 포로로 끌려가는 경험을 한 후 재앙을 예언한 예언자들의 경고를 되새기게 되었습니다. 그러면서 그들은 하나님의 법을 잘 지키면 하나님이 그들을 구원하여 새로운 희망의 나라를 만들어 주실 것이라고 믿고 그렇게 살려고 결심했습니다. 소 잃고 외양간을 고치는 것처럼, 뒤늦은 깨달음이 유대교 출현의 배경이 되었습니다. 그러나 그들은 하나님의 법에 나타나 있는 하나님의 마음을 알기를 바라는 예언자들의 예언 정신보다는 하나님의 법에 문자적으로 집착하였습니다. 법의 정신이 아니라 법률의 자구 하나 하나에 매달렸습니다.

포로에서 귀환한 유대인들의 목표는 참 이스라엘의 회복이었습니다. 이들은 이스라엘의 순수성을 간직하고 있는 자신들만이 이스라엘의 참된 후손이라고 생각했습니다. 그들은 불신앙으로 더러워진 예루살렘을 하나님이 바벨론을 통해 청소했고, 남은 자들을 깨끗하게 하기 위해 바벨론 포로 생활을 하게 하셨으며, 이제 하나님이 자신들을 예루살렘으로 돌려보내 거룩한 생활을 하게 하셨다고 믿었습니다. 그들은 자신들이야말로 하나님에 의해 선택된 이스라엘 민족 중에서도 더욱 특별히 선택된 사람이라는 '선민의식'을 발전시켰습니다. 유대교는 이런 '이중 선민의식'을 포함하고 있습니다.

개혁의 두 방향

그러나 그들이 돌아와 보니 예루살렘은 이방인들과 그들의 종교에 의해 더렵혀져 있었습니다. 그들은 예루살렘을 거룩한 장소로 만들기 위해서는 하나님이 가증스럽게 여기는 것들을 없애야 한다고 생각했습니다. 개혁은 크게 두 방향으로 진행되었습니다. 하나는 혈통의 순수성을 회복하기 위해 이방인과의 혼인을 금지하는 것이었고, 다른 하나는 종교의 순수성을 회복하기 위해 모세의 법을 지키는 것이었습니다.

성서의 느헤미야서에 보면 유대인들이 이 두 가지를 지키겠다고 맹세하는 다음과 같은 장면이 나옵니다. "우리가 하나님의 종 모세를 통하여 주신 하나님의 율법을 따라 우리 주 여호와의 모든 계명과 규례와 율례를 지켜 행하여 우리의 딸들을 이 땅 백성에게 주지 아니하고

우리의 아들들을 위하여 그들의 딸들을 데려오지 아니할 것이다."(느헤미야 10장 29-30절)

할례, 안식일 준수, 정결에 관한 법

그런데 유대교가 발전하면서 유대인들은 모세의 법 중에서도 유대인과 비유대인을 외모로 쉽게 구별하는 할례와 안식일 그리고 더러운 것과 깨끗한 것에 관한 계명을 특별히 중요시하였습니다. 자신들이 선민이라는 것을 드러내주는 표식이었기 때문이지요. 물에 빠진 사람이 지푸라기라도 잡고 싶은 심정으로, 그들은 자신들의 초라한 상태를 관념적으로 보상받기 위해 하나님의 선민이라는 표식에 집착했습니다.

하나님은 아브라함에게 "하나님의 도를 지켜 공의와 정의를 행하는"(창세기 18장 19절) 나라를 건설하는 사명을 주시고 그 사명을 실현하는 복(사명과 복은 한 동전의 양면으로 결합되어 있음)을 주시겠다는 약속의 표시로 아브라함의 자손 중 모든 남자는 태어난 지 팔 일 만에 할례를 하도록 했습니다. 이 이후 이방인이 이스라엘 사람이 되려고 하면 반드시 할례를 해야 했습니다.

안식일에 대한 언급은 십계명에 나옵니다. 출애굽기 20장 1-17절에 나오는 십계명에서는 하나님이 우주만물을 6일 동안 창조하시고 칠 일째 쉬었는데 이 날을 안식일이라 하여 거룩하게 지키라고 했습니다. 이에 비해 신명기 5장 6-21절에 나오는 십계명에서는 이집트에서 종으로 있던 것을 하나님이 인도하여 내었으므로 이를 기념하여 안식일을 거룩히 지키라고 했습니다. 다른 이유로 안식일을 지키라고 하고 있습니다만 결국 정신은 같은 것으로 보입니다. 그것은 곧 모든 인간은 자유롭고 평등한 상태에서 "생육하여 번성하여 땅에 충만할" 권리를 갖고 있기 때문입니다. 누구도 이 권리를 빼앗아 갈 수 없습니다.

하나님이 이스라엘을 이집트에서 해방시키신 것도 생육하고 번성하여 땅에 충만할 권리를 회복시켜 주시기 위함이었습니다. 안식일에는 사람이나 짐승이나 아무 일도 해서는 안 되게 되어 있었습니다.

　더러운 것과 깨끗한 것에 대한 구별은 성서의 레위기라는 곳에 나와 있습니다. 이 곳에 보면 깨끗한 짐승과 더러운 짐승의 구별, 출산 후 여인이 겪게 되는 더러움, 피부병이 일으키는 더러움, 남녀의 성기에서 유출되는 분비물로 인한 더러움 등이 다루어지고 있습니다. 한 가지 예를 들면, 육지 짐승들 중 발굽이 갈라지고 새김질을 하는 이 두 조건에 모두 해당하는 짐승들(소, 양, 염소 등)은 깨끗해서 먹을 수 있고, 그 외의 다른 짐승들은 더러워서 먹을 수 없다고 되어 있습니다. 돼지는 발굽이 갈라졌지만 새김질을 하지 않아 유대인이 더럽게 여겨 먹지 않았습니다. 다른 내용들은 너무 길어서 소개하기 힘듭니다. 관심 있으면 찾아서 읽어보도록 하십시오. 레위기 11장에서 15장입니다.

법의 정신의 상실

　앞에서도 말했지만 이스라엘 백성은 하나님이 원하는 인간사회 시스템을 이 땅에서 회복하는 모델의 역할을 감당하는 사명을 수행하도록 선택되었습니다. 이 인간사회 시스템은 모든 인간이 생육하고 번성하여 땅에 충만할 권리를 자유롭고 평등하게 향유하는 그런 좋은 민주주의 사회 시스템입니다. 아브라함에게 나타내신 하나님의 도, 정의와 공의는 모두 좋은 민주주의 사회 시스템을 지향하고 있습니다.

　하나님이 모세에게 주신 십계명은 인간사회가 좋은 민주주의 사회 시스템을 운영하는데 꼭 필요한 일종의 헌법과 같은 것입니다. 이스라엘 백성이 이 십계명의 정신을 잘 지켜 생활 속에 체현하였더라면 이스라엘은 민주주의 사회 시스템을 운영하는 모범적인 나라가 되었을 것이고 만민에게 인간이 어떻게 살아야 하는가를 분명히 보여줄 수 있었을 것입니다.

　십계명의 정신에 따라 제시된 십계명의 하위 법을 살펴보면 오늘날의 그 어떤 민주주의 사회의 법들에 못지않은 훌륭한 내용으로 되어 있습니다. "너희는 추수할 때 곡식을 밭 구석구석까지 다 거두지 말고 또 떨어진 이삭도 줍지 마라. 포도를 딸 때도 다 따지 말고 땅에 떨어진 포도는 줍지 마라. 너희는 이 모든 것을 가난한 자와 나그네를 위해 남겨 두어야 한다. 너희는 도둑질하지 말고 속이지 말며 거짓말하지 마라. 다른 사람을 학대하지 말라. 남의 것을 강탈하지 말라. 고용한 품꾼의 삯은 그 날로 지불하고 하룻밤을 넘기지 말라. 귀머거리를 저주하거나 소경 앞에 장애물을 놓지 말라. 재판관은 부정한 재판을 해서는 안 된다. 가난한 자라고 해서 두둔하거나 세력 있는 자라고 해서 유리한 판단을 내리지 마라. 재판은 어디까지나 공정하게 해야 한다. 돌아다니면서 남을 헐뜯지 말고 자기 이웃을 위태롭게 하는 짓을 하지 마라. 너희는 마음으로 너희 형제를 미워하지 말고 그것 때문에 죄를 짓지 않도록 그와 맺힌 것이 있으면 풀어라. 또 너희는 원수를 갚지 말고 너희 동족에게 앙심을 품지 말며 너희 이웃을 네 몸과 같이 사랑하라. 너희는 너의 땅에 사는 외국인을 학대하지 말고 그들을 너희 동족같이 여기며 너희 자신처럼 사랑해야 한다. 너희도 한 때 이집트에서 외국인이었음을 기억하라. 물건을 사고 팔 때도 서로 속이지 말며 공정한 도량형기를 사용해야 한다"(레위기 19장, 쉬운 성경).

　그러나 이스라엘 백성은 이집트를 벗어날 때부터 하나님의 뜻을 거스르더니 가나안 땅에 정착해서 북쪽 이스라엘과 남쪽 유대로 나라가 갈리고 급기야 아시리아와 바벨론에게 멸망당할 때까지 하나님을 버리고 우상을 숭배하면서 십계명의 정신을 자신들의 사회에 실현하는

데 실패하고 말았습니다. 나라가 망하고 이스라엘의 12부족이 유다 한 부족의 역사로 왜소화되는 경험을 한 후 유대인들은 뒤늦게 하나님의 법을 지키지 못한 것을 처절하게 후회하고 하나님의 법에 열심을 내었습니다. 그런데 불행하게도 인간의 생명을 살리는 '법의 정신'보다는 인간의 생명을 옭아매는 '법의 형식'만을 취함으로써 돌이킬 수 없는 선택을 하고 말았습니다.

할례와 안식일, 그리고 더러운 것과 깨끗한 것의 구별은 모두 인간의 생명을 살리는 일에 모범이 되는 이스라엘의 사명을 각인시키기 위한 의례적인 징표일 뿐이었습니다. 사람이 안식일을 위해 있는 것이 아니라 안식일이 사람을 위해 있는 것이라는 예수 그리스도의 말처럼 이 모든 의례는 사람의 생명을 살리는 것에 목적이 있습니다. 그러나 이스라엘은 사람의 생명보다는 자신들의 초라한 현실에 절망한 나머지 그 절망에서 벗어나기 위한 수단으로 이런 의례적인 표징에 목숨을 걸었습니다. 이런 의례적인 표징을 흠 없이 순결하게 100% 지키면 하나님이 자신들을 구원해 줄 것이라는 믿음을 발전시켰습니다. 따라서 유대인들은 점점 의례적인 표징으로서의 율법을 더욱 강화하고 세분화해서 생활하는 쪽으로 화석화되어 갔습니다. 본말전도, 목적-수단의 전치 현상이 일어나고 말았습니다. 이것은 엄마의 말을 듣지 않고 반대로 행동하던 못된 청개구리가 '시냇가에 묻어 달라'는 엄마의 유언을 충실히 수행한 것과 같은 어리석은 꼴이지요.

율법주의로의 퇴행과 예언의 소멸

할례, 안식일, 더러운 것과 깨끗한 것의 구별과 같은 의례적인 법은 유대인들에게 삶의 의미 그 자체가 되었습니다. 의례적 법을 잘 지키는 것은 거룩한 민족의 표시인 동시에 구원의 표시였습니다. 그들은 이 의례적인 법을 완벽하게 지키면 하나님이 그들을 구원하는 메시아를 보내 만민 위에 빛나는 나라를 만들어 주실 것이라고 믿었습니다. 그들의 메시아사상은 점점 더 의례적인 법의 준수와 밀착되어 갔으며, 이러한 밀착의 정도만큼 유대교는 '의례적인 율법주의'로 퇴행해 갔습니다.

도덕법이든 의례법이든 원래 하나님의 법은 인간사회 시스템이 가장 잘 운영되도록 해서 그 안에서 인간의 존엄성을 잘 누리고 살도록 하기 위해 하나님이 주신 것입니다. 하지만 의례적인 율법주의는 의례 준수에 관련된 비생산적인 규칙들을 많이 만들어 인간을 속박하고 질식시키는 무서운 결과를 초래합니다. 의례 수행에 '구원'이라는 주술적인 힘이 부여되면 이 주술적인 힘에 대한 두려움이 일어나 의례를 더욱더 완벽하게 수행하기 위한 쓸데없는 의례 규칙들이 더 많이 생겨나게 되어 있습니다. 예를 들면, 예수님 당시 유대인들은 39가지의 안식일 법을 가지고 있었다고 합니다. 이 법은 "안식일에 아무 일하지 말라"(출애굽기 20장 10절)는 말씀을 완벽하게 지키기 위해 매우 세부적으로 하지 말아야 하는 일들을 규정해 놓은 것이라고 할 수 있습니다.

또 율법주의는 마음속은 그렇지 않으면서 다른 사람의 눈에 잘 보이려고 행하는 위선자들을 만들어 냅니다. 마음속에는 나쁜 생각으로 가득 차 있으면서 사람들이 보는 곳에서는 거룩한 의례 수행자인 것처럼 행동합니다. 위선은 사람들을 양의 탈을 쓴 이리로 만들어 도덕을 파괴하고 나아가 인간성 자체를 파괴합니다. 예수는 유대교의 이러한 의례적인 율법주의가 조장하는 생명 파괴와 위선적 태도에 대해 매우 크게 분노했습니다. 이것은 바리새인들에 대한 예수의 비판에 잘 나타나 있습니다. 예를 들면, 외식으로 금식하는 것에 대한 비판, 대접의 겉은 깨끗이 하면서도 속은 더럽다고 한 비판 등이 있지요.

유대인들은 이처럼 의례적인 법을 열심히 지키면서 메시아의 출현을 대망했지만 현실은 별로 나아지지 않았습니다. 여전히 강대국의 볼품없는 속국으로 남아 있었습니다. 그래서 그들의 기대감은 점점 식어갔고 이런 상황에서 미래의 비전을 제시하는 예언자들도 더 이상 출현하지 않았습니다. 구약 성서의 맨 마지막에는 말라기라는 예언자의 예언이 기록되어 있습니다. 말라기는 하나님이 그의 사자를 보낼 것이라고 예언했습니다. 그가 활동한 시기는 기원전 450-400년경으로 추정됩니다.

그러나 그 후 400년간 하나님의 사자도 예언자도 나타나지 않았습니다. 이 400년간은 구약 성서에도 신약 성서에도 나타나지 않습니다. 성서에서 사라진 시대입니다. 학자들은 이 기간을 신구약 중간 시대라고 합니다. 이 기간 동안 유대교는 의례에 굉장한 열심을 내는 의례적인 율법주의에 점점 깊이 빠져 듭니다. 현실이 곤고하고 어려울수록 그 초라함에 대한 보상심리로 의례 준수에 대한 열심은 더욱 커져갑니다.

이 기간에 하나님이 예언자들을 보내지 않으신 것은 어쩌면 당연합니다. 이처럼 의례 준수에 열심을 내면서 하나님의 법을 잘 지킨다고 생각하는 상황에서는 하나님이 어떤 예언자를 보내더라도 그 예언자는 유대인들에 의해 신성 모독죄로 정죄받을 수밖에 없습니다. 하나님이 예언자를 보내신다면 그 예언자는 필경 유대인들의 무지한 열심을 나무랄 것인데 이에 대해 유대인들은 분명 신성모독이라는 낙인을 찍을 것이기 때문입니다. 예수가 자신을 '하나님의 아들'로 선포하지 않았어도 유대인들은 자신들의 거룩한 의례 준수를 비판하는 예수를 신성모독 죄로 죽였을 것입니다. 자질구레한 의례 규칙들의 한 점, 한 획도 구원과 관련되어 있다는 미신에 빠져 있었기 때문입니다.

6장_
그리스도를 기다리며 : 신구약 중간기

성서에 기록되지 않은 유대 민족의 역사

유대 나라가 바벨론에 망한 BC 587년 이후 유대인들은 제대로 나라를 가져 본 적이 없습니다. 페르시아의 속국으로 겨우 명맥을 유지하던 예루살렘의 유대인들은 알렉산더(Alexander) 대왕이 페르시아를 정복하자 BC 333년에 그에게 항복을 했습니다. 알렉산더 대왕은 왕이 된 지 10여년 만에 죽었고, 그가 다스리던 나라는 카산더, 리시마쿠스, 프톨레미, 셀류커스의 네 왕조로 나누어졌습니다.

예루살렘의 유대인들은 BC 323년부터 198년까지 프톨레미 왕조의 지배 아래 있다가 BC 198년에 셀류커스 왕조의 지배를 받게 되었습니다. BC 140년 유대인들은 셀류커스 왕조로부터 독립하여 약 70년간 나라를 가졌지만 이것도 잠시 BC 63년에 로마 제국의 장군 폼페이우스(Pompeius)에 의해 예루살렘이 점령당함으로써 다시 속국의 지위로 떨어졌습니다.

그리스도 대망 사상

이 기간 동안 제대로 된 나라를 갖지 못한 유대인들은 그리스도가 와서 세상의 모든 나라 위에 우뚝 서는 강력한 유대인의 나라를 만들어 줄 것이라는 큰 소망을 갖게 되었습니다. 이것이 바로 그리스도 대망 사상입니다. 앞에서 말했지만 그리스도에 대한 유대인들의 기대는 다윗 왕으로부터 유래한 것입니다. 통일 왕국을 건설한 다윗 왕은 이스라엘 역사에서 뛰어난 능력과 신실한 신앙 면에서 최고의 왕으로 인정되고 있습니다. 따라서 성서에서 다윗 왕 이후의 모든 왕들은 다윗을 기준으로 평가되고 있습니다. 하나님은 다윗을 특별히 사랑하여 그에게 그의 자손들이 계속해서 이스라엘을 다스리게 해 주겠다고 약속했습니다(사무엘하 7장, 역대상 17장).

또 이사야서 11장에 보면 출현할 메시아에 대해 다음과 같은 예언이 나옵니다. '다윗의 후손 가운데서 한 새로운 왕이 일어날 것이다. 그는 눈에 보이는 외모나 귀에 들리는 소문으로 심판하지 않을 것이며 가난하고 힘없는 자들을 옹호하고 세상의 악인들을 쳐서 죽일 것이며 정의와 성실로 자기 백성을 다스릴 것이다. 그 날에 그의 후손이 온 세계에 구원의 상징이 될 것이다.'

이러한 예언에 의지해 유대인들은 유다 왕국이 멸망한 이후 아무리 어렵고 고통스러울 때에라도 다윗의 자손 중에서 그리스도가 출현할 것이라는 믿음을 가졌습니다. 바벨론 포로 이후 유대인의 역사에서는 자칭 타칭으로 그리스도로 불리는 인물들이 많이 출현하였습니다. 성서에 보면 스룹바벨이라는 인물이 페르시아의 고레스 왕으로부터 유대 총독으로 임명받아 허물어진 예루살렘 성전을 재건하였습니다. 그래서 이 성전을 스룹바벨 성전이라고 부릅니다. 그는 다윗 가문의 후손으로 당시의 유대인들에게 그리스도로 간주되었습니다. 그러나 그는 이스라엘에게 다윗 왕의 영광을 재현하지 못했습니다.

알렉산더의 유대 정복과 헬레니즘의 보급

알렉산더에게 항복한 이후 유대 민족은 내내 헬레니즘의 대대적인 공세에 시달렸습니다. 그 영향이 워낙 커서 유대교는 헬레니즘 문화의 바다에 떠 있는 섬과 같았습니다. 알렉산더 대왕이 페르시아를 정복한 이후 그리스 문화가 널리 퍼졌습니다. 그가 정복한 지역에는 새로운 폴리스(도시국가)들이 세워져 그리스 문화를 오리엔트 세계에 침투시키는 중심지가 되었습니다. 그리스어가 공용어로 사용되었는데, 당시 그리스어는 오늘날의 영어와 같은 지위에 있었습니다.

그러나 그리스 문화만이 일방적으로 오리엔트 문화에 영향을 준 것이 아니라 이 두 문화가 서로 융합되어 새로운 문화가 생겼습니다. 이것을 헬레니즘 문화라고 합니다. 알렉산더 대왕 스스로도 페르시아 왕녀와 결혼하고 페르시아 귀족을 친위대로 채용하는 등 통치의 한 방편으로 그리스 문화와 오리엔트 문화를 결합하려고 했습니다. 그 결과 그리스인들이 그리스 지역 이외의 사람들을 야만인으로 멸시하던 생각이 엷어지고 세계시민주의가 나타나게 되었습니다.

기존의 정치 제제가 붕괴되고 세계시민주의가 등장함에 따라 사람들은 개인의 자유를 누릴 수 있었고 이와 더불어 개인적인 책임과 의무의 관념이 나타났습니다. 이러한 현상에 따라 개인적인 문제에 관심을 갖는 철학들이 생겨나고 종교도 '나는 누구인가? 나는 어디서 왔고 어디로 가는가? 나는 무엇을 믿어야 하는가?' 등의 개인적인 관심사로 기울어졌습니다. 이제 종교는 부족, 인종, 도시 국가의 정체성과 통일성 유지를 위한 것이 아니라 개인의 인격적인 정체성을 위한 것으로 변해갔습니다.

당연히 유대인들은 헬레니즘 문화의 영향을 피할 수 없었습니다. 먼저 그리스어의 공용화로 인해 많은 디아스포라 유대인들이 그리스어를 사용해 히브리어를 잊어버리게 되었습니다. 바벨론으로 포로로 끌려간 유대인들은 여러 지역으로 흩어져 살게 되었는데 이들을 '디아스포라 유대인'라고 부릅니다. 디아스포라(Diaspora)는 분산을 의미하는 그리스어입니다. 따라서 이들에게 구약 성서를 가르칠 목적으로 이집트에 거주하던 유대인들이 구약 성서를 그리스어로 번역하였습니다. 이 번역본을 70인역이라고 부릅니다. 그리스어의 이러한 영향으로 나중에 신약 성서까지 그리스어로 기록되게 됩니다.

또 그리스 문화가 크게 보급되었습니다. 팔레스타인의 많은 도시들이 그리스의 생활방식을 따랐으며, 그리스 양식을 한 도시들이 생겨났습니다. 예루살렘과 팔레스타인 지역에 많은 체육관이 세워졌는데 이것들은 그리스 문화를 전파하는 데 큰 역할을 했습니다. 그리스 문화는 외형적인 조화와 아름다움을 추구하고 모든 것을 자연 그대로 표현하는 특징이 있는데 이러한 것들은 유대인들에게 낯선 것이었습니다.

헬레니즘에 맞선 토라 신앙

그러나 팔레스타인 지방에 사는 대부분의 유대인들은 헬레니즘 문화가 지배하는 시기 내내 그것과 싸웠습니다. 특히 헬레니즘에 대한 유대교의 싸움은 토라를 지키는 것에 집중되었습니다. 토라는 모세가 쓴 다섯 가지 경전을 말합니다. 창세기, 출애굽기, 레위기(예배 규정), 민수기(광야 방랑기), 신명기(모세의 설교)가 모세 오경입니다. 바벨론 포로 이후 유대인들은 경전을 중요시했습니다. 나라가 망해 예루살렘 성전에서 예배를 드릴 수 없게 되자 유대인들은 경전을 만들고 연구하면서 자신들의 종교 생활을 유지하려고 했습니다.

유대인들이 이처럼 토라에 열심을 보인 것은 책에 대한 열심이라기보다는 그 책에 나타나 있는 선민사상, 즉 천지를 창조한 유일신이 유대인을 선민으로 택했다는 사상에 대한 열심이라고 할 수 있습니다. 할례, 돼지고기 안 먹는 것, 안식일 준수, 우상숭배 하지 않는 것 등은 그들이 선민임을 타나내는 종교 의식이었습니다. 그들은 이 종교의식을 위해 죽음을 택했습니다.

　페르시아와 마찬가지로 프톨레미 왕가도 관용 정책을 펴 유대인들의 생활과 풍습을 인정해 주었습니다. 그러나 기원전 198년에 유대 지역이 프톨레미 왕가에서 셀류커스 왕가의 손으로 넘어가면서 분위기가 달라졌습니다. 셀류커스 왕가의 안티오쿠스 4세의 치하(BC 175- BC163년)에서 유대인들은 큰 핍박을 당하게 됩니다. 그는 헬레니즘 정책을 대대적으로 폈으며, 대제사장직을 돈을 받고 팔고 또 유대교를 박해하는 정책을 폈습니다.

　그는 예루살렘 성벽을 허물었고 안식일과 할례를 지키는 유대인들을 대량 학살했습니다. 토라를 찢고 불태웠으며, 예루살렘 성전 제단에 제우스 제단을 세우고 제우스에게 제물을 바쳤습니다. 또 자신의 모습을 담은 신상도 세웠습니다. 그리고 유대인들이 혐오하는 돼지를 잡아 세물로 바치고 그 피를 제단에 뿌렸습니다. 이것은 유대인들에게 엄청난 신성모독이었습니다. 이 때 많은 유대인들이 죽임을 당했습니다.

마카비 운동과 하스몬 왕조

　박해 정책에 대한 저항운동이 일어났는데, 마카비 운동이라 불립니다. 이 운동은 모데인(Modein)이라는 지역에서 시작되었습니다. 이곳에 사는 하스몬 가의 제사장 마타티아스(Mattathias)는 제우스에게 제물을 바치라고 명령하는 왕의 사자와 제사를 한 유대인들과 관리들을 죽인 후 자기 가족과 함께 산으로 도망갔습니다. 그는 거기서 하시딤파와 합류하였습니다. 이에 많은 유대인들이 그에게 몰려들었습니다. 하시딤파는 한 종파라기보다는 강력한 여론 집단이라고 할 수 있었는데, 이들은 헬레니즘 문화와 외국의 영향을 거부하고 유대교에 열심인 자들이었습니다. 그는 이들과 함께 이방인의 신전들을 파괴하고 타락한 유대인들을 처벌하였습니다.

마타티아스가 죽은 후 그의 아들 유다가 이어서 저항운동을 주도하였습니다. 그는 "마카비"라는 별명을 얻었습니다. 유다는 매우 뛰어난 용맹을 발휘하였습니다. 마카비 운동은 그의 이름을 딴 것이었습니다. 유다는 더럽혀진 성소들을 청소하고 기원전 164년 12월 25일 예루살렘 성전에 새로운 제단을 세웠습니다. 유대인들은 이 사건을 기념하여 이 날을 하누카 절기(또는 빛의 절기)로 지키고 있습니다. 하누카는 신에게 바친다는 의미입니다. 하시딤파는 정치적인 자유보다는 종교적인 자유를 추구하였기 때문에 자신들의 목적이 달성되었다고 보고 마카비를 지지하는 것을 그만두었습니다.

그러나 유다 마카비는 종교적 자유뿐만 아니라 정치적 자유까지 얻고자 하여 계속 싸우다가 기원전 160년에 전사하였습니다. 유다의 뒤를 이어 동생 요나단이 지도자가 되었습니다. 그도 시리아의 음모로 기원전 143년에 죽고 그의 동생 시몬(Simon)이 지도자가 되었습니다. 유대인들은 이 세 형제를 모두 마카비라고 불렀습니다. 일 년 후 그는 시리아 군을 예루살렘에서 몰아내었고, 유대인들은 시리아에 더 이상 세금을 내지 않아도 되었습니다. 드디어 새로운 평화의 시대가 열렸습니다. 기원전 140년에 유대인들은 그를 대제사장인 동시에 왕으로 추대했습니다. 이리하여 그는 종교 지도자와 정치 지도자를 겸하게 되었습니다. 이것이 하스몬 왕가의 시작입니다. 하스몬 왕가는 BC 63년 로마 제국에 멸망할 때까지 계속됩니다.

많은 유대인들은 마카비 형제들과 하스몬 왕가를 통해 메시아 시대가 실현될 것으로 믿었습니다. 하지만 이들은 레위지파의 후손이었습니다. 이 때문에 하시딤파와 많은 제사장들이 다윗의 자손이 아닌 사람이 왕이 되는 것과 왕이 대제사장을 겸하는 것에 반대했습니다. 그래서 다윗 가문에서 출현하는 왕으로서의 메시아가 아니라 레위 지파에서 출현하는 제사장으로서의 메시아사상이 새롭게 형성되었습니다. 그러나 다윗 가문에서 나오는 왕으로서의 메시아든 레위 지파에서 나오는 제사장으로서의 메시아든 유대인들은 유대민족을 해방시키고 이방민족들을 지배할 정치적이고 군사적인 메시아를 고대했습니다.

유대교의 분열

그러나 토라에 대한 충성과 공통된 메시아 대망 사상에도 불구하고, 토라(모세의 율법)를 해석하는 방식과 헬레니즘에 대응하는 방식에 따라 유대교는 사두개파, 바리새파, 에세네파, 쿰란 공동체, 열심파들로 나누어졌습니다. 신약 성서에 보면, 사두개파, 바리새파라는 말이 나오는데 이는 모두 신구약 중간기 동안 유대교에서 생겨났습니다. 잠시 이들에 대해 소개하겠습니다.

① 사두개파

사두개인들은 부유한 귀족들과 제사장들로 이루어져 있었습니다. 모세의 법에는 기록되어 있는 것과 이를 풀이해 말로 전해 내려 온 두 가지가 있는데 사두개인들은 보수적인 태도를 취해 기록되어 있는 것만을 모세의 법으로 인정했습니다. 이들은 정치적 상황에 잘 적응하여 사회적 지위와 부를 누리고 있었습니다. 따라서 헬레니즘 문화와 로마 제국의 통치에 대해 개방적이었습니다. 사두개파 사람들은 유대인들의 최고 의사결정 기구인 산헤드린의 다수를 차지하였으며 대제사장이 맡는 의장 자리도 그들이 차지했습니다. 그들은 이스라엘의 정치권력을 장악하고 있었습니다. 성서에 보면, 이들은 천사와 마귀의 존재를 인정하지 않았고 부활도 믿지 않았으며 육체가 죽으면 영혼도 함께 소멸한다고 보았습니다.

② 바리새파

사두개파는 하스몬 왕가의 출현에 협조한 제사장들과 그 후손들로 이루어져 있었습니다. 이에 반해 바리새파는 하스몬 왕가를 반대한 하시딤파 사람들로 이루어져 있었습니다. 바리새파는 사두개파와는 달리 기록된 법뿐만 아니라 이 법을 풀이해 말로 전해 내려 온 것들도 모세의 법으로 인정했습니다. 이들은 모세의 법이 백성들의 일상적인 삶 속에 정착되도록 많은 노력을 기울였습니다. 이들은 헬레니즘 문화와 로마의 정치적 지배에 반대하고 유대교 순수성을 지키려고 했습니다. 바리새파는 대부분 도시 상인들, 수공업자들, 시골의 농민들로 이루어져 있었습니다. 산헤드린을 장악한 사두개인들과 달리 바리새인들은 주로 회당에서 활동했습니다. 그들은 많은 백성들의 지지를 받아 유대교의 대표적인 종파가 되었습니다. 성서에 보면 그들은 천사와 악마, 영적인 존재, 죽은 자의 부활 등이 있다고 믿었고, 다윗의 자손 중에서 메시아가 나올 것이라고 믿었습니다.

바리새파는 법을 정확하게 지키는 데 매우 열성적인 율법주의자들이었습니다. 그들은 깨끗함과 십일조, 기도와 금식, 안식일 등에 관련된 계명을 엄격하게 지켰습니다. 식사 기도를 하는 손을 깨끗하게 하기 위해 식사시간마다 손을 씻었습니다. 잔과 접시 등 식사에 사용되는 그릇도 깨끗하게 하려고 노력하였습니다. 십일조도 글자 그대로 지키려고 했습니다. 그들은 생산된 물건, 돈을 주고 산 물건, 조미료와 채소 등 모든 것에 대해 십일조를 내야 한다고 주장했습니다. 그들은 매주 월요일과 목요일에 금식하였으며, 구제금을 내었으며, 하루에 세 번씩 시간을 정해 기도했습니다. 길을 가다가 기도시간이 되면, 길가에서 몸을 예루살렘 성전 쪽으로 돌리고 기도했습니다.

또 그들은 안식일에 얼마나 먼 길을 가도 좋은가, 무엇을 운반해도 좋은가, 무슨 일을 할 수 있으며 해서는 안 되는 일은 무엇인가, 안식일에 결혼식을 올릴 수 있는가, 안식일에 낳은 달걀을 먹어도 좋은가, 손을 어떻게 씻어야 하는가 등을 규정하고 이를 정확하게 지키고자 하였습니다. 몇 가지 예를 들면, 안식일에 손톱이나 머리카락 등을 깎아서도 안 되고 손질해서도 안 되며, 두 글자를 이어 써도 안 되었습니다. 그리고 안식일에 2천 규빗(약 900m)을 넘어서 여행해서는 안 되었습니다. 이처럼 법 준수를 너무 엄격하게 강조하였기 때문에 많은 사람들이 율법을 지킬 수 없는 죄인들이 되고 말았습니다. 이들은 병도 죄의 결과로 생각해 병자를 죄인으로 여겼습니다. 오늘날 교회에서도 이와 유사한 일들이 일어나고 있지 않는지 생각해봐야 하지 않을까요?

③ 에세네파

바리새파가 세상 안에 살면서 개혁을 하려고 하였던 반면, 에세네파는 세상과의 관계를 끊고 경건한 생활을 하려고 했습니다. 하시딤파 중 일부가 에세네파가 되었다는 설이 있습니다. 그들은 모세의 법과 다른 소중한 종교 서적을 연구하는데 많은 시간을 바쳤습니다. 한 사람이 모세의 법 구절을 크게 읽으면 좀 더 경험이 많은 사람이 그것을 해석하는 식으로 연구를 진행했습니다. 그들은 주로 작은 마을에 모여 공동생활을 했습니다. 그들은 모든 재산을 공동으로 소유하고 사용했습니다. 그들은 결혼하지 않았습니다. 결혼한 에세네파 사람들도 있었지만 그것은 후손을 위한 것이었습니다. 이 단체에 입단하고 싶은 사람은 1년간의 시험 기간을 거쳐야 했고, 2년 후에야 완전한 멤버가 되었습니다. 하루의 일과는 아침 기도회로 시작했고, 오전에는 노동을 하고, 점심때가 되면 모두 찬물로 몸을 씻고 흰옷을 갈아입은 후 식당에서 함께 식사했으며 그 후 저녁 시간까지 노동을 했습니다. 굶주림을 피할 정도만 먹었고, 침묵 생활을 했으며 상급자에게 무조건 복종했습니다. 안식일과 깨끗함에 관한 계명들이 엄격하게 준수되었습니다. 인간의 육체를 영혼의 감옥으로 보았습니다.

④ 쿰란 공동체

이 단체는 사해 근처의 동굴에서 은둔 생활을 하며 '의의 교사'라는 지도자 밑에서 생활했습니다. 이 '의의 교사'는 추종자들에게 모세의 법을 새롭게 해석해 주고, 마지막 때가 가까웠다고 하면서 메시아가 도래할 때까지 그것에 순종하며 살도록 했습니다. 1947년 사해 근처의 동굴에서 그들이 쓴 것으로 여겨지는 두루마리 문서들이 발견됨으로써 그들의 존재가 알려지게 되었습니다. 이 문서들은 사해 사본이라고 불립니다. 학자들에 의해 에세네파의 일부인 것으로 추정되고 있습니다. 따라서 쿰란 공동체는 에세네파와 많은 공통점을 가지고 있었습니다.

⑤ 열심파(셀롯당)

이들은 유대 애국자들의 모임이라고 할 수 있습니다. 그들은 바리새파처럼 메시아의 구원을 기다리지 않고 폭력과 같은 적극적 행동을 통해 유대 나라를 회복하려고 하였습니다. 이들은 칼을 몸에 가지고 다니면서 적들과 매국노들을 죽이기도 했습니다. 그들은 하나님만이 그들의 유일한 통치자로 인정했기 때문에 누구도 주라고 부르지 않고 어느 왕에게도 조공을 바치지 않았습니다. 그들은 고통을 대수롭지 않게 여겼으며 죽음을 두려워하지 않았습니다.

유대 종파들에 대한 이상의 정보는 인터넷에 올라 있는 "예수의 역사적 배경"(김진균 교수가 쓴 것을 문홍일 목사가 정리해 놓은 것으로 되어 있음)에서 많은 도움을 얻었습니다.

이들 종파들은 서로 방식은 달랐음에도 불구하고 모두 모세의 법에 대해 열성은 대단했습니다. 특히 많은 유대인들의 지지를 받은 바리새파 사람들이 그랬습니다. 그래서 예수는 주로 바리새인들의 생활을 비판하셨습니다. 모세의 법은 그들에게 삶의 의미 그 자체였습니다. 모세의 법을 잘 지키면 하나님이 그들을 구원해 주실 것이라고 믿었습니다. 모세의 법을 지키는 것은 거룩한 민족의 표시인 동시에 구원의 표시였습니다. 이 때문에 유대교는 율법주의로 빠지고 말았습니다.

유대인의 딜레마

천지만물을 창조한 하나님, 인간을 자신의 형상대로 만든 하나님에서 출발하는 거대하고 웅장한 하나님 신앙과 나라도 제대로 갖지 못하는 왜소하고 초라한 정치적 상황 사이의 딜레마, 이 딜레마가 바로 유대인들의 비극이었습니다. 유대인들은 이 비극적 딜레마를 안으로 파고들어 선민사상으로 해결하려고 했습니다. 그러나 선민사상에 집착할수록 그들의 웅대한 하나님 신앙 체계는 그 빛을 잃어갔습니다. 사두개파, 바리새파, 에세네파, 쿰란 공동체, 열심파 등은 이러한 딜레마를 선민사상으로 해결하려고 몸부림치던 유대교의 다양한 모습이었습니다.

헬레니즘으로 생기를 얻다

이러한 답답한 상황에서 유대교는 헬레니즘의 거대한 물결 속으로

빨려 들어갔습니다. 유대인들에게는 참으로 안된 말이지만 헬레니즘의 거대한 물결은 그들의 웅대한 하나님 신앙에 생기를 불어넣는 결정적인 자료들을 제공했습니다. 엄청나게 많은 새로운 포도주가 만들어지고 있었고, 이 포도주를 담을 새로운 부대가 필요했습니다. 그리스도를 대망하는 유대인들의 유일신 신앙과 보편적인 세계시민주의를 표방하며 개인의 운명과 정체성 문제에 깊은 관심을 보인 헬레니즘의 만남은 새로운 위대한 세계 종교의 탄생을 위한 더할 나위없는 찰떡궁합이었습니다.

존슨(Paul Johnson)이 『2천년 동안의 정신』(2005, 살림)에서 유대교와 헬레니즘에 대해 서술하고 있는 내용을 소개합니다. 유대인들은 인간의 역사를 천지를 창조하신 하나님의 활동으로 보았습니다. 유대인들은 과거가 하나님의 계획에 따라 일어난 것이고, 또 하나님의 계획 속에는 미래에 대한 청사진과 지침들이 들어있다고 여겼습니다. 따라서 그들은 과거를 어떻게 해석하고 미래를 어떻게 준비해야 하며, 이 순간에 무엇을 해야 하는지를 끊임없이 고민했습니다. 그러나 불행하게도 그들의 생각은 너무 편협하게 선민의식이라는 유대 민족 중심주의에 갇혀 있었기 때문에 그들의 신앙이 갖고 있는 보편적이고 창조적인 잠재력이 발휘되지 못하고 있었습니다.

반대로 개인에 바탕을 둔 헬레니즘의 세계시민주의는 집단주의를 넘어서는 새로운 철학과 생각들을 제시했지만 단순히 윤리적 행동 방침을 제시하는 데 그쳤습니다. 헬레니즘 문화를 대표하는 사상에는 스토아학파와 에피쿠로스학파가 있는데, 이들은 모두 개인 중심의 헬레니즘 특징을 잘 드러내고 있습니다.

스토아학파의 철학은 만물이 이성의 법칙에 지배되므로 각 개인이 이성의 법칙에 따라 도덕적이고 금욕적으로 살면 마음의 평화에 도달해 행복할 수 있다고 가르쳤습니다. 이성에 따라 행동하는 사람은 누구나 세계 시민이 될 수 있다고 주장했습니다. 에피쿠로스학파는 사후 세계를 부정하면서 살아있는 동안 최대의 쾌락을 누리는 것이 가장 행복한 것이라고 가르쳤습니다. 이들이 말한 쾌락은 본능적이고 육체적 쾌락이 아니라 명상과 같은 정신적 쾌락을 말합니다. 이 철학은 쾌락을 크게 느끼기 위해 큰 욕망을 갖고 그것을 달성하려고 하기 보다는 가능한 한 욕망을 작게 가지라고 제안했습니다.

이러한 헬레니즘 사상은 윤리적 가르침을 제공했지만 사람들에게 자신들의 삶과 인간의 역사의 궁극적 의미, 죽은 후의 운명 등에 대한 답을 제공하지 못했고, 또 제공할 수도 없었습니다. 헬레니즘은 개인에 바탕을 둔 세계시민주의를 부르짖었지만 그것을 지탱할 수 있는 종교적 세계관을 제공하지는 못했습니다. 그리스 사람들은 새로운 사상과 토론을 좋아해 여러 가지 학문적 방법론을 발전시켰지만 현실 세계와 이상 세계를 연결해 역동적인 종교 사상을 만들어 낼 수 있는 상상력을 갖고 있지는 못했습니다.

하지만 이러한 헬레니즘 문화의 지속적이고 광범위한 영향은 헤브라이즘 안에 준비되어 있던 보편적이고 창조적인 잠재력이 터져 나올 수 있는 토양을 제공했습니다. 이 토양 위에서 역사상 지금까지 경험하지 못한 새로운 인류의 길, 하나님 나라를 선포하는 메시아가 등장했습니다. 그분이 바로 예수입니다. 예수는 하나님 나라에서는 남녀노소를 불문하고 모든 인간이 하나님 앞에서 자유롭고 평등한 인격체라는 새로운 가르침을 주었습니다. 이 새로운 가르침 속에는 혈연이나 부족이나 민족의 경계를 뛰어넘고 사회적, 인종적 차별을 극복할 수 있는 역동적인 힘이 들어 있었습니다. 이 새로운 가르침은 로마 제국이 닦아 놓은 도로를 따라 로마 제국이 지배하는 모든 지역으로 퍼져나갔습니다.

7장_
예수 그리스도와 하나님 나라

로마 제국 지배 하의 유대인들

BC 140년 유대인들은 셀류커스 왕조로부터 독립하여 약 70년간 나라를 가졌지만 이것도 잠시 BC 63년에 로마 제국의 장군 폼페이우스(Pompeius)에 의해 예루살렘이 점령당함으로써 다시 속국의 지위로 떨어졌습니다. 폼페이우스는 대제사장만이 들어갈 수 있는 예루살렘 성전의 지성소까지 들어갔습니다. 그토록 고대하던 영광스런 유대 민족의 나라는 세워지지 않았고 오히려 거대한 신생 제국의 속국이 되는 치욕을 또다시 경험하고 말았습니다. 이때부터 예루살렘이 완전히 멸망한 기원후 132년까지 유대인들은 헬레니즘 문화가 큰 영향력을 발휘하는 상황에서 로마 제국의 식민지가 되었습니다.

권력을 가진 자들이 제멋대로 권력을 휘두르는 곳에서는 어디서나 마찬가지겠지만 유대인들도 여러 가지 명목의 무거운 세금을 물어야 했습니다. 먼저, 개개인에게 부과된 성전세가 있었습니다. 성전세는 성전을 출입할 때 내는 돈으로, 부한 자나 가난한 자나 똑같이 반 세겔을 반드시 내야 했습니다. 다음으로, 레위 자손을 부양하기 위해 십일조와 모든 소득의 첫 열매를 바쳐야 했습니다. 또 가난한 사람들을 위한 십일조도 있었습니다. 하지만 로마에 빌붙어서 자신의 지위를 유지하던 고위 성직자들이 이것들을 몰래 삼켰습니다.

이러한 종교적 세금 외에도 로마 황제에게 바치는 세금이나 조공이 있었습니다. 토지세, 로마의 세무원에게 직접 지불하는 개인세, 유대인 수납원을 통해 바치는 간접세 등이 있었습니다. 무척 작은 팔레스타인 땅이지만 여러 지역으로 분할되어 경계선마다 세무소 내지 세관이 있었습니다. 세리들이 길과 다리와 국경 지역과 호숫가 등을 지키면서 각종 사용료와 세금을 거두어들였습니다. 이 때문에 성서에 보면 유대인들은 세리들을 아주 몹쓸 죄인으로 여겼습니다.

농민들은 수입의 60 퍼센트 정도를 세리와 채권자에 빼앗겼습니다. 같은 유대인에게 이자를 받은 것은 금지되어 있었지만 가난한 농민들은 고리대금을 쓰지 않을 수 없었습니다. 고리대금업자들은 연리 24 퍼센트(월 2부)의 이자를 채무자들에게서 뜯어내었습니다. 농민들은 높은 세금, 고리대, 가뭄 등으로 토지를 팔고 일용노동자로 전락했습니다. 자신들이 진 빚을 갚을 형편이 되지 못하면 노예가 되고 말았습니다. 채권자들은 빚을 갚을 능력이 없는 채무자들에게 자신과 아내와 자식을 팔아서 빚을 갚도록 했습니다.

이리하여 가난한 자들이 많이 생겨났고 시골에는 거지들이 득실거렸습니다. 가는 곳마다 귀신들린 자들과 병든 자들이 우글거렸습니다. 집뿐만 아니라 의복까지 맡기고 빚을 내어 쓰다가 결국 자식들과 함께 고리대금업자의 종이 된 과부들도 많이 있었습니다. 빈익빈 부익부 현상에 깊어져 도시와 농촌, 부유층과 가난한 대중의 경제적 차이는 엄청나게 크게 벌어졌습니다. 가난에 찌든 생활 속에서 많은 빈민들은 견디다 못해 도적이 되곤 했습니다. 그들은 부유한 지주들이나 로마 제국에 의하여 파견된 자들, 그리고 로마의 통치에 협조하는 유대인들을 공격의 목표로 삼았습니다. 그들은 주로 동굴에 숨어 지내면서 다른 지역의 도적들과 연합전선을 구성하여 게릴라 전법을 사용했습니다.

예수 그리스도의 출현

 이런 고단한 삶 가운데서 유대인들은 유대 민족을 로마로부터 해방시킬 정치적, 군사적 힘을 가진 메시아(그리스도)의 출현을 열망하였습니다. 도적의 두목들 중에는 이러한 열망에 편승하여 스스로를 '왕'이나 '그리스도'로 칭하는 자들도 많이 있었습니다. 이러한 상황에서 드디어 예수 그리스도가 출현했습니다. 요한복음 10장 7-11절에서 예수는 자신이 진짜 그리스도라고 밝히면서 다음과 같이 말했습니다. "나는 양들의 문이다. 나보다 앞에 온 사람들은 다 도둑이며, 강도들이다. 양들은 그 사람들의 말을 듣지 않는다. 나는 문이다. 나를 통해 들어가는 사람은 구원을 얻을 것이다. 그 사람은 들어가기도 하고 나가기도 하며, 또 좋은 목초를 발견하기도 할 것이다. 도둑은 훔치고, 죽이고, 파괴하기 위한 목적으로 온다. 그러나 나는 양들이 생명을 더욱 풍성히 얻게 하기 위해 왔다. 나는 선한 목자다. 선한 목자는 양을 위하여 자기 목숨을 내놓는다."(쉬운 성경)

혈통에 근거한 유대교의 신분 제도

 로마 제국의 지배를 받는 피폐한 상황에서도 유대인들은 여전히 혈통의 순수성 타령을 하면서 사람을 거룩하고 깨끗한 사람과 불경하고 더러운 사람으로 차별하는 신분제도를 엄격하게 유지하고 있었습니다. 예수 당시의 사회를 연구한 예레미아스((Jeremias)의 책 『예수시대의 예루살렘』(한국신학연구소 옮김, 1992)에 보면 유대인들은 다음과 같은 신분으로 나뉘어져 있었습니다.

A. (1) 사제들
　　(2) 레위인 및 종교 지도자층(바리새인, 랍비 등)

(3) 순수한 혈통의 이스라엘 사람(평신도)
B. (4) 사제들의 사생아
　　　(5) 이방인 개종자들
　　　(6) 해방된 노예
C. (7) 사생아
　　　(8) 성전 노예
　　　(9) 아버지가 누군지 모르는 사람
D. (10) 고자
　　　(11) 기형적으로 성기가 큰 사람
　　　(12) 양성(兩性) 소유자들
E. (13) 이방인, 세리들

　A신분에 속하는 사람들만 순수 이스라엘 사람으로 인정되었습니다. B신분의 사람들은 이스라엘 사람으로 인정되었지만 지도층이 될 수는 없었습니다. C신분의 사람들은 불완전한 사람들로서 A신분 사람들과 어울릴 수 없었습니다. D신분의 사람들은 결혼 자체가 금지되어 있었고 E신분 사람들은 이스라엘의 사람들로 인정되지 않았습니다. 이러한 신분 구조 속에서 사람들의 신분은 혈통에 의해 정해졌습니다.

억압적 권력에서 벗어나기를 바라는 억압적 권력의 모순

　그리스도가 와서 억압적 권력의 속박에서 자신들을 건져내 주기를 바라던 유대인들이 오히려 혈통에 입각한 억압적 권력 체계를 이용해 동료 인간을 괴롭게 하는 상황이 바로 예수 그리스도가 출현하던 당시의 유대 상황이었습니다. 등잔 밑이 어둡다는 말이 있듯이, 유대인들은 자신들 내부의 억압적 상황은 전혀 보지 못하고, 자신들 외부의 억압적인 상황에서 벗어나기를 학수고대하면서 그리스도를 기다리고 있었습니다. 그러면서도 유대인들은 자신들의 억압적 내부 질서를 하나님의 거룩한 질서로 정당화하면서 모든 다른 민족들을 판단하고 정죄하였습니다. 이런 유대인의 이율배반은 오늘날 한국 교회에도 동일하게 적용될 수 있습니다. 교회는 자신의 내부에서 자행되는 억압적인 권력 행사는 보지 못하고 타락한 세상을 예수 그리스도의 이름으로 구원해야 한다고 외칩니다.

유대인들의 이러한 자가당착적 모순에 대해 바울은 다음과 같이 말했습니다. "그러므로 다른 사람을 판단하는 사람도 변명할 수 없게 되었습니다. 다른 사람을 판단하는 사람은 자신도 똑같은 행동을 하고 있으므로, 자기 자신을 판단하는 셈입니다. 이런 일을 행하는 사람들에게 하나님께서 의로운 심판을 내리시리라는 것을 우리는 알고 있습니다. 악한 일을 행하는 사람들을 판단하면서 실은 자신도 똑같은 일을 하고 있는 사람에게 한 마디 하겠습니다. 그대가 혹시라도 하나님의 심판을 피할 수 있다고 생각합니까"(로마서 2장 1절-3절, 쉬운 성경).

유대인의 모순이 바로 세상 모든 나라의 모순이었습니다. 세상 모든 나라들이 유대인과 마찬가지로 자기 내부에서 작동하는 억압적인 권력 체계는 보지 못하고 자신들을 억압하는 외부의 권력으로부터 벗어나기만을 바랐습니다. 따라서 유대인의 모순을 해결하는 사람이 세상의 모순을 해결할 수 있었고, 이런 의미에서 유대인의 그리스도가 온 인류의 그리스도가 될 수 있었습니다.

따라서 유대인들을 로마의 압제로부터 구원하기 위해 온 예수 그리스도는 먼저 유대인들의 억압적 내부 질서에서 유대인들을 구원해야 했습니다. 자신의 잘못을 바로잡은 후에야 다른 사람의 잘못을 바로잡을 수 있듯이, 유대인 내부의 잘못을 바로잡은 후에야 로마 제국의 잘못을 바로잡을 수 있지 않겠습니까? 마태복음 1장 21절에서 예수를 "자기 백성을 그들의 죄에서 구원할 자"라고 한 것도 이런 의미가 아닐까요?

그러나 유대인들은 하나님의 의도를 몰랐습니다. 자신들이 그토록 고대하던 하나님의 참 그리스도를 배반할 수밖에 없었던 민족, 자신들을 그토록 구원하려던 하나님의 참 그리스도를 죽일 수밖에 없었던 민족, 그러면서도 자신들을 하나님의 백성으로 굳게 믿고 있었던 민족, 이 모순이 바로 유대인들의 진정한 비극이었습니다.

유대인의 그리스도, 온 인류의 그리스도

예수는 유대인들을 구원하고 해방시키러 온 참된 그리스도였습니다. 그러나 그는 크고 힘센 나라인 로마 제국의 지배로부터 유대인들을 벗어나게 함으로써, 나아가 유대인들을 로마 제국처럼 힘센 나라로 만듦으로써 유대인들을 구원하고 해방시키러 온 것이 아니었습니다. 그는 지배의 원리 자체를 폐지함으로써 유대인들을 구원하고 해방시키려고 했습니다.

유대인들을 지배하던 로마 제국 사회의 내부에도, 또 로마 제국의 지배를 당하고 있던 유대인 사회 내부에서도 지배의 원리 때문에 모든 사람이 고통을 받고 있었습니다. 온 천지가 만연한 지배의 원리 때문에 고통 받고 있었습니다. 지배의 원리는 인류의 조상 아담과 이브가 타락한 이후 인류 사회에 들어와서 인류를 괴롭히고 있었습니다. 예수 그리스도는 하나님의 아들로서 바로 이 문제를 해결하기 위해 직접 이 땅에 왔습니다. 따라서 예수 그리스도는 유대인들의 그리스도이자 온 인류의 그리스도가 되는 것입니다.

유대인의 그리스도이자 온 인류의 그리스도인 예수 그리스도는 먼저 유대인 사회 내부에 만연하고 있던 지배의 원리를 척결해야 했습니다. 지배의 원리를 척결하지 않고서는 유대인들은 결코 구원되거나 해방될 수 없었습니다. 유대인들 사회 내부의 지배의 원리를 척결하기 위해 예수는 먼저 하나님이 지배하는 자가 아니라 오히려 섬기는 자임을 분명히 보일 필요가 있었습니다. 왜냐하면 유대인 사회 내부에서 지배의 원리는 하나님의 이름으로 정당화되고 있었기 때문입니다. 유대 종교 당국자들은 안식일법과 정결법 같은 수많은 율법으로 백성들의 삶을 지배하고 옥죄었습니다. 예수는 하나님의 이름으로 제도화되어 있던 지배의 원리를 하나님의 이름으로 폐지하려고 하였습니다. 하나님의 이름으로 잘못 정당화된 제도는 하나님의 이름으로만 폐지될 수 있습니다. 예수는 능히 이 일을 할 수 있었습니다. 왜냐하면 그는 하나님의 아들로서, 바로 그 자신이 하나님이었기 때문입니다.

  그는 다음과 같이 말했습니다. "이방 사람의 통치자들은 다른 사람의 주인이 되려고 한다는 것을 너희가 안다. 그 고관들은 사람들에게 권력을 행사한다. 그러나 너희는 저희들과 같이 되어서는 안 된다. 누구든지 너희 중에서 높아지려면, 먼저 섬기는 자가 되어야 한다. 만일 누구든지 너희 가운데서 첫째가 되려면, 너희의 종이 되어야 한다. 인자는 섬김을 받으러 온 것이 아니라 섬기러 왔고, 자기 목숨을 많은 사람들을 위하여 주려고 왔다."(마태복음 20장 25-28절, 쉬운 성경)

  무슨 말씀입니까? 해석할 필요가 없을 정도로 메시지가 쉽고 분명합니다. "이방 사람들은 권력을 휘두르며 권력이 없는 사람들을 종으로 삼고 특별한 대접을 받으려고 한다. 그러나 너희들은 그렇게 살아서는 안 된다. 너희들 중에서는 권력이 있는 자가 오히려 권력이 없는 자를 대접하고 섬겨야 한다. 따라서 누구든지 위대한 사람으로 인정받고 싶거나 권력을 갖고 싶으면 사람들을 대접하고 섬겨라. 첫째가 되고 싶으면 섬기는 역할을 잘 감당해라. 내가 바로 그런 삶을 보여주겠다. 나는 모든 것을 다 아는 지식(전지)과 모든 것을 다 할 수 있는 힘(전능)을 가진 하나님의 아들이지만 너희들에게 지식을 자랑하고 권력을 휘두르기 위해 온 것이 아니라 너희들을 섬기기 위해 왔고 너희들을 살리기 위해 내 목숨을 희생한다."

세상 나라와 하나님 나라

여기서 말하는 이방 사람의 방식은 예수가 오기 전 지구의 모든 시대와 지역에서 한 곳의 예외도 없이 공통적으로 나타났던 생활방식입니다. 이것을 성서에서는 세상 나라라고 부릅니다. 동양이든 서양이든 모든 인간사회는 권력의 크기에 따라 왕-귀족-평민-노예의 신분으로 나누어져 있었습니다. 이러한 신분 질서의 상태에서 권력을 크게 가진 자일수록 그 권력을 마구 휘두르면서 지배하고 억압하고 군림하고 으스대고 함부로 빼앗고 죽였으며, 권력을 갖지 못한 자일수록 지배당하고, 억압당하고, 엎드리고, 굽실거리고 이유 없이 빼앗기고 죽임을 당했습니다.

예수는 하나님의 아들이면서도 인간의 몸으로 와서 인간을 섬기는 삶을 보여줌으로써 이런 잘못된 신분 질서의 뿌리(정신)를 서서히 부식시켜 무너뜨렸습니다. 예수가 짧은 생애 동안 가르치고 한 일은 바로 보통의 평범한 사람이 주인공으로 존중받고 대접받는 그런 사회를 만드는 것이었습니다. 예수의 가르침이 들어간 사회에서는 권력을 가진 지배자 중심의 전통적인 질서가 그 뿌리에서부터 썩어 허물어지는 소리를 들어야 했습니다. 그리고 힘없는 보통의 평범한 사람이 주인공으로 등장하는 것을 보았습니다. 성서에서는 이것을 세상 나라와 대비해서 '하나님 나라'라고 부릅니다. 하나님 나라는 지배자 중심의 인간사회를 대신할 새로운 유형의 인간사회입니다. 예수 그리스도의 출현은 새로운 유형의 인간사회를 만들기 위한 하나님 나라 운동의 출발점이라고 할 수 있습니다.

물론 이러한 변화가 예수 시대에 당장 일어난 것은 아닙니다. 33살에 죽은 예수의 생애는 너무 짧고 미미했습니다. 성서 외의 어느 곳에서도 기록되어 있지 않을 정도로 그의 삶은 미미했습니다. 하지만 그가 일생 동안 가르치고 행한 일이 느리게, 느리게 정말 느리게 전 인류에게 퍼져 나가면서 엄청난 변화를 가져왔습니다. 민주주의로의 변화는 이러한 느린 변화의 가장 두드러진 사례입니다. 비유로 말하면, 마치 미약한 물방울이 계속 떨어져 단단한 바위를 뚫어 부드러운 흙을 만들 듯이, 바위처럼 단단하게 굳어진 인류의 억압적인 전통적 생활방식에 구멍을 내어 부드러운 흙처럼 자유로운 생활방식으로 만들었습니다.

하나님의 나라는 원한에 기초한 것이 아니다

우리는 예수의 하나님 나라 운동을 억압당해 한이 맺힌 다수의 보통 사람들을 부추겨 그들로 하여금 소수의 힘 있는 사람들을 억압하고 지배하는 사회를 만들려고 한 것으로 오해해서는 안 됩니다. 이러한 관점은 '원한 이론'이라고 불립니다. 예수의 가르침을 이런 원한 이론으로 설명한 사람이 있습니다. 그는 신은 죽었다고 외치면서 초인(슈퍼맨)을 숭배해야 한다고 외친 독일의 철학자 니체(Nietzsche)입니다. 초인은 인간 존재의 유한성에 비애를 느끼고 스스로를 초월하여 무한성을 성취하려는 영웅적 인간을 말합니다. 초인의 관심은 동료 인간을 지배하는 권력 의지의 실현입니다.

니체는 높고 능력 있고 힘 있는 자가 낮고 힘없는 보통 사람들을 지배하는 것이 당연하다고 생각했습니다. 그래서 자신의 생각과 반대되는 예수의 가르침을 억눌린 복수심의 표현으로 여기고 노예 도덕이라고 비난했습니다. 지배받던 노예들이 다수의 힘으로 반란을 일으켜 능력 있는 소수의 인간들을 억압하기 위해 만들어낸 도덕이다 이거지요. 니체는 민주주의를 다음과 같이 경멸했습니다. "민주주의 운동은 단지 정치적 기구의 한 퇴폐 형식으로 생각될 뿐만 아니라 인간 그 자체의 왜소화의 형식, 인간의 범용화와 가치 하락의 현상으로 생각된다."

그러나 니체의 주장과 달리 기독교와 민주주의 사회는 스스로 인간의 품위를 유지할 줄 아는 독립된 인간을 만들어냅니다. 오히려 초인을 숭배하는 사회야말로 노예근성을 가진 왜소한 인간들을 만들어냅니다. 왕을 신성한 존재로 숭배하는 왕조 사회, 히틀러(A. Hitler)를 초인으로 숭배한 나치즘 치하의 독일 사회, 스탈린(J. Stalin)을 초인으로 숭배한 공산주의 치하의 소련 사회 모두에서 한결같이 노예근성을 가진 왜소한 인간들로 넘쳐났다는 사실을 우리는 역사를 통해 잘 알고 있습니다.

예수가 가르친 하나님 나라는 원한 이론에 기초한 것이 아닙니다. 공산주의가 바로 이 원한 이론에 기초하고 있습니다. 공산주의는 인간 사회에 불평등을 만들어낸다는 이유로 사유 재산 제도를 모두 폐지해야 한다고 주장했습니다. 이것은 소수의 부자들에 대한 가난한 다수의 원한에 호소하는 이론입니다. 실제로 공산주의 혁명은 억눌린 가난한 자들의 원한과 복수심에 기초해서 일어났습니다. 그러나 결국 공산주의는 실패했습니다. 원한과 복수심에 기초해서 만들어지는 나라는 결코 성공할 수 없습니다. 그것은 또 다른 원한과 복수심을 만들어내기 때문입니다.

기독교인도 모르는 기독교

예수가 가르친 하나님 나라는 권력자들, 힘 있는 자들 중심으로 되어 있는 전통적인 신분 사회를 부정합니다. 하지만 그렇다고 권력이 없는 자들, 힘없는 자들, 가난한 자들 중심의 사회를 만들려고 한 것도 아닙니다. 예수의 하나님 나라는 권력을 가진 사람들, 능력 있는 사람들, 강한 사람들, 특출한 재능을 가진 사람들이 자유롭게 활동하도록 허용하면서도 이들의 활동이 다수의 보통 사람들과 약자들에게 기여하고 봉사할 수 있는 그런 사회입니다. 능력 있고 힘 있는 사람들은 자신의 능력과 기량을 마음껏 발휘해서 좋고, 보통의 평범한 사람들은 이들의 활동으로 자신들에게 혜택이 돌아와서 좋은, 누이도 좋고 매부도 좋은 그런 사회 말입니다.

보통 사람의 시대를 연 예수 그리스도

이런 의미에서 예수의 하나님 나라 운동은 인류 역사에 근본적인 대전환을 가져왔습니다. 우리는 흔히 인간의 역사를 구분할 때 BC와 AD라는 말을 사용합니다. BC는 기원전이라는 말이고 AD는 기원후라는 말입니다. 기원(紀元)은 연대를 계산하는 기준이 되는 해라는 의미입니다. 그런데 기원전과 기원후를 나누는 기준이 바로 예수의 탄생 사건입니다.

BC는 Before Christ(그리스도 이전)이라는 말의 약자이고, AD는 Anno Domini(주의 해)라는 말의 약자입니다. 여기서 그리스도나 주는 당연히 예수를 가리키는 말입니다. 따라서 예수가 탄생한 이전의 시기를 BC로 표현하고 예수가 탄생한 이후의 시기를 AD로 표현합니다. 올해는 AD 2016년입니다. 예수의 탄생을 기준으로 2016년째 되는 해라는 말입니다. 이처럼 인간의 역사를 예수의 탄생을 중심으로 구분하는 것은 그가 인간 역사에 가져온 결정적이고 큰 변화 때문입니다.

요즘은 BC와 AD가 기독교 중심적 용어라는 이유로 BCE와 CE를 대신 쓰려고 하는 사람들이 많이 생겨나고 있습니다. BCE는 Before Common Era(공동 시대 이전)의 약자이고, CE는 Common Era(공동 시대)의 약자입니다. 그런데 흥미롭게도, 진짜 흥미롭게도 이 새로운 용어가 오히려 예수가 한 일의 의미를 매우 잘 드러내고 있다고 할 수 있습니다.

다시 한 번 말하자면, BCE와 CE는 각각 Before Common Era와 Common Era의 약자입니다. 여기서 Common Era의 의미가 중요합니다. 영어로 era는 시대라는 의미이고 common은 거의 모든 사람이나 물건에 공통적으로 흔히 볼 수 있는 것을 나타낼 때 쓰는 말입니다. 한국말로 옮기면 '일반적인', '공통의', '보통의', '평범한' 등의 의미를 갖고 있습니다. 따라서 Common Era의 의미는 보통 사람 또는 평범한 사람의 시대라는 의미로 볼 수 있습니다. 이것을 좀 더 풀어서 보충하면, Common Era는 보통 사람 또는 평범한 사람이 역사의 주인공인 시대라는 의미입니다. 민주주의는 Common Era의 의미를 가장 잘 실현한 정치제도입니다.

그렇다면 Before Common Era는 무슨 의미겠습니까? 보통 사람 또는 평범한 사람이 역사의 주인이 되기 이전의 시대, 즉 특별하고 위대한 사람이 역사의 주인공인 시대라는 의미입니다. 물론 이러한 해석은 자의적인 것입니다. 실제로 Before Common Era와 Common Era를 처음 사용한 사람은 다른 의도를 가지고 그런 용어를 만들었을지도 모릅니다. 어떤 의도를 갖고 그런 역사 구분을 제안했는지는 모르지만 그는 결과적으로 예수의 역사적 의의를 보다 실질적으로 잘 표현하고 있습니다. BC와 AD가 '예수의 탄생'이라는 사건을 중심으로 한 것이라면 BCE와 CE는 '예수가 한 일'을 중심으로 한 것이라고 할 수 있습니다.

하나님 나라의 계명

하나님 나라는 서로 사랑하는 인간사회입니다. 예수 그리스도는 "내가 새 계명을 너희에게 주노니 서로 사랑하라"(요한복음 13장 34절)고 말했습니다. 예수 그리스도는 서로 사랑하는 것을 새 계명이라고 표현했지만 실은 전혀 새 계명이 아닙니다. 물론 왜곡된 유대교의 관념에서 볼 때, 그리고 타락한 인간 역사의 관점에서 볼 때는 낯선 새로운 것이었지만 말입니다. 예수 그리스도는 유대교가 왜곡시킨 하나님의 말씀을 올바로 재정립하기 위해 새 계명이라는 말을 사용한 것입니다.

서로 사랑하는 것은 하나님이 처음 인간을 만드시고 에덴동산에 아담과 하와를 두었을 그때 하나님이 마음속에 품고 있던 뜻이었습니다. 성부, 성자, 성령 삼위일체의 하나님은 서로 완전히 동감하여 이 뜻이 이루어지는 인간사회를 지상에 세우기를 원했습니다. 직접 가르쳐 주신 기도문에서 그래서 예수 그리스도는 "하나님의 나라가 오게 하시며 아버지의 뜻이 하늘에서와 같이 땅에서도 이루어지게 하소서"라고 기도하라고 가르쳤습니다. 이 구절에 나오는 아버지의 뜻은 하나님이 천지를 창조하시고 처음 인간을 만드실 때 이미 하늘에서 품고 있었던 바로 그 뜻입니다. 하나님의 뜻은 역사의 과정에서 이러 저리 바뀌는 것이 아닙니다. 그 뜻은 영원부터 영원까지 동일합니다. 그 영원한 뜻은 인간들이 서로 사랑하는 방식으로 사회를 운영하는 것입니다.

성서에서 말하는 하나님 나라는 신비하고 오묘해서 인간의 머리로 이해할 수 없는 그런 것이 아닙니다. 불행하게도 많은 기독교인들이 하나님 나라를 최대한의 상상력을 발휘해 어마어마한 나라인 것처럼 부풀려 그리는 경우가 많습니다. 영적으로 엄청난 비밀이 있는 것처럼 과장하거나, 인간 세상에서 이루어질 수 없는 유토피아로 묘사합니다. 이런 식의 이해는 잘못된 것입니다. 이런 식의 주장을 하는 사람은 자신이 일반 사람이 모르는 뭔가 특별한 지식을 가진 것처럼 과장하여 지배 권력을 행사합니다. 하나님 나라는 지극히 평범해서 어린 아이까지도 쉽게 이해할 수 있는 개념입니다. 예수 그리스도가 하나님 나라를 전파하면서 어린 아이들을 소중하게 여길 것을 강조한 것도 이와 무관하지 않습니다.

서로 사랑하라는 말의 의미

여기서 우리는 '서로 사랑한다'는 말의 의미를 살펴 볼 필요가 있습니다. 특히 '서로'라는 말에 주목해야 합니다. 서로라는 말은 인간관계를 뜻합니다. 관계를 맺지 않고서는 서로라는 말이 의미가 없지요. 그런데 인간들이 관계를 맺게 되면 하나의 시스템이 됩니다. 따라서 서로 사랑하라는 것은 서로 사랑하는 방식으로 인간의 행위가 일어날 수 있도록 사회 시스템을 만들라는 말입니다.

서로 사랑하는 하나님 나라는 한쪽이 다른 한쪽을 일방적으로 사랑하고 섬기는 그런 인간사회 시스템이 아닙니다. 그것은 강한 자나 약한 자나, 부한 자나 가난한 자나 큰 자나 작은 자나 구별 없이 모든 인간이 서로 사랑하고 섬기는 인간사회 시스템입니다. 따라서 한 쪽이 다른 쪽을 지배하고 군림하면서 너희가 나를 섬기고 희생하는 것이 사랑이라고 말한다면 그것은 하나님 나라를 심각하게 왜곡시키는 것입니다.

그럼 서로 사랑하는 방식이 무엇일까요? 이에 대한 대답은 성서에 나와 있습니다. 남에게 대접을 받고 싶은 대로 남을 대접하는 것을 말합니다. 성서는 이것을 황금률(golden rule)이라고 합니다. 황금처럼 번쩍 번쩍 빛난다고 해서 황금률이 아니고 인간이면 누구나, 어린 아이까지도 동감해서 고개를 끄덕이는 소중한 규칙이라고 해서 황금률인 것이지요. 그래서 저는 대접받고 싶은 대로 대접하는 것을 '지배의 행위 원리'와 대립되는 '동감의 행위 원리'라고 부릅니다. 하나님 나라는 근본적으로 동감의 원리에 기초해 작동하는 인간사회입니다.

대접받고 싶은 대로 대접하라 : 정의의 방식

대접받고 싶은 대로 대접하는 방식은 크게 두 가지로 이루어져 있습니다. 하나는 정의의 방식이고, 다른 하나는 자비의 방식입니다. 정의의 방식은 다른 사람의 이기심을 나의 이기심만큼 존중해 주는 것입니다. 이기심은 자신을 이롭게 하려는 마음으로, 인간이면 누구나 다 가지고 있는 것입니다. 우리에게는 흔히 이기심 하면 무조건 나쁜 것이라고 여기는 그릇된 관념이 있습니다. 그래서 자애심(自愛心)이나 자리심(自利心)으로 돌려 표현하기도 합니다. 그러나 이것은 무익한 시도에 불과합니다. 우리는 이기심을 나쁘게 여길 필요가 없습니다. 누구나 욕심이 있고, 행복해지려고 하는 마음이 있습니다. 이 마음이 이기심입니다.

이기심을 나쁘게 여기는 억지 태도가 자꾸 인간 상황을 왜곡시키게 됩니다. 인간은 원래 자신과 관련된 것은 좋게 보고, 남의 것과 관련된 것은 나쁘게 보는 이중 잣대의 성향이 있습니다. 나와 우리 편이 하면 로맨스이고 다른 사람과 남의 편이 하면 스캔들이라는 태도는 인간의 고유한 성향 중 하나입니다. 역사적으로 많은 권력자들이 이런 식으로 자신의 권력을 남용했습니다. 따라서 사회 제도는 이러한 고유한 성향을 교정할 수 있는 방향으로 확립되어야 합니다.

그러나 이기심을 무조건 나쁜 것으로 정죄하는 도덕은 이러한 이중적 성향을 오히려 강화시키게 됩니다. 왜냐하면 자신의 이기심은 교묘하게 숨기면서 다른 사람의 이기심은 찾아내려는 태도가 형성되기 때문이지요. 대부분의 전통 사회에서 이기심=악, 이타심=선이라는 흑백 논리의 관점에서 이기심을 정죄함으로써 인류를 이율배반적인 존재로 만들어 버렸습니다. 자기 눈의 들보는 보지 못하고 남의 눈에 들어 있는 티는 귀신같이 찾아내는 이율배반 말입니다.

우리는 이기심을 햇빛 아래 드러내 놓고 서로의 이기심을 존중하는 방향으로 나아갈 필요가 있습니다. 자신의 이기심을 소중히 여기고 다른 사람의 이기심도 소중히 여기는 방향으로 말입니다. 그래야 편평한 운동장에서 공정한 게임의 룰에 따라 게임할 수 있는 사회 제도를 만들어 낼 수 있습니다. 인간사회가 잘 운영되려면 권리와 의무가 균형을 이루어야 하는데, 권리가 바로 자신의 이기심을 충족시키는 것과 관련된 것이고, 의무가 타인의 이기심을 존중하는 것과 관련된 것입니다. 정의의 방식에는 혹시 내가 부당한 손해를 보는 것은 아닌지 생각하는 만큼, 내가 다른 사람에게 부당한 손해를 입히는 것은 아닌지를 생각하는 훈련이 필요합니다.

이기심이 존중된다면 사람들은 자신의 이기심과 다른 사람과의 이기심이 충돌되지 않도록 신중하게 행동해야 한다는 것을 쉽게 배울 수 있습니다. 갈등과 충돌보다는 존중과 협동이 서로의 이기심을 만족시키는데 도움이 된다는 것을 누구나 알게 되기 때문입니다. 이기심이 정당하게 작동하면 자신의 목숨을 내어 놓는 것과 같은 위대한 선행은 줄어들지 모르지만 다른 사람에게 소소한 손해를 끼치는 행동도 줄어들 것입니다. 따라서 얼핏 보기에는 도덕 수준이 떨어질 것처럼 보이지만 전체로 보면 그 수준이 올라갑니다. 선진국일수록 서로를 배려하는 풍토가 발달하는 것도 이기심을 존중하는 것에 기인한다고 할 수 있습니다. 서로의 이기심을 존중하고 배려하면 역설적으로 높은 지위의 사람이 더 많은 책임을 지는 노블리스 오블리제(noblesse oblige)도 일반화될 수 있습니다.

이 정의의 방식에는 1)교환의 원칙과 2)상벌의 원칙이 포함되어 있습니다. 교환의 원칙은 누구도 손해를 보지 않고 만족스럽게 서로의 욕망을 충족할 수 있는 방식으로 작용합니다. 이에 비해 상벌의 원칙은 다른 사람의 이기심을 존중하는 사람에게는 상을 주는 반면 다른 사람의 이기심을 무시하고 자신의 이기심을 과도하게 추구하는 사람에게는 벌을 주는 식으로 작용합니다.

문명화된 인간사회의 법은 정의의 방식으로 되어 있습니다. 법이 정의의 방식대로 잘 만들어져 있고 국민들이 이 법을 잘 지켜 누구도 손해를 보지 않는 사회는 좋은 사회라고 할 수 있습니다. 이런 사회는 공정한 방식으로 진행되어 패배하더라도 깨끗하게 승복하는 그런 경기와 같다고 할 수 있습니다. 이런 사회에 사는 사람들은 당연히 그 사회를 신뢰하게 되겠지요?

정의의 방식과 시장

이러한 정의의 방식에 따라 공정한 교환 활동을 통해 서로의 이기심을 충족시키는 가장 대표적인 삶의 영역이 시장입니다. 일반적으로 기독교인들 사이에서 시장은 도덕적으로 무조건 나쁘다는 관념이 퍼져 있습니다. 아마 조금 후에 살펴볼 자비의 방식만이 이웃을 사랑하는 것이라는 단편적 이해 때문에 그런 것 같습니다. 사회학에서 시장은 평화적인 교환기회를 통해 이익을 추구하는 장소(활동 공간)로 정의됩니다. 따라서 시장을 이해하기 위해서는 먼저 교환 행위에 대해 생각해 보아야 합니다.

교환 행위는 도덕적으로 나쁜 행위일까요? 좋은 행위일까요? 이를 판단하기 위해 가장 단순한 예를 들어 보겠습니다. 다른 사람의 손에 내가 가지고 싶은 물건이 있을 경우 그 물건을 내 것으로 만드는 방법에는 다음과 같은 것들이 있습니다. ① 죽이거나 위협해서 강제로 빼앗는 것, ② 몰래 훔치는 것, ③ 사기 치는 것, ④ 호의를 얻기 위해 아양을 떨고 아첨하는 것, ⑤ 자비심에 호소해 구걸하는 것, ⑥ 자기가 갖고 있는 것과 교환을 제안하는 것. 이 여섯 중 여러분들이 가장 동감하는 방법은 무엇입니까? 당연히 교환을 제의하는 것이겠지요? 교환보다 더 도덕적인 방법이 있을까요? 저는 아무리 생각해보아도 교환보다 더 도덕적인 방법이 떠오르지 않습니다.

우리는 흔히 교환을 경제적 행위라고 생각하는데 그렇지 않습니다. 교환은 도덕적 행위입니다. 영장류 학자인 세라 브로스넌(Sarah Brosnan)은 침팬지에게 교환을 가르치기 위해 노력했지만 성공하지 못했다고 합니다. 침팬지는 포도〉사과〉오이〉당근 순으로 좋아했습니다. 이 침팬지에게 당근을 손에 쥐어주고 포도와 교환하자고 했을 때는 쉽게 교환에 응했습니다. 그런데 사과를 손에 쥐어주고 포도와 교환하자고 했을 때는 교환에 응하지 않고 오히려 포도를 빼앗아 먹었습니다. 당근은 별로 좋아하지 않는 것이었고 포도는 매우 좋아하는 것이었기에 교환에 응했지만, 사과는 포도보다 못하지만 상당히 좋아하는 것이었기 때문에 교환에 응하지 않았던 것입니다. 바로 이러한 욕심 때문에 침팬지는 교환을 배울 수가 없었습니다. 이것을 통해 우리는 교환이 자기가 좋아하는 것을 손에 넣기 위해 자기가 좋아하는 다른 것을 희생하는 도덕적 능력이 있어야 교환을 할 수 있다는 것을 알 수 있습니다.

따라서 성서가 상업에서의 교환 활동에 종사하는 사람을 현명하게 평가하는 것은 당연합니다. 구약의 잠언 31장에 보면 "자기의 장사가 잘 되는 줄을 깨닫고 밤에 등불을 끄지 아니하며 손으로 솜뭉치를 들고 손가락으로 가락을 잡으며 … 베로 옷을 지어 팔며 띠를 만들어 상인들에게 맡기는" 여자를 현숙한 여자로 크게 칭찬합니다. 만약 교환을 통한 이기심의 추구를 악으로 보고 이를 금지한다면 세상은 폭력으로 남의 물건을 강탈하는 자들과 이들이 유지하는 군대, 이들에 빌붙어서 아첨하며 생계를 유지하는 추종자들, 이들을 위해 일하는 노예들, 자비심에 의존해 먹을 것을 구걸하는 거지들만이 존재하게 될 것입니다. 아리스토텔레스도 상업의 파괴가 약탈 행위를 낳는다고 가르쳤다고 합니다. 약탈 행위가 만연하는 세상이 하나님이 바라는 나라는 분명 아닐 것입니다. 교환을 통해 인간들이 서로의 이기심을 충족시키는 시장은 하나님이 기뻐하는 것으로, 창조 시에 설계한 하나님 나라의 중요한 부분임에 틀림없습니다.

몽테스키외는 『법의 정신』에서 교환을 통해 서로의 욕구를 충족시키는 상업 정신이 다른 사람의 이익을 침해하지도 않고 자신의 이익도 엄밀히 따지는 정의감을 활발하게 한다고 말했습니다. 이 말이 맞는다면 시장이 발전할수록 정의감이 활발하고 정의감이 활발해질수록 그 사회는 정의의 방식으로 움직이게 됩니다. 또 역으로 시장을 부정적으로 보는 문화 전통을 가진 사회일수록 사회 전체가 정의의 방식이 잘 작동하지 않고 시장도 도덕적으로 더 심하게 왜곡되는 경향이 있습니다.

📖 시장경제와 한국사회

많은 사람들이 애덤 스미스(Adam Smith)를 "시장을 내버려 두라"고 말한 자유방임론자로 잘못 이해하고 있습니다. 이 말의 진정한 의미는 '시장을 시장답게 하라'는 것이었습니다. 스미스는 당시 국가가 중상주의의 사상에 따라 시장에 개입해 독점을 조장하는 정책을 펴는 것에 대해 비판했습니다. 중상주의자들은 돈이 많으면 국가가 부유해진다고 생각해 상품 수입을 억제하고 수출을 장려하는 보호무역 정책을 제안했습니다. 이들의 제안에 따라 영국왕실은 관세장벽을 설치하고, 시장에 개입해 특정 기업이 독점적 지위를 누리도록 특혜를 주었습니다.

스미스는 중상주의에 대해 시장에서 독점권을 확보하려는 자본가들의 술책이라고 비판하면서 『국부론』에서 다음과 같이 말했습니다. "사회를 기만하고 억압하는 것이 자본가들에게는 이익이 된다. 우리는 자본가들이 제안하는 모든 법률과 규제에 대해 항상 큰 경계심을 가지고 주의 깊게 검토해야 한다." 스미스가 비판한 것은 정부의 시장 개입 자체가 아니라 독점이었습니다. 그는 독점이 자본, 노동, 토지의 자연적 흐름을 막아 국가가 생산할 수 있는 부의 총량을 감소시킨다고 보았습니다.

스미스는 정부가 공정한 시장 질서를 확립하기 위해 시장에 적극 개입해야 한다고 주장했습니다. 그는 정부가 "사회의 구성원이 다른 구성원으로부터 불의와 억압을 당하지 않도록 보호하기 위해 사법 행정을 엄정하게 확립하는 의무"를 꼭 수행해야 한다고 했는데 이것이 바로 시장에 대한 정부의 적극적인 개입을 의미합니다. 또 스미스는 정부가 "사회에 유익하지만 사설 운영자가 이윤을 얻기 어려운 공공사업과 공공시설을 건설하고 유지하는 의무"를 수행해야 한다고 주장했습니다. 그는 도로와 사회 복지 측면에서의 교육(노동자 계층의 자녀 교육과 분업의 문제점을 치유하는 시민 교육)을 공공사업과 공공시설의 예로 들었지만, 이것은 오늘날 사회 안전망을 위한 복지정책, 환경보호, 과학적 연구 개발 등으로 확대될 수 있습니다.

이렇게 볼 때 스미스의 시장 경제는 오늘날에도 여전히 타당하다고 할 수 있습니다. 혹자는 스미스 당시의 시장경제가 시장을 좌우할 큰 손이 존재하지 않았던 경쟁 시장이었다면 오늘날의 시장경제는 대규모 기업들이 시장을 좌우하는 독과점 시장이므로 스미스 사상이 더 이상 적절하지 않다고 주장하기도 합니다. 그러나 스미스가 오늘날 다시 살아온다면, 그는 정부가 적극 개입해 대규모 기업들의 독과점 행위를 강력히 규제해야 한다고 주장할 것입니다. 정부 개입에 의한 독점이든, 시장 행위자인 대규모 기업의 독점이든, 독점은 시장을 타락시키기 때문입니다. 시장다운 시장은 부당한 독점이 존재하지 않고 공정한 경쟁이 보장되는 시장입니다.

한국사회는 시장경제 제도를 채택하고 있지만 시장경제가 제대로 작동한다고 볼 수 없습니다. 시장이 많이 왜곡되어 있고 타락해 있습니다. 군사정부에 의한 개발독재 시대에는 정부가 재벌 대기업에 특혜를 주는 방식으로 시장에서의 독점적 지위를 보장해 시장을 왜곡·타락시켰고, 오늘날 민주 정부 하에서는 민주주의와 자유 경쟁 시장이라는 명목 하에 덩치가 엄청나게 커진 재벌 대기업의 독점적 행위를 방치하고 있습니다. 한 마디로 한국의 시장경제는 시장이 시장답지 않아서 문제가 발생한다고 할 수 있습니다.

시장의 한계

물론 시장은 인간의 탐욕과 유한성 때문에 불안정합니다. 시장에서는 자신의 탐욕을 채우려는 온갖 종류의 교묘하고 추악한 방법들이 등장하며 이로 인해 불공정하고 부당한 교환과 경쟁이 수시로 발생합니다. 게다가 무수한 사람들이 동시에 참여하는 수요와 공급에 의해 가격이 형성되다보니 유한한 인간 능력으로 수요와 공급을 정확하게 맞추기 어려워 시장은 늘 바닷물처럼 출렁입니다. 그러다가 투기수요나 과잉 공급이 일어나고 그 거품이 꺼지면서 폭풍이 몰아치고 큰 파도가 일어납니다. 그런데 이러한 거품 현상의 배후에는 언제나 상궤를 벗어난 인간의 무분별한 탐욕이 있습니다. 2008년 서브프라임 모기지론(신용등급이 낮은 저소득층에게 고금리로 대출해주는 주택담보대출) 사태로 촉발된 미국의 금융 위기가 일파만파로 파급되면서 세계 전체가 경제 위기에 빠져든 것도 이러한 이유에서입니다.

그러나 이러한 불완전성이 시장을 근본적으로 부정하는 이유가 될 수는 없습니다. 불안정한 시장이 안정적으로 유지되기 위해서는 시장

행위자들이 정의롭고 공정한 규칙을 잘 지켜야 하고, 정부를 비롯한 관련 기관들도 이 규칙에 따라 시장을 잘 관리해야 합니다. 시장은 정의의 방식에 입각해서 작동하는 신뢰의 체계입니다. 애덤 스미스가 '보이지 않는 손'을 말한 것도 정의의 규칙에 의해 시장이 잘 관리된다는 조건 하에서입니다. 이런 조건이 사라지면 그가 말한 '보이지 않는 손'은 '미친 손'이 되고 맙니다. 우리 기독교인들은 시장에 참여할 때 우리와 동행하면서 의로운 재판관이 되는 하나님의 뜻대로 공정한 교환과 경쟁의 규칙을 잘 지켜야 합니다.

서비스를 위한 경쟁의 장, 시장

이처럼 정의의 방식에 따라 공정한 규칙을 잘 지킨다는 전제 하에서 시장은 크고자 하는 자는 섬기는 자가 되어야 하고, 으뜸이 되고자 하는 자는 종이 되어야 한다는 예수 그리스도의 가르침에 매우 부합하는 인간의 활동 공간이 됩니다. 시장에서 성공하려고 하는 자는 무엇보다도 다른 사람들(구매자들)이 무엇을 원하는지 부지런히 정보를 수집해서 그들의 욕망을 만족시키는 물건을 만들어 그들에게 신속하고 친절하게 제공해야 합니다. 그러면 그는 성공해서 큰 자가 되고 으뜸이 될 것입니다. 그러나 만약 그가 권력을 사용해 횡포를 부리면서 구매자들을 자기 마음대로 다루려고 한다면 그는 시장에서 망해 쫓겨날 것입니다. 우리가 상업을 서비스업이라고 부르는 이유도 여기에 있습니다.

또 시장에서의 상업 활동은 "눈은 눈으로 이는 이로 갚으라 하였다는 것을 너희는 들었으나 나는 너희에게 이르노니 악한 자를 대적치 말라 누구든지 네 오른편 뺨을 치거든 왼편도 돌려대라"(마태복음 5장 38절)고 한 예수 그리스도의 가르침과 밀접한 관계가 있다고 할 수 있습니다. 주로 무력을 사용하는 군인들의 행동 윤리는 "눈에는 눈", "이에는 이"입니다. 만약 어떤 군인이 오른편 뺨을 맞고 왼편 뺨을 돌려 댄다면 그들은 명예를 잃은 사람으로 동료들로부터 손가락질을 당할 것입니다. 그러나 이와 반대로 상인들의 행동 윤리는 친절입니다. 이들은 손님의 기분을 상하게 하는 것이 곧 손실이고, 좋게 하는 것이 이익이 된다는 것을 잘 알고 있습니다. 따라서 상인들은 오른편 뺨을 맞으면 왼편 뺨을 돌려댈 수 있습니다.

사람이 서로 마주보고 있을 때 오른 손바닥으로 왼 뺨을 때릴 수는 있지만 오른 뺨을 때릴 수는 없습니다. 따라서 오른 뺨을 때리려면 왼 손바닥으로 때리든지 아니면 오른 손등으로 때려야만 합니다. 사람들이 대체로 오른 손을 쓰는 것을 생각해 볼 때 오른 뺨을 때린다는 것은 오른 손등으로 때린다는 것을 말합니다. 이것은 심한 모욕을 상징합니다. 따라서 이 말씀은 심한 모욕을 당했을 때 분노해서 복수로 갚지 말고 더욱 친절하게 대하라는 의미를 갖고 있다고 할 수 있습니다.

이처럼 섬기는 자가 으뜸이 되고, 오른쪽 뺨을 맞으면 왼쪽 뺨을 돌려대라는 예수의 가르침은 권력 중심의 군인 사회에서 서비스 중심의 상업 사회로의 전환을 내포하고 있다고 할 수 있습니다. 군사 사회에서는 섬기는 자가 으뜸이 되는 것이 아니라 종이 됩니다. 따라서 지극히 소수의 성인들만이 이런 덕목을 가질 수 있습니다. 그러나 서비스를 근본으로 삼는 상업 사회에서는 다수의 사람들이 이런 덕목으로 행동하도록 훈련을 받습니다. 군사 사회였던 전통 사회가 현대화되어 시장이 보급됨에 따라 고객에게 인사하는 법과 친절하게 미소 짓는 법을 배우는 것이 그러한 예라고 할 수 있습니다. 고객에 대한 배려와 친절은 서비스의 매우 중요한 덕목입니다.

또 예수는 달란트 비유에서 달란트를 활용해 이익을 남긴 종들에 대해서는 착하고 충성된 종으로 칭찬했지만 그것을 땅에 묻어두고 썩힌

종에 대해서는 게으르고 악한 종으로 비난하였습니다(마태복음 25장 14-27절). 예수는 땅에 묻어둔 종의 달란트를 빼앗아 이익을 남긴 종에게 주면서 "있는 자는 받아 풍족하게 되고 없는 자는 그 있는 것까지 빼앗기리라"(마태복음 25장 29절)고 말하고 있습니다. 이는 예수가 부의 축적을 무조건 부정하는 것은 아니라는 사실을 보여줍니다. 물론 이 문장을 자본주의의 구조적 병리현상을 정당화한다는 말로 해석해서는 안 됩니다. 인간사회는 제도적 수단을 통해 구조적 병리현상을 최대한 교정해야 합니다.

대접받고 싶은 대로 대접하라 : 자비의 방식

그러나 정의의 방식만 가지고는 다른 사람에게 대접받고 싶은 대로 다른 사람을 대접하는 황금률을 만족시킬 수는 없습니다. 그것은 황금률의 반쪽에 불과하고 다른 반쪽이 더 필요합니다. 다른 반쪽은 자비의 방식입니다. 자비의 방식은 자신을 희생하고 양보해서 어려운 상황이나 불리한 위치에 있는 사람에게 도움을 베푸는 것입니다. 여기에는 이기심에 근거한 손익 계산이 없는 것입니다. 동료 인간의 불행한 처지를 불쌍히 여기는 마음입니다. 이 자비의 방식에는 용서의 원칙과 나눔의 원칙이 포함되어 있습니다.

용서의 원칙은 잘못을 한 사람에게 일일이 잘잘못을 따지지 않고 너그럽게 관용을 베푸는 것입니다. 모든 인간은 불완전하므로 누구든지 오류를 범하고 잘못을 저지를 수 있습니다. 예수는 복음서의 여러 곳에서 용서에 대해 무척 강조했습니다. 예수는 하나님께 기도할 때 "우리가 우리에게 죄 지은 자를 사하여 준 것 같이 우리 죄를 사하여 주옵소서"(마태복음 6장 12절)라고 기도하도록 가르치면서, 이를 더욱 강조하여 "너희가 사람의 잘못을 용서하면 너희 하늘 아버지께서도 너희 잘못을 용서하시려니와 너희가 사람의 잘못을 용서하지 아니하면 너희 아버지께서도 너희 잘못을 용서하지 아니하시리라"(마태복음 14-15절)는 말을 덧붙였습니다. 복음서에는 용서의 중요성을 강조하는 예수의 가르침이 많이 나옵니다.

예수는 간음하다가 붙잡혀 온 여자를 돌로 치려는 사람들에게 "너희 중에 죄 없는 자가 먼저 돌로 치라"(요한복음 8장 7절)고 함으로써 용서의 의미를 깨우쳐 주었습니다. 또 그는 아버지로부터 유산을 미리 받아 타국에서 방탕하게 허비한 둘째 아들이 돌아왔을 때 급하게 뛰어나가 아들을 맞이하는 아버지의 이야기를 소개함으로써 죄인을 용서하는 하나님의 자비로움을 강조하였습니다(누가복음 15장). 또 예수는 마태복음 18장 24-34절에서 어떤 왕이 자기에게 일만 달란트를 빚진 종의 빚을 모두 탕감해주었지만 그 종이 자기에게 백 데나리온을 빚진 동료가 빚을 갚지 않는다고 옥에 가두었다는 말을 듣고 크게 노한 이야기를 소개하였습니다. 그 왕은 일만 달란트 빚진 종을 다시 불러 "악한 종아! 네가 나에게 빌기에 내가 네 모든 빚을 없던 것으로 해 주었다. 내가 네게 자비를 베풀었던 것처럼, 너도 네 동료에게 자비를 베풀어야 하지 않느냐? 저 놈을 감옥에 가두어라. 나에게 빚진 일만 달란트를 다 갚을 때까지 감옥에서 결코 나오지 못할 것이다." 이 이야기를 한 후 예수는 형제의 잘못을 일곱 번의 일흔 번까지 용서하라고 말했습니다. 좀 극단적이기는 하지만 이것은 자비의 중요성을 강조한 것입니다.

나눔의 원칙은 서로의 처지를 돌아보고 배려하는 것을 말합니다. 살다보면 인간은 누구나 어려운 처지에 빠질 수 있습니다. 이때 아무 조건 없이 누군가의 도움을 받을 수 있다면 새로운 삶의 의욕을 가질 수 있습니다. 성서에는 용서의 원칙뿐만 아니라 나눔의 원칙도 강조되고 있습니다.

구약의 신명기 15장 7-11절에 보면 하나님이 다음과 같이 나눔을 강조합니다. "어느 성읍에서든지 가난한 형제가 너와 함께 거하거든 그 가난한 형제에게 네 마음을 강퍅히 하지 말며 네 손을 움켜쥐지 말고 반드시 네 손을 그에게 펴서 그 요구하는 대로 쓸것을 넉넉히 주어라 삼가 너는 마음에 악념을 품지 말라 … 네 궁핍한 형제에게 악한 눈을 들고 아무 것도 주지 아니하면 그가 너를 여호와께 호소하리니 네가 죄를 얻을 것이라 너는 반드시 그에게 구제할 것이요, 구제할 때에는 아끼는 마음을 품지 말라 … 땅에는 언제든지 가난한 자가 그치지 아니하겠으므로 내가 네게 명하여 이르노니 너는 반드시 네 형제의 곤란한 자와 궁핍한 자에게 네 손을 펼지니라." 이 외에도 구약은 여러 곳에서 과부나 고아, 이방인에 대해 관심을 가지고 배려를 할 것(신명기 10장 18절), 추수를 할 때 밭모퉁이까지 다 거두지 말고 떨어진 이삭도 줍지 말 것(레위기 19장 9절), 50년마다 토지 소유와 신분의 변동을 원상회복시키는 희년 제도(레위기 25장) 등 나눔의 원칙에 대해 말하고 있습니다.

신약도 구약과 연속해서 나눔의 원칙을 강조합니다. 정의의 방식을 온전히 잘 지키는 부자 청년이 예수에게 어떤 선한 일을 더 해야 하는지 물었을 때 예수는 그에게 "네가 온전하고자 할진대 가서 네 소유를 팔아 가난한 자들에게 주라. 그리하면 하늘에서 보화가 네게 있으리라"고 말함으로써 자비의 중요성을 일깨워 주었습니다. 다들 잘 알고 있듯이 그 청년은 그렇게 하지 못했습니다.

누가복음 16장에 소개되는 부자와 거지 나사로의 이야기도 나눔의 원칙에 관련된 것입니다. 나사로는 몸에 많은 상처를 입고서 부잣집의 대문 밖에 구걸을 하며 살아가는 거지였습니다. 그는 부자의 상에서 떨어지는 음식 부스러기로 배를 채우려고 했습니다만 음식을 얻어먹지 못하고 오히려 부자 집 개들이 그의 상처의 피를 핥아 먹었습니다. 성서는 이 둘이 죽은 후 나사로는 천국에 들어갔고, 부자는 죽어 지옥에 떨어졌다고 소개하고 있습니다. 부자가 왜 지옥에 들어갔을까요? 그것은 자비심이 없었기 때문입니다. 그는 좋은 옷을 입고 날마다 호화롭게 즐기면서도 대문 밖의 나사로에게는 전혀 불쌍한 마음을 갖지 않았습니다. 성서에는 그가 정의의 방식을 어기면서 돈을 모았다고 되어 있지는 않습니다. 물론 그가 불의한 방법으로 부자가 되었을 수도 있습니다. 그러나 이 이야기에서 중요한 것은 정의로운 방법으로 부자가 되었다 하더라도 자기 주위의 불행한 사람에 대해 전혀 자비심을 갖지 않는 사람은 지옥에 들어갈 만하다는 것입니다.

이것을 단적으로 보여주는 것이 마지막 날 양과 염소를 오른편과 왼편으로 나누는 심판입니다(마태복음 25장). 예수는 양들을 오른편에 두면서 그들은 자신이 주릴 때에 먹을 것을 주었고 목마를 때 마시게 하였고 나그네 되었을 때 영접하였고 벗었을 때 옷을 입혔고 병들었을 때 돌아보았고 옥에 갇혔을 때 와서 본 자들이라고 칭찬을 했고, 염소들을 왼편에 두면서 그들은 그렇게 하지 않은 자들이라고 책망을 했습니다. 이에 대해 그들이 언제 그렇게 했느냐고 묻자 예수는 "너희가 내 형제 중에 지극히 작은 자 하나에게 한 것이 곧 내게 한 것"이라고 답합니다.

자비의 방식과 정부의 복지 정책

자비는 정의와 그 성격에서 차이가 있습니다. 정의는 다른 사람의 이기심을 침해하지 않는다는 점에서 소극적인 성격을 지닌 것이고, 자비는 다른 사람의 어려움에 관심을 가지고 도와준다는 점에서 적극적인 성격을 지닌 것입니다. 이 같은 성격의 차이 때문에 이들을 다루는 방식도 다를 수밖에 없습니다. 정의의 방식을 어기면 타인에게 직접 손해를 끼치게 됩니다. 따라서 정부가 강제력을 발동해서 그것을 지키도록 해야 합니다. 그러나 자비의 방식을 따르지 않는다고 해서 정부가 그것을 힘으로 강제할 수는 없습니다. 자비의 부족은 적극적인 해악을 끼치지는 않기 때문입니다. 자비심이 없는 사람에 대해 우리는 비난을 할 수는 있지만 물리적인 처벌을 하기는 어렵습니다.

　이러한 이유로 정의는 정부가 개입해서 엄격하게 관리하고, 자비는 정부의 개입 없이 시민들이 자발적으로 비정부기구(NGO)나 비영리단체(NPO)를 만들어 담당하는 것이 이상적이라고 할 수 있습니다. 하지만 시민들이 자발적으로 조직을 만들어 자비의 덕을 실천해 동료 시민들을 도울 수 있는 상태에 있지 못할 때, 그래서 가난한 사람들이 아무런 도움을 받을 수 없어 불행하게 되고, 또 그 자녀들이 부모의 불행을 운명적으로 상속해 공정한 경쟁에 참여할 수 없는 처지에 놓이게 될 때, 정부는 자비의 문제에 개입해 시민들의 복지를 일정 부분 책임져야 합니다. 이런 복지 제도는 경쟁에서 패배한 자나 나중 된 자가 승리자가 되고 먼저 될 수 있는 기회를 제공할 수 있습니다.

기브앤드테이크와 일방적인 자기희생

　여기서 우리는 서로 주고받는 것과 일방적인 자기희생에 대해 좀 더 생각해 볼 필요가 있습니다. 서로 사랑하라는 말은 서로 사랑을 주고받는 것을 말합니다. 서로 간에 이익을 주고받고, 또 서로 간에 자비를 주고받고는 것을 말하지요. 예수는 이처럼 사랑을 주고받는 것을 이상적인 인간 상황으로 규정합니다. 이것은 지극히 당연한 것입니다. 한쪽이 일방적으로 희생하면서 다른 한쪽을 사랑하고 섬기는데 다른 한쪽은 이를 당연하게 여기고 사랑과 섬김을 받기만 하면, 그러면서 군림하려고 하면 정상적인 인간 상황이라고 할 수 없지 않습니까? 이런 것이 어떻게 하나님 나라라고 할 수 있겠습니까?

그런데도 기독교에서는 일방적인 자기희생을 많이 강조합니다. 예수도 일방적인 희생의 필요성을 가르쳤습니다. 예를 들면, 누가복음 6장 27-34절이 그 대표적인 예입니다. "내가 이르노니 너희 원수를 사랑하며 너희를 미워하는 자를 선대하며 너희를 저주하는 자를 위하여 축복하며 너희를 모욕하는 자를 위하여 기도하라. 너의 이 뺨을 치는 자에게 저 뺨도 돌려대며 네 겉옷을 빼앗는 자에게 속옷도 거절하지 말라 네게 구하는 자에게 주며 네 것을 가져가는 자에게 다시 달라 하지 말[라] … 너희가 만일 너희를 사랑하는 자만을 사랑하면 칭찬 받을 것이 무엇이냐 죄인들도 사랑하는 자는 사랑하느니라. 너희가 만일 선대하는 자만을 선대하면 칭찬 받을 것이 무엇이냐 죄인들도 이렇게 하느니라. 너희가 받기를 바라고 사람들에게 꾸어 주면 칭찬 받을 것이 무엇이냐 죄인들도 그만큼 받고자 하여 죄인에게 꾸어 주느니라." 예수 자신도 자신을 십자가의 희생물로 내어줌으로써 이 가르침을 솔선수범하였습니다. 그러면서 자기를 죽이는 자들에 대해 "아버지 저들을 사하여 주옵소서. 자기들이 하는 것을 알지 못함이니이다."라는 기도까지 곁들였습니다.

우리는 주고받는 것의 가르침과 일방적인 자기희생의 가르침, 이 둘을 어떻게 조화시킬 수 있을까요? 이를 위해 우리는 대부분의 인간사회 시스템이 서로 대접받고 싶은 대로 대접하는 대칭적인 방식으로 운영되지 않는다는 사실로부터 출발해야 합니다. 오늘날에는 그래도 그리스도의 가르침에 크게 영향을 받아 기독교 문화권의 일부의 선진 문명사회들이 다른 사람의 권리를 존중하는 정의의 방식과 약자에 대한 복지를 도모하는 자비의 방식에 따라 헌법을 만들어 잘 운영하고 있습니다. 따라서 서로 주고받는 대칭적인 방식이 일반화되어 있습니다. 그러나 예수 당시에는 힘센 인간이나 집단이 힘없는 인간이나 집단을 일방적으로 지배하고 억압하는 것이 당연시되는 매우 큰 비대칭성의 사회였습니다. 힘 있는 자의 불의하고 무자비한 방식이 판을 쳤습니다. 유대인 사회 내부에서도 그랬고, 유대인 사회를 지배했던 로마 제국도 그러했습니다. 이런 상태에서 예수 그리스도는 정의의 방식과 자비의 방식대로 인간사회 시스템이 운영되는 하나님 나라 운동을 시작했습니다.

하나님 나라 운동은 비대칭적인 인간사회를 대칭적인 상태로 변화시키려는 운동이었습니다. 그러나 이러한 변화는 공짜로 이루어지는 것이 아닙니다. 반드시 누군가의 희생이 필요합니다. 인간 역사는 피를 먹고 산다는 말이 있는 것처럼 누군가 희생을 하지 않으면 인간의 역사는 진보하지 못합니다. 그래서 솔선수범하여 먼저 동료 인간들을 위해 희생하는 사람들이 필요합니다. 이러한 솔선수범을 통해 세상은 서로 사랑하는 대칭적인 상태로 발전하게 됩니다.

누군가가 어떤 이익을 바라고 자신을 희생하는 것처럼 보이면 사람들은 별로 감동을 하지 않습니다. 따라서 이런 희생은 사회 변화를 위한 큰 에너지를 제공하지 못합니다. 그렇다고 이익을 바라고 사랑하고 희생하는 것을 나쁘게 생각하면 안 됩니다. 그것도 훌륭한 행동이라고 할 수 있습니다. 하지만 감동을 줄 수는 없습니다. 이에 반해 대가를 전혀 생각하지 않고 순수한 마음으로 희생하고 사랑하는 사람을 보면 사람들은 큰 감동을 느낍니다. 큰 감동은 큰 에너지를 만들어 냅니다. 예수가 인류의 죄를 대신해 십자가를 지고 자신의 생명을 희생한 사건은 인간사회 시스템을 서로 사랑할 수 있는 상태로 끌어올리는 거대한 영적 에너지를 제공합니다. 정리하면 서로 사랑하는 상태가 가장 좋은 상태지만 이런 상태를 만들어 내기 위해서는 먼저 자기를 희생하는 사람들이 필요하다 이거지요.

직접적 호혜성과 일반화된 호혜성

예수 그리스도는 하나님의 아들로서 먼저 자신이 희생하고 모범을 보임으로써 인간사회에 새로운 시각과 자원을 들여왔습니다. 인간으로부터 경배를 받고 섬김과 높임을 받아야 할 전능한 하나님이 오히려 자신을 희생하여 인간을 높이고 섬기는 모습을 보여준 것입니다. 놀라운 일입니다. 생각도 할 수 없는 일이 일어난 것입니다. 그러면서 자신이 한 것처럼 제자들도 먼저 다른 사람들을 높이고 섬기는 하나님 나라 운동에 동참할 것을 요구했습니다.

사회학에서 호혜성이라는 것이 있습니다. 서로 혜택을 주고받는 것을 말합니다. 당장 되돌려 받으려는 마음은 없지만 언젠가는 되갚아 주겠지 하는 생각으로 동료에게 혜택을 베푸는 것이 호혜성입니다. 따라서 장기적으로 서로에게 주는 혜택이 대칭을 이루게 되지요. 그런데 호혜성에는 직접적 호혜성과 일반화된 호혜성이 있습니다. 직접적 호혜성은 서로 친숙한 특정한 사람들에 한정되어 서로 혜택을 주고받는 것입니다. 이에 비해 일반화된 호혜성은 언젠가는 나도 모르는 사람으로부터 혜택을 받을 것이라는 믿음을 가지고서 내가 모르는 사람에게 혜택을 베풀어 사회 전체로 호혜성의 관계가 확대되는 것을 말합니다.

직접적 호혜성은 특정한 집단 내에서 끼리끼리 행해지는 호혜성입니다. 특정 집단의 외부인에게 혜택을 베풀면 되돌려 받을 확실성이 떨어지므로 서로의 호혜성을 감시할 수 있는 범위 내에 있는 집단 내부의 사람들끼리만 호혜적인 관계를 맺게 되지요. 이에 반해 일반화된 호혜성은 내가 알지 못하는 사람들(모르는 외부 집단의 사람들이나 원수 집단의 사람들)에게까지 호혜성이 확대되는 것을 말합니다. 일반화된 호혜성은 내가 베푼 혜택을 돌려받을 수 있을지 확신할 수 없는 상태에서 이루어집니다. 따라서 일방적인 희생의 정신을 필요로 합니다. 직접적 호혜성이 당파성과 파벌주의, 연고주의라는 닫힌 관계를 만들어 낸다면, 일반화된 호혜성은 이를 초월하는 포용력이 큰 열린 관계를 만들어 냅니다. 그 결과 서로 사랑하는 대칭성의 범위를 크게 넓히고 신뢰의 범위도 크게 확장시킵니다.

성서에 보면 '이웃을 사랑하라'는 예수의 가르침에 한 법률교사가 '내 이웃이 누구냐'고 묻습니다. 그는 직접적인 호혜성의 관점에서 이웃이 누구인지를 물었습니다. 이 법률교사의 물음에 대해 예수 그리스도는 일반화된 호혜성의 관점에서 전혀 모르는 유대인에게, 그리고 그것도 사마리아인들을 개 취급하는 유대인에게 도움을 베푼 사마리아인의 예를 들었습니다. 예수 그리스도의 섬김과 십자가 희생은 이 사마리아인처럼 온 인류에게까지 호혜성의 범위를 넓히는 그런 노력과 자원을 나타냅니다. 그래서 예수가 온 인류의 그리스도인 것입니다. 내가 일반화된 호혜성의 운동을 시작할 테니 너희들도 여기에 동참하라는 것이지요. 이것이 바로 기독교의 정수입니다.

하나님의 아들 예수 그리스도가 자신을 믿는 자에게 약속한 영생과 부활은 사람들이 하나님 나라 운동에 동참할 수 있는 담력을 제공하는 커다란 동력이 될 수 있습니다. 아무리 예수 그리스도가 모범을 보여 주었지만 나약하고 평범한 사람들이 불의하고 무자비한 사회 속에서 자신을 먼저 희생하여 다른 인간을 높이고 섬기는 일이 쉽겠습니까? 호혜성의 범위를, 끼리끼리의 차원을 넘어 일반화된 방식으로 확대하는 것을 먼저 시작하는 것이 쉬운 일이겠습니까? 이를 위해서는 땀과 피와 눈물을 쏟아야 하고 생명을 걸어야 할 때도 있습니다. 이것은 십자가를 지는 길입니다. 그렇다고 십자가를 지는 것이 꼭 거창해야 하는 것은 아닙니다. 그저 자신의 역할에 맞게 하나님 나라 운동에 참여하면 됩니다.

영생과 부활의 약속은 이 어려운 일에 참여하려는 사람들에게 엄청난 위안이 됩니다. '내가 영생과 부활을 약속한다. 너희는 두려워하지 말고 하나님 나라 일에 생명을 걸어라. 내가 먼저 본을 보여 내 생명을 걸지 않았느냐' 이겁니다. "오직 너희는 원수를 사랑하고 선대하며 아무 것도 바라지 말고 꾸어 주라. 그리하면 너희 상이 클 것이요 또 지극히 높으신 이의 아들이 되리니 그는 은혜를 모르는 자와 악한 자에게도 인자하시니라. 너희 아버지의 자비로우심 같이 너희도 자비로운 자가 되라"(누가복음 6장 35-36절)는 말씀이 이런 의미지요.

율법과 복음

성서에서는 정의와 자비를 율법과 복음으로 표현하고 있습니다. 율법은 정의에 해당하는 것이고, 복음은 자비에 해당하는 것이지요. 구약 성서에서는 주로 율법이 강조되고, 신약 성서에서는 복음이 강조됩니다. 구약 성서에서 하나님은 모세를 통해 인간에게 십계명이라는 율법을 주었습니다. 이 율법에는 '살인하지 말라, 도둑질하지 말라, 간음하지 말라, 이웃에 대해 거짓 증거하지 말라, 이웃의 집을 탐내지 말라'는 것이 포함되어 있습니다. 보면 알겠지만 이 율법의 내용은 정의의 방식으로, 다른 사람의 이기심을 침해하지 말고 존중하도록 하는 내용입니다. 하나님은 이 율법을 주면서 잘 지키면 상을 주고 안 지키면 벌을 주겠다고 했습니다. 이러한 상벌의 원칙은 인간사회 시스템이 정의의 방식대로 작동하는데 꼭 필요합니다. 인간사회라는 건물은 정의의 방식이 작동하지 않으면 곧 무너집니다.

그런데 인간은 불완전한 존재이므로 어떤 인간도 이 율법들을 100% 다 잘 지킬 수는 없다는 것에서 문제가 복잡해집니다. 우리나라 속담에도 털어서 먼지 안 나오는 사람 없다는 말이 있지 않습니까? 이 말은 결국 정도의 차이는 있지만 사람은 누구나 율법을 어기고 죄의 얼룩을 갖고 있다는 의미겠지요. 불완전한 인간의 눈에도 먼지와 얼룩이 보이는데 하물며 세상의 모든 것을 다 꿰뚫어보는 하나님의 눈에 그것들이 보이지 않겠습니까? 사람은 실제 행동으로 율법을 어기기도 하고, 마음속으로 율법을 어기는 생각을 하기도 합니다.

상벌의 원칙에 의하면, 율법을 어기고 죄를 지은 사람은 누구든지 재판을 받고 벌을 받아야 합니다. 성서에서 죄인이라는 말과 심판(재판)이라는 말을 사용하는 것도 이 때문입니다. 만약 누군가 죄를 짓고도 벌을 받지 않는다면 우리는 세상이 정의롭지 못하다고 불평할 것입니다. 그러나 이처럼 상벌의 원칙을 엄격하게 적용하면 살아남을 인간이 아무도 없을 것입니다. 상벌의 원칙에 따라 죄에 대해 벌을 준다고 해서 인간의 행동을 바꿀 수 있는 것은 아닙니다. 심판과 벌은 나쁜 행동을 억제할 수는 있지만 인간을 근본적으로 바꾸지는 못합니다. 바울은 로마서 7장에서 심판과 벌을 강조하는 율법 때문에 죄가 더욱 기승을 부리게 된다고 말합니다.

죄 된 행동을 하는 인간을 내면에서부터 바꾸어 죄를 잠재우려면 잘못을 용서하는 자비가 더 효과적인 경우가 많습니다. 그래서 정의를 보완하는 자비가 필요한 것입니다. 빅토르 위고(V. Hugo)의 소설 『레 미제라블』에 이를 잘 보여주는 유명한 장면이 나오지요? 감옥에서 나와 갈 데가 없어 방황하던 장 발장이 자신을 환대해준 주교 미리엘의 은촛대를 훔쳐 달아나다 붙잡혀 다시 미리엘에게로 끌려오지만, 그가 벌을 주지 않고 그 촛대를 자신이 준 선물이라고 거짓말하고 용서함으로써 장 발장은 완전히 새로운 사람이 됩니다. 율법과 심판의 화신 자베르 경감과 자비와 용서의 인물로 변한 장 발장 사이의 갈등과 긴장이 『레미제라블』의 중요한 주제라고 할 수 있습니다.

하나님의 아들인 예수가 인간이 받아야 할 벌을 대신 받고 십자가에 못 박혀 죽은 것이 바로 이러한 자비를 의미하는 것입니다. 그가 대신 벌을 받음으로서 율법을 어긴 모든 인간의 죄가 다 용서된 것입니다(그렇다고 정의가 무시된 것이 아닙니다. 예수가 벌을 받음으로써 정의도 이루어진 것입니다). 우리가 받아야 할 벌을 대신 받아 스스로를 희생한 예수의 자비로운 행동이 우리 인간에게는 복음이 되는 것입니다. 자신의 잘못을 용서받으면 인간은 누구나 다시는 죄를 짓지 말아야지 하는 마음이 생깁니다. 성서는 우리에게 예수 그리스도의 은혜에 감사하여 율법을 더욱 잘 지키고, 타인의 잘못을 용서할 줄 아는 사람이 되라고 말하고 있습니다.

그러니까 십자가 사건은 정의의 방식과 자비의 방식을 한 장면 속에 담아 인간에게 보여주는 살아 있는 현장 교육입니다. 십자가를 바라볼 때 우리는 정의의 방식과 자비의 방식을 잘 따르지 못하는 자신의 모습을 회개하고 또 우리의 연약한 모습을 대신 짊어지신 그리스도의 자비에서 깊은 은혜를 체험하고, 그 은혜에 힘입어 정의의 방식과 자비의 방식에 따라 삶을 살아야겠다고 계속 다짐을 하게 됩니다. 한 사회를 구성하고 있는 모든 개인들이 이렇게 하나님 앞에서 자신의 모습을 되돌아보고 새로운 결심을 지속적으로 한다면 각 개인의 생각과 행동이 바뀌게 될 것이고, 그렇게 되면 인간사회 시스템의 운영 방식도 점점 개선되어 바뀌게 될 것입니다. 한 국가의 민주주의 수준은 국민들의 수준 이상이 될 수 없습니다. 각자의 생각이 바뀌고 행동이 바뀌면

이에 따라 시스템이 바뀔 수 있습니다.

율법과 복음에 대한 전통적인 관점

인간이 율법을 지키는 행위를 해야 구원을 받느냐 아니면 복음을 믿으면 구원을 받느냐의 문제는 기독교의 역사에서 중요한 논점으로 등장했습니다. 전자를 행위의인(行爲義認)이라고 하고, 후자를 신앙의인(信仰義認) 또는 이신칭의(以信稱義이)라고 합니다. 이를 간단하게 정리하면 다음과 같습니다. 좀 까다로운 논의이니 집중해서 읽어야 합니다(이 부분은 니이젤(W.Niesel)의 『비교 교회사』에서 가져온 것으로, 저의 저서 『동감 신학』에서 소개한 것을 다시 가져왔습니다).

① 가톨릭의 행위의인(行爲義認)

유럽의 중세 1000년을 지배해온 가톨릭은 율법을 행해야 구원을 받는다는 행위의인(行爲義認)을 주장합니다. 가톨릭에서는 복음도 또 다른 율법입니다. 구약이 강조하는 십계명은 차원이 낮은 자연법으로, 초보적인 준비 단계의 율법입니다. 이에 비해 복음은 자연을 초월하는 참된 기독교 율법입니다. 구원을 얻기 위해서는 교회가 베푸는 성례전적 은혜의 에너지를 주입받아 복음에 따르는 선한 행위로 공로를 쌓아야 합니다. 만약 악한 행위를 했다면 성례전 의식이나 고해성사를 통해 죄가 용서됩니다. 중세 말기에 면죄부라는 주술적 수단이 등장한 것도 이러한 논리의 연장이라고 할 수 있습니다.

좀 더 자세히 설명하면, 로마 가톨릭은 인간이 구원받기 위해서는 복음의 예비적인 은혜가 필요하다고 봅니다. 인간은 그 자신의 공로만으로는 구원을 이룰 수는 없습니다. 그러나 은혜를 받아들이는 것에는 인간의 자유로운 동의와 협력이 필요합니다. 인간의 의지는 능동적입니다. 인간은 하나님의 부르심을 거부할 수도 있습니다. 나아가서 가톨릭은 인간이 의롭다고 인정받기 위해서는 이를 위한 준비 행위가 필요하다고 말합니다. 이것은 하나님과의 관계가 올바르게 되기 전에도 어느 정도 믿고 사랑하고 소망하고 회개하는 것을 할 수 있다는 것을 의미합니다. 하나님은 인간이 어느 정도 믿고 사랑하고 소망하고 회개하는 것을 고려해서 인간을 의롭게 여깁니다.

그리고 하나님이 의롭다고 여기면 그것은 단순히 의롭다고 간주될 뿐만 아니라 실제로 초자연적인 에너지가 주입되어 의롭게 됩니다. 의인은 단순한 선포나 약속을 의미하는 신적 행위가 아니라 우리가 의롭게 되도록 하는 사건입니다. 따라서 의인은 단순히 원죄를 용서하는 것이 아니라 파괴합니다. 그와 더불어 원시적 죄책도 완전히 제거합니다. 이처럼 원죄와 원시적 죄책을 파기하는 은혜는 사람의 내부에서 새로운 성품을 창조하여 새로운 사람을 만듭니다. 이것은 성화의 은혜라고 불립니다. 여기서도 하나님의 은혜가 자동적으로 성화를 만들어 내는 것이 아니라 의롭다 함을 얻은 사람에 의해 행해진 행위의 공로가 성화를 만들어 냅니다. 그러면 이 공로에 대해 하나님은 더 초자연적인 에너지를 주입합니다. 이리하여 인간은 하나님의 은혜에 대해 자신의 행위로 응답하면서 자신의 구원을 위해 하나님과 협력합니다.

행위의 공로에는 교회의 명령을 지키는 것과 그 이상의 복음적 권고를 따르는 것 두 가지가 있습니다. 명령에는 ㉠거룩한 날들을 의무적으로 지키는 것, ㉡매주 일요일과 축일마다 미사에 참여하는 것, ㉢지정된 금식일을 지키는 것, ㉣적어도 1년에 한 번 고해 성사를 하는 것, ㉤적어도 1년에 한 번은 영성체를 받는 것 등이 있습니다. 복음적 권고에는 기독교적 완전을 이루는 수단들로서 ㉠자발적인 청빈, ㉡자기 부정 또는 영적인 우월자에 대한 완전한 순종, ㉢영속적인 정결 등이 있습니다. 이런 복음적 권고들과 일치하는 행위는 마땅히 해야 할 것 이상으로 여분의 공로로 인정됩니다. 복음적 권고는 성직에 있는 사람들에 의해 선택됩니다.

　이상의 논의를 통해 알 수 있듯이 로마 가톨릭은 인간 쪽에서 먼저 율법의 의로운 행위를 하고 이에 대해 하나님이 은혜를 주고, 다시 이에 대해 인간이 응답하는 과정의 연속으로 율법과 복음의 관계를 묘사합니다. 이것은 인간이 중심에 서 있고 하나님이 그 주위를 도는 그런 관계를 만듭니다.3)

② 루터의 신앙의인(信仰義認)

　종교 개혁자 루터는 가톨릭의 행위의인을 율법주의라고 비판했습니다. 그는 복음조차도 율법으로 보는 가톨릭의 관점을 거부했습니다. 이미 잘 알려져 있는 대로, 루터는 로마서 1장 17절 "오직 의인은 믿음으로 말미암아 살리라"는 말을 종교 개혁의 기본 원리로 삼았습니다. 이것은 신앙의인(信仰義認) 또는 이신칭의(以信稱義)로 알려져 있습니다. 루터는 "신앙만이 의이고 불신앙만이 죄이다"라고 말했습니다. 이것은 두 가지 의미를 가지고 있습니다. 첫째는 죄는 죄일 뿐이지 크다거나, 많다거나 작다거나, 적다거나 하는 양적인 의미는 무의미하게 됩니다. 이것은 명령과 복음적 권고를 구별하는 가톨릭의 이중 윤리를 폐지합니다. 둘째는 죄와 의가 율법의 행위와는 전혀 무관하다는 것입니다. 가톨릭에서와 같이 하나님의 은혜를 받아들이는 의지의 자유, 의인을 준비하는 행위, 성화하는 공로 행위 등은 전적으로 배제됩니다. 오직 신앙은 신의 선물을 수동적으로 받아들이는 것입니다. 즉,

---

3) 빌헬름 니이젤(Wilhelm Niesel), 『비교 교회사』(이종성·김항안, 대한기독교출판사, 1988), 83-96쪽.

아무것도 하지 않고 그저 받아들이는 것입니다.

루터는 신앙의인을 법정의 개념으로 설명했습니다. 죄를 지어 감옥에 갇힌 죄수는 벌금을 지불해야만 자유를 얻을 수 있습니다. 그러나 그는 돈이 없어 벌금을 지불할 능력이 없습니다. 모든 인간은 죄를 지었기 때문에 이 죄수와 같은 상태에 있습니다. 하나님은 자비를 베풀어 벌금을 대신 내어 줌으로써 인간을 자유롭게 해주었습니다. 이 자비가 바로 예수 그리스도의 십자가 대속에서 나타난 하나님의 복음입니다. 이 복음을 믿으면, 신자는 그리스도의 의의 옷을 입게 됩니다. 이것을 루터는 '의인(義人)인 동시에 죄인(罪人)'이라는 역설로 표현했습니다. 즉 신자는 여전히 죄인의 상태이지만 의의 옷을 입게 되어 의인으로 인정받게 됩니다.

루터는 복음을 믿는 사람에게는 율법이 더 이상 인간의 행위를 적극적으로 인도하는 지침이 아니라고 보았습니다. 물론 믿음을 통해 의인으로 인정되면 그것에 따른 행위의 열매가 생깁니다. 그러나 루터파는 믿음으로 인한 은혜가 인간 행위의 기초라는 사실을 너무 강조한 나머지 그리스도인의 삶의 목표를 소홀히 하였습니다. 루터파는 율법과 복음을 대립되는 관점에서만 봅니다. 율법은 죄를 지적하고, 복음은 은혜를 지적합니다. 율법은 질병을 보여주고 복음은 치료를 줍니다. 율법은 죽이는 사역이고, 복음은 생명과 평화의 사역입니다. 율법은 죄의 능력이고, 복음은 믿는 자에게 구원의 능력입니다. 율법은 하나님의 진노와 지옥의 절망이고, 복음은 위로와 기쁜 소식입니다. 율법은 꾸짖는 비정상 사역이고, 복음은 은혜를 전하는 정상 사역입니다. 이러한 대립으로 인해 루터파는 항상 '회개 다음에 믿음'이라는 순서를 중요시합니다. 율법으로 죄가 인식되고 참된 회개가 따를 때, 비로소 하나님의 은혜가 그 사역을 시작합니다.

회개가 은혜를 준비한다는 루터파의 견해는 의인을 준비하는 가톨릭의 견해와 유사합니다. 가톨릭이 그리스도와의 만남 이전에도 인간은 의로운 행위를 할 수 있고 이를 통해 은혜를 준비한다고 본 것처럼, 루터파도 그리스도와의 만남 이전에 죄에 대한 인식과 그로 인한 회개가 가능하며, 이를 통해 은혜가 준비된다고 보았습니다. 그러나 루터파에서는 의로운 행위가 아니라 인간 실존의 위기와 이로써 야기되는 근심을 회개로 봅니다. 이러한 회개는 믿음 안에서 완성됩니다. 이렇게 볼 때 루터파도 인간을 중심에 세워놓고 하나님이 그 주위를 돌게 만듭니다. 하나님은 인간의 죄의식을 완화시키고, 위로해주고, 불안을 완화시켜주는 존재로 전락할 위험이 있습니다. 실제로 루터파 찬송가의 많은 부분이 십자가와 위로에 관한 것이라고 합니다.[4]

가톨릭의 율법주의가 안고 있는 문제점을 통렬하게 인식했다는 점에서 훌륭했지만 루터는 그것에 놀라 불행하게도 율법 폐기론으로 치닫고 말았습니다. 기독교 신앙은 더 이상 율법의 행위를 요구하지 않습니다. 아무렇게나 살다가 '믿습니다'는 주문을 외우면 만사 오케이입니다. 이 주문만 중얼거리면 그는 의인이 되고, 구원됩니다. 이 또한 인간이 장단을 치면 하나님은 이에 맞추어 춤을 추는 격입니다. 이러한 믿음이 다수 한국 교회의 모습에서 나타나고 있습니다.

③ 칼뱅의 행위의인(行爲義認)

칼뱅은 가톨릭의 율법주의와 루터의 율법 폐기론 모두의 위험성을 잘 인식하고 있었습니다. 이 둘은 모두 하나님을 인간을 위한 수단으로 보는 오류를 범했습니다. 이 함정에 빠지지 않기 위해 그는 하나님의 절대 주권을 내세웠습니다. 그는 하나님이 인간을 위해 존재하는

---

[4] 같은 책, 233-238쪽, 244-249쪽, 256-260쪽, 261-268쪽.

것이 아니라 인간이 하나님을 위해 존재한다고 보았습니다. 율법은 하나님의 영광을 드러내는 매우 중요한 하나님의 명령입니다. 복음을 받아들인 자는 반드시 율법의 행위를 해야 합니다.

  칼뱅은 루터의 신앙의인을 출발점으로 삼았습니다만 그는 루터와 달리 믿음을 하나님과의 단순한 재결합일 뿐만 아니라 율법을 성취하려는 새로운 삶의 시작으로 보았습니다. 칼뱅은 율법과 복음을 대립시키지 않고 복음과 율법이라고 하여 복음이 율법의 이름을 위한 출발점이라는 사실을 강조했습니다. 칼뱅에게 복음을 받아들이는 믿음은 그리스도와의 연합을 의미합니다. 따라서 의인(義認)은 하나님이 그리스도 안에서 우리를 만나며 우리가 파기했던 하나님과의 관계를 그리스도 안에서 회복시킨다는 사실을 말합니다. 그리스도가 우리를 만날 때 그리스도의 영이 우리를 지배합니다. 이 사건은 단순한 방향 전환이 아니라 그리스도와 함께 죽고 다시 사는 문제입니다. 따라서 삶의 어느 부분도 그리스도의 은혜로운 주권에서 벗어나지 않습니다. 때문에 오직 믿음으로 의롭게 된다는 교리는 가톨릭이 공격하는 것처럼, 그리고 루터파에서 자주 나타난 것처럼, 사람들로 하여금 제멋대로 살게 하는 것이 아닙니다. "그리스도께서는 성화시키지 않을 자를 의롭게 하지 않으신다. 이러한 은총은 영원불가해적 고리로 함께 연결되어 있다."

  그리스도와의 연합을 맛볼 때, 우리 자신 뿐 아니라 우리의 행위까지도 하나님의 시각에 의롭게 됩니다. 이러한 행위의인 교리는 윤리에 있어서 가장 중요합니다. 그리스도에 속한 사람은 계속적인 가책의 희생물일 필요가 없다. 오히려 확신과 기쁨으로 매일의 일을 해 나갈 수 있습니다. 율법은 우리가 애써 삶 전체를 통하여 도달해야 할 목표를 지시해 줍니다.5)

  그러나 칼뱅은 성화와 의인을 하나로 결합시킨 나머지 결정론으로 빠질 위험이 있습니다. '오직 믿음'을 강조하는 루터파가 행위의 측면을 무시하여 왜곡된 경건주의로 빠지게 될 위험성이 있는 것처럼 성화와 의인을 하나로 묶는 칼뱅 사상은 성결을 향한 잘못된 오만과 독단을 조장하는 율법주의의 위험이 있습니다. 이러한 위험은 예정론이 전면에 부각되면서 더욱 강화되었습니다. 예정론에 의하면, 율법의 행위는 스스로의 구원을 증명하는 수단이 되었습니다. 이제 인간은 율법의 행위를 통해 신앙을 증명함으로써 스스로를 구원해야 합니다. 결과적으로 칼뱅 역시 인간을 중심에 세우고 하나님이 그 주위를 돌게 만들고 말았습니다.

이러한 오류들을 바로잡기 위해서는 율법과 복음에 대한 새로운 이해가 필요합니다. 율법과 복음은 둘 다 인간을 살리려는 하나님의 사랑과 은혜의 표현입니다. 인간이 하나님처럼 완전한 존재라면 율법만을 강조하든 복음만을 강조하든 문제가 안 되겠지만 불완전한 인간에게는 율법과 복음 모두 필요합니다. 이 둘은 한쪽이 다른 한쪽으로 흡수되거나 한쪽이 다른 한쪽의 수단이 되어서는 안 됩니다. 이처럼 율법과 복음이 상호의존하고 견제하면서 역동적으로 균형을 유지할 때 하나님이 중심에 자리하고 인간이 그 주위를 돌면서 하나님과 인간 사이에 생동감 있는 자유로운 인격의 교제가 가능하게 됩니다.

신앙의인과 행위의인의 상호의존과 상호견제를 통한 역동적 균형

인간은 내부와 외부를 다르게 꾸밀 수 있는 이중적인 존재입니다. 우리 속담에도 있듯이, 열길 물속은 알아도 한길 마음속은 알기 어렵습니다. 인간의 자기중심성은 매우 교묘한 방법으로 추구됩니다. 인간

---

5) 같은 책, 227-233쪽, 239-244쪽, 250-256쪽, 268-276쪽.

의 욕망은 자기 자신까지도 속입니다. 자신을 속이지 못하는 사람은 다른 사람을 속일 수 없습니다. 경건한 모습으로 하나님의 영광을 위해 산다고 말하면서도 자신의 영광을 구하는 욕망으로 가득 차 있을 수 있습니다. 이웃을 사랑하는 행동 속에 이웃을 지배하려는 욕망을 감추고 있을 수도 있습니다. 인간은 언제든지 하나님 위에 올라타 하나님을 자신의 이익을 위한 수단으로 삼을 수 있습니다. 율법의 의를 말하면서도 율법을 자신의 욕망을 위한 도구로 이용하기도 하고, 복음의 의를 말하면서도 복음을 자신의 욕망을 위한 도구로 이용하기도 합니다. 선악과를 따먹고 하나님처럼 되려는 욕망은 모든 인간 속에서 항상 호시탐탐 기회를 노립니다.

　신앙의인이든 행위의인이든 하나의 논리만 고집하면 반드시 교묘한 인간 욕망의 희생물이 되고 맙니다. 가톨릭의 행위의인도, 이것의 문제점을 극복하려고 한 루터의 신앙의인도, 그리고 이 둘의 문제점을 동시에 해결하려고 한 칼뱅의 행위의인도 하나님과 올바른 관계를 유지하기 위한 순수한 마음에서 시작된 것일 겁니다. 그러나 시간이 갈수록 그것은 인간 욕망의 도구로 변질되었습니다. 하나님이 삶의 중심이라고 말하지만 어느덧 자기가 그 중심에 서게 됩니다. 인간의 교묘함에 대처하기 위해서는 두 개의 상반된 논리가 필요합니다. 율법의 행위를 욕망의 도구로 삼으려는 사람은 신앙의인의 논리로 다스려야 하고, 복음을 욕망의 도구로 삼으려는 사람은 행위의인의 논리로 다스려야 합니다.

　율법과 복음은 개인과 사회를 동감의 원리에 따라 살게 하려는 하나님의 사랑과 은혜의 표현입니다. 율법은 다른 사람의 이기심을 나의 이기심만큼 존중하는 정의의 도덕입니다. 정의의 도덕은 상벌의 원칙과 교환의 원칙을 통해 작용합니다. 하나님은 율법을 통해 개인이 바르게 살도록 하고, 공정한 사회 질서를 유지함으로써 개인과 사회 둘 다를 살립니다. 이에 반해 복음은 자신을 희생해서 어려운 처지에 있는 사람을 도와주는 자비의 도덕입니다. 자비의 도덕은 용서의 원칙과 나눔의 원칙을 통해 작용합니다. 하나님은 복음을 통해 개개인의 죄를 용서하고, 용서받은 개인들이 서로의 죄를 용서하고 어려운 처지를 돌보도록 함으로써 개인과 사회 둘 다를 살립니다. 따라서 우리는 율법으로 올바른 삶을 살도록 인도하고 때에 따라 징계하는 하나님의 사랑과 은혜에 감사하고, 또 율법을 지키지 못해 낙담하는 우리에게 복음을 통해 용서를 베풀고 격려하는 하나님의 사랑과 은혜에 감사합니다. 율법과 복음은 하나님의 동일한 사랑과 은혜로부터 나와 서로 다른 기능을 담당하면서 상호의존과 상호견제를 통해 인간의 삶이 균형을 유지하도록 합니다.

물론 상호의존과 상호견제를 통한 균형의 운동은 반드시 복음의 은혜로부터 시작합니다. 율법의 행위로는 구원을 얻을 수 없습니다. 누구도 율법을 다 지켰다고 자랑할 수 없으며 따라서 율법의 행위로는 하나님을 만족시킬 수 없습니다. 우리는 어떻게 구원을 얻을 수 있습니까? 하나님이 우리의 죄를 용서해 준다는 것을 믿는 믿음을 통해서입니다. 무엇보다도 구원의 출발점은 믿음입니다. 그러나 우리가 하나님의 용서에 대한 믿음으로만 그친다면 우리는 하나님을 실망시키게 될 것입니다. 우리의 보잘 것 없는 행위라도 하나님의 뜻을 행하려는 노력이 하나님을 기쁘게 합니다. 율법을 지키려는 우리의 노력이 하나님을 만족시킬 수는 없지만 기쁘게 할 수는 있습니다. 율법의 행위가 하나님에게 그것에 대한 삯을 요구하는 공로의 행위가 될 수는 결코 없지만 하나님의 은혜에 보답하는 감사의 행위는 될 수 있습니다.

또 여기서 강조되어야 하는 것은 율법에만 행위가 필요한 것이 아니라 복음에도 행위가 필요하다는 것입니다. 하나님과 인간의 관계에서는 복음이 믿음의 대상입니다. 우리의 죄를 용서해 주신다는 믿음 말입니다. 그러나 우리는 여기서 그치는 것이 아니라 하나님이 우리 죄를 용서해 주신 것처럼 우리도 우리에게 잘못을 한 동료 인간들을 용서해 주어야 합니다. 하나님이 우리의 죄를 용서하는 은혜를 베풀었음에도 불구하고 우리가 동료 인간의 잘못에 대해 엄히 문책하려고 한다면 그것은 하나님을 노엽게 하는 것입니다. 주인에게 일만 달란트의 빚을 탕감 받은 종이 자기에게 백 데나리온 빚진 동료의 목을 잡고 빚을 독촉하는 것에 대해 여러분은 어떻게 생각합니까? 그 종의 행동에 대해 우리는 동감할 수 있는지요? 예수는 주인이 그 종을 옥에 넘겼다고 말하면서 "너희가 형제를 용서하지 아니하면 나의 하늘 아버지께서도 너희에게 이와 같이 하시리라"(마태복음 18장 34절)고 말했습니다.

이 비유에서 보듯이, 복음은 단순히 믿음의 대상으로 그치는 것이 아니라 그에 상응하는 행위를 필요로 합니다. 따라서 율법이든 복음이든 모두 행위를 필요로 합니다. 따라서 구원에 행위가 필요하다고 말한다고 해서 무조건 율법주의가 되는 것은 아닙니다. 문제는 행위를 공로의 표시로 여기는가 아니면 하나님의 은혜에 대한 감사의 표시로 여기는가 하는 것입니다. 행위를 마땅히 삯을 받아야 하는 공로로 여긴다면 그것은 분명 율법주의입니다. 그러나 행위를 은혜에 대한 감사의 표시로, 즉 하나님이 베푼 엄청난 구원의 빚을 조금이라도 갚는 감사의 표시로 여긴다면 결코 율법주의라고 할 수 없습니다.

우리는 행위나 믿음 하나를 통해서는 구원에 이를 수 없습니다. 믿음이든 행위든 하나만으로는 구원의 충분조건이 될 수 없습니다. 믿음과 행위의 상호의존과 상호견제를 통해서 구원에 이를 수 있습니다. 믿음만으로 만족해서 게을러진 사람에게는 행위의 칼날이 필요합니다. 반대로 행위를 자랑하는 사람에게는 자신의 죄에 대한 성찰과 그 죄에 대한 하나님의 용서를 환기시키는 믿음의 칼날이 필요합니다. 우리를 향한 하나님의 사랑은 양날의 칼입니다. 하나님의 사랑은 사람을 죽이는 사랑이 아니라 살리는 사랑입니다. 믿음에서 오는 게으름도, 행위에서 오는 교만도 인간을 죽입니다. 겸손한 믿음과 행위를 위한 노력, 이 사이의 긴장이 인간을 살립니다. 불완전한 인간에게는 복음과 율법이, 믿음과 행위가 함께 일해야 합니다. 이것은 성경에서도 잘 드러납니다. 4복음서와 야고보서는 행위를 강조하는 반면, 로마서를 비롯한 바울의 편지들은 복음을 강조합니다. 우리는 이처럼 서로 다른 관점을 하나의 관점으로 환원해서는 안 되며 두 관점을 모두 취하면서 서로 보완하고 견제하는 균형의 방식으로 접근해야 합니다.

율법과 복음은 서로의 기능을 살립니다. 율법이 있어야 복음의 기능이 살아나게 되고, 복음이 있어야 율법의 기능이 살아납니다. 이것이 바로 예수가 '내가 율법을 폐하러 온 것이 아니라 완성하러 왔다'고 말했을 때의 참된 의미라고 저는 해석하고 싶습니다. 복음은 유대의 율법주의로 인해 기능이 마비된 율법의 정신을 치유하여 율법을 완성합니다. 율법과 복음의 이러한 상보성은 우리 몸에 교감신경과 부교감신경이 있어 서로 반대되는 작용을 하면서 서로를 보완하는 것과 같은 이치입니다. 만약 한 사회에 정의의 방식만 있고, 자비의 방식이 없다면 그 사회는 서로의 잘잘못을 따지고 정죄하면서 서로 이익을 차지하려고 과열된 경쟁 상태에 빠지게 됩니다. 사는 것이 피곤하게 되지요. 반대로 한 사회에 자비의 방식만 있고 정의의 방식이 없다면 그 사회는 무도한 혼란과 나태에 빠지게 됩니다. 따라서 정의의 방식과 자비의 방식 둘 다가 순조롭게 작동될 때 좋은 문명사회가 만들어집니다.

신앙의인과 1인 1표 원리, 행위의인과 1원 1표 원리

흥미롭게도 신앙의인과 행위의인은 현대문명의 민주주의 운영 원리와 매우 밀접한 연관성을 갖고 있습니다. 현대의 민주주의 사회들은 1인 1표 원리와 1원 1표 원리가 서로 의존하고 견제하면서 균형을 이루는 방식으로 운영됩니다. 1인 1표는 모든 사람에게 똑같은 1표를 준다는 점에서 인간을 평등하게 대우하는 민주주의 원리를 나타냅니다. 이에 비해 1원 1표는 능력에 따라 사람을 다르게 대우한다는 점에서 시장 경제의 능력주의 원리를 나타냅니다. 1인 1표의 원리만 작용하는 사회는 무기력하게 될 것이고, 1원 1표의 원리만 작용한다면 과열된 경쟁과 불평등으로 갈등이 심화될 것입니다. 이 두 원리는 인간사회에 모두 필요합니다. 이 둘 사이에서 균형을 잘 잡는 사회일수록 잘 운영되는 사회라고 할 수 있습니다.

그런데 신앙의인은 1인 1표의 평등 원리와 통하고, 행위의인은 1원 1표의 능력주의 원리와 통합니다. 잘났든 못났든 누구든지 예수 그리스도를 믿으면 구원을 얻는다는 것은 모든 인간을 차별하지 않고 평등하게 대한다는 것을 의미합니다. 이와 반대로 구원에 행위가 필요하다는 것은 행위 능력에 따라 다르게 대우한다는 점에서 능력주의를 의미합니다. 이런 점에서 신앙의인과 행위의인이라는 상충하는 기독교 구원 원리가 바로 현대문명의 기본 원리가 되는 것입니다. 하지만 기독교 신앙이 복음에 대한 믿음에서 출발하듯이, 현대문명의 운영도 기본적으로 1인 1표의 평등 원리에서 출발한다는 사실을 분명히 이해하는 것이 중요합니다.

참고로, 막스 베버는 서구 근대 시민 사회의 근원을 중세 서구 도시들로 보면서, 중세 서구 도시들의 시민의식이 기독교의 종교적 형제 동맹에 뿌리를 두고 있다고 설명한 바 있습니다. 이를 소개하면, 서구의 중세 도시들은 혈연관계나 신분관계가 아니라 도시의 존재 목적에 동의하는 시민 개개인의 시민서약에 바탕을 두고 형성되었습니다. 이처럼 중세 서구 도시들이 집단의 구속으로부터 벗어난 시민 개개인의 모임이 될 수 있었던 것은 혈족이나 신분의 테두리를 초월하는 기독교의 종교적 형제동맹에 뿌리를 두고 있었습니다. 베버는 유대-기독교 전통에서 바울이 처음으로 할례 받지 않은 이방인들과 함께 예배를 치른 사건을 두고 "서구적 시민이 잉태되는 순간", "서구 도시 탄생의 내적 가능성이 주어진 순간"이라고 묘사했습니다. 오직 개인의 믿음에 근거해 평등한 기독교 공동체를 만들려고 한 바울의 시도가 바로 오늘날 민주주의의 1인 1표 원리의 뿌리가 되었다는 것이지요.

생명 논리의 관점에서 입체적으로 성서를 읽어야 한다

기독교인들은 성서를 진리라고 생각합니다. 그러나 성서를 읽어보면 서로 모순되는 진술들이 많이 발견됩니다. 예를 들면 다음과 같습니다.

- ▶ 성서는 하나님이 한 분이라고 하면서도 성부 성자 성령 세 분에 대해 말합니다.
- ▶ 성서는 예수 그리스도를 참 신이라고 하면서 또 참 인간이라고 합니다.
- ▶ 성서는 하나님이 인간을 위해 자신의 모든 것을 희생하는 분으로 소개하면서도 인간에게 하나님의 영광을 위해 살라고 합니다.
- ▶ 성서는 평화를 강조하면서도 세상과 불화하라고 합니다.
- ▶ 성서는 인간의 자연적인 욕망을 긍정하면서도 자기를 부정하라고 합니다.

▶ 성서는 복음을 믿기만 하면 구원된다고 하면서도 율법의 행위를 강조합니다.
▶ 성서는 하나님의 절대 주권을 선포하면서도 인간의 자유로운 행위를 중요하게 여깁니다.
▶ 성서는 경쟁을 이야기하면서도 약자의 복지에 깊은 관심을 보입니다.
▶ 성서는 죄에 대해 하나님의 준엄한 심판이 있을 것이라고 경고 하면서도 하나님의 한없는 자비와 용서를 보여줍니다.
▶ 성서는 개인의 믿음과 구원을 말한다는 점에서 개체성을 중시하면서 또 이웃을 사랑하는 사회성도 중합니다.
▶ 성서는 믿는 자는 이미 구원되었다고 하면서도 구원을 이루라고 말합니다.
▶ 성서는 가진 자는 더 많이 가지고 없는 자는 있는 것까지 빼앗기게 된다고 하면서도 또 나중 된 자가 먼저 되고 먼저 된 자가 나중 된다고 말합니다.

이 외에도 우리는 다른 예들을 더 들 수 있습니다. 이처럼 서로 모순되는 내용을 많이 포함하고 있는 성서가 어떻게 진리일 수 있을까요?

진리를 밝히려는 방법에는 크게 형식 논리와 변증법 논리가 있습니다. 형식 논리는 일관성을 진리의 기준으로 삼습니다. 올바른 것으로 설정된 전제로부터 출발해서 논리적으로 일관되게 추론하여 결론에 도달합니다. 따라서 형식 논리는 모순되는 주장을 용납하지 않습니다. '명제 p와 비(非)p가 동시에 참일 수 없다'는 모순율은 형식 논리의 출발점입니다.

이와 반대로 변증법은 형식 논리의 모순율을 부정합니다. 모든 존재는 모순되는 것들을 동시에 포함하고 있다고 봅니다. 따라서 변증법에서는 '명제 p와 비(非)p가 동시에 참'일 수 있습니다. 그러나 변증법 논리는 모순되는 것들을 그냥 인정하는 것이 아니라 그것들을 하나로 통일시키려 합니다. 형식 논리는 주로 서양에서, 변증법은 주로 동양에서 득세한 진리 발견법입니다(서양에서도 변증법은 중세 신비주의와 헤겔의 철학에서 크게 두드러집니다).

형식 논리와 변증법 논리는 진리라는 이름으로 지배를 추구하는 수단이 될 수 있습니다. 형식 논리는 모순을 제거함으로써 지배를 추구하고, 변증법 논리는 모순을 하나로 통일함으로써 지배를 추구합니다(모순의 통일은 모순되는 것들 사이에 서열을 매겨 하나를 주로 삼고 다른 것을 종으로 삼을 수밖에 없습니다). 이처럼 지배를 추구하는 논리에서는 결국 힘이 정의이고 진리입니다. 힘이 센 쪽은 힘이 약한 쪽을 제거하거나 자기 밑에 복종시킵니다.

성서는 다른 진리관을 제시합니다. 그것은 '모순된 것들의 상호의존과 상호견제를 통한 세련된 역동적 균형'입니다. 이것은 생명 논리입니다. 생명의 논리는 빛이 입자와 파동의 성질을 동시에 가진다는 양자 역학의 상보성 원리와 통합니다. 생명 현상은 형식 논리 현상도 변증법 논리 현상도 아닙니다. 몸의 생명 현상이 서로 길항 작용을 하는 교감신경과 비교감신경이 서로 의존하고 견제하면서 몸의 역동성과 균형을 유지하는 것처럼, 마음의 생명 현상도 서로 대립되는 것들의 상호의존과 상호견제를 통해 역동성과 균형을 유지합니다. 이 역동적인 균형 과정의 중심에 예수 그리스도의 십자가가 서 있습니다. 따라서 서로 모순되는 말씀들 중 하나를 전제로 삼아 성서 전체를 형식적으로 일관되게 구성하려고 하거나 아니면 하나를 주로 삼고 다른 하나를 종으로 삼아 변증법적으로 통일하려고 하는 시도는 불가피하게 부분을 전체화하는 오류를 범하게 됩니다.

인간은 4차원의 시-공간 속에 살고 있는 입체적인 존재입니다. 따라서 인간을 이해할 때는 입체적인 시각을 가져야 합니다. 그런데 논리적 일관성만을 강조해 하나의 논리만을 취한다면 그것은 인간을 단선적인 존재로 보거나 아니면 기껏해야 평면적이 존재로 보는 것에 그치게 됩니다. 그것은 인간성의 많은 부분을 잘라내야 합니다. 그렇게 되면 인간의 생명은 죽습니다. 인간 존재의 입체성을 잘 살리기 위해서는 포용의 정신이 필요합니다.

몸의 건강을 유지하기 위해서 인간은 5대 영양소인 탄수화물, 지방, 단백질, 무기물(칼슘, 인, 철, 요오드 등), 그리고 20여 종의 비타민(이들 외에도 영양소는 아니지만 섬유질이 있다)을 섭취해야 합니다. 그런데 어떤 사람이 다른 영양소들은 무시한 채 탄수화물의 논리만 펴면서 그것만 계속 섭취한다면 그의 건강은 어떻게 될까요? 또 탄수화물, 지방, 단백질이 영양소의 약 90%를 차지한다고 해서 이들만 섭취하고 무기질이나 비타민을 무시한다면 그의 건강은 어떻게 될까요? 이러한 편식 논리는 몸의 건강을 쇠약하게 만들어 결국 죽음에 이르게 합니다.

우리의 영과 마음을 살리는 하나님의 말씀도 마찬가지입니다. 앞에 언급한 서로 모순되는 요소들을 골고루 섭취할 때 우리 영혼의 건강이 유지됩니다. 그래서 성경은 "하나님의 말씀은 살았고 운동력이 있어 좌우에 날선 검보다 예리하여 혼과 영과 및 관절과 골수를 찔러 쪼개기까지 하며 또 마음의 생각과 뜻을 감찰[하신다]"(히브리서 4장 12절)고 말하고 있는 것입니다. 성경은 이런 식으로 우리의 영과 마음이 잠들거나 병들거나 죽지 않도록 끊임없이 견제와 균형을 유지하기 위한 운동을 하게 함으로써 우리를 살리는 것입니다.

선진 문명사회

선진 문명사회들에서는 정의의 방식과 자비의 방식, 율법과 복음이 불완전하지만 상대적으로 잘 실현되고 있습니다. 형법, 상법, 민법 등 여러 법들을 통해 정의의 방식이 잘 운영되고 있고, 또 사회 복지 정책을 통해 자비의 방식이 잘 운영되고 있습니다. 또 모순된 것들을 다양하게 포함하고 있는 성서처럼 관용의 정신을 가지고 인간성의 다양한 측면을 인정하고 수용합니다. 이것은 좋은 사회의 공통된 특징이기 때문에 좋은 사회가 되려고 하는 사회는 이러한 방식을 받아들여야 합니다. 그러나 좋은 사회는 저절로 작동되는 것이 아니고 그 속에 살고 있는 사람들이 그런 식으로 운영해야만 그렇게 작동됩니다. 따라서 좋은 사회에 살기를 바라는 사람들은 스스로 정의의 덕과 자비의 덕, 그리고 관용의 정신을 잘 갖추고 실천해야 합니다.

황금률에 따라 운영되는 하나님 나라는 이 땅에서 완벽하게 실현되기는 어렵습니다. 인간이 불완전한 존재이기 때문이지요. 하지만 하나님과 동행하면서 그의 교훈에 귀를 기울인다면 하나님 나라를 불완전하게나마 훌륭하게 실현할 수 있는 능력을 인간은 갖출 수 있습니다.

황금률과 민주주의 사회 시스템

황금률이 제대로 작동하기 위해서는 정신과 제도가 잘 따라주어야 합니다. 모든 사회는 나름대로의 정신과 제도가 있습니다. 민주주의 사회는 민주주의에 적합한 정신과 제도가 있고, 독재 사회는 독재에 적합한 정신과 제도가 있지요. 황금률이 잘 작동하는 나라를 만들기 위해서는 민주주의에 적합한 정신과 제도를 갖추어야 합니다.

앞에서 자주 말했지만 민주주의 정신은 인간의 존엄성, 각 개인의 자유와 평등, 법의 중요성입니다. 그리고 민주주의 제도는 이러한 정신이 제대로 잘 실현되도록 절차를 통해 뒷받침하는 것으로서, 정치권력의 원천이 국민에게 있다는 국민주권 제도, 정치권력의 형성에 구성원들이 함께 참여하는 보통선거제도, 권력의 독점을 막기 위한 권력분립제도(입법, 사법, 행정의 분립을 통한 견제와 균형), 지방 분권(지방자치제)과 중앙 집권(연방정부제)의 균형 제도 등이 있습니다.

  민주주의 정신과 제도에 따라 황금률이 잘 작동하는 사회는 통치자들이 주인이 되어 권력을 휘두르는 사회가 아니라 통치자들이 일반 국민을 섬기고 봉사하는 사회입니다. 힘 있는 사람들이 이런 자세를 가져야 그 사회가 민주주의를 잘 운영할 수 있는 것입니다. 결국 민주주의 사회는 예수가 시작한 하나님 나라 운동의 결과물이라고 할 수 있습니다. 따라서 하나님 나라로서의 민주주의는 기독교인들의 영원한 이상이자 목표라고 할 수 있습니다. 예수가 벌인 하나님 나라 운동에서 시작된 기독교는 민주주의를 발전시켜 인류 사회에 평화를 이루는 데 크게 기여할 수 있습니다. 그가 십자가를 짊으로써 우리가 평화를 누리게 되었습니다(이사야 53장 5절). 그를 따라서 평화를 만드는 자는 하나님의 아들이라 일컬음을 받는 복을 누릴 것입니다(마태복음 5장 9절).

8장_
하나님 나라의 운영 원리 : 동감의 원리

인간적인, 그리고 가장 자연스런 감정

이처럼 민주주의 사회 시스템은 하나님의 뜻이 이 땅에 이루어지는 하나님 나라라고 할 수 있습니다. 민주주의는 기본적으로 동료 인간들이 서로를 존중하는 가운데 자유로운 의견 교환과 동의를 통해 의사결정이 이루어지는 방식으로 운영됩니다. 그 누구도 자신의 의견을 타인에게 힘으로 강제할 수 없습니다. 이러한 운영을 가능하게 하는 인간적인 토대가 바로 동감의 원리입니다. 동감은 앞에서 논한 하나님 나라로서의 민주주의의 뿌리에 해당한다고 할 수 있습니다.

동감(sympathy)은 기쁨, 슬픔, 고통, 환희, 분노 등과 같은 모든 종류의 열정에 대한 인간 상호 간의 동포 감정을 말합니다. 동감은 애덤 스미스의 『도덕 감정론』에서 가져 온 개념입니다. 동감은 삼위일체의 하나님이 인간을 자신의 형상대로 만들 때 인간의 마음속에 심어준 것입니다. 지금까지 기독교 사상에서 동감의 중요성은 완전히 무시되어 왔습니다. 동감은 21세기에 적합한 새로운 기독교 패러다임을 구성하기 위한 인간사회 시스템 운영 원리가 될 수 있습니다.

동감은 국적, 인종, 종교, 나이, 성별에 관계없이 인간이면 누구나 서로 공유하는 그런 감정입니다. 사람은 누구나 기뻐하고 슬퍼하고 분노하고 즐거워하고 고통스러워하는 감정을 갖고 있습니다. 아마 이런 감정들을 한 번도 느껴보지 못한 사람은 없을 것입니다. 그런데 놀랍고 신비로운 것은 다른 사람이 기뻐하는 상황을 보고 나도 덩달아 기쁜 마음이 생기고, 다른 사람이 슬퍼하는 상황을 보고 나도 같이 슬픈 마음이 생긴다는 것입니다. 이것은 너무나 자명한 사실이라서 특별히 증명하려고 노력할 필요가 없습니다.

우리가 영화를 볼 때나 책을 읽을 때 주인공이 부모를 잃고 슬퍼하는 장면이 나오면 마음이 찡하면서 자신도 모르게 눈물이 흐를 때가 있습니다. 또 주인공이 악당의 꾐에 빠져 부당한 누명을 쓰고 고통을 겪으면 안타까운 마음이 듭니다. 이런 게 바로 동감의 예입니다. 인간미가 풍부한 사람들이 이러한 감정을 더 잘 느끼겠지만 그들만이 그런 것은 아닙니다. 법을 무시하는 악당이나 폭력배도 이러한 감정을 가지고 있습니다. 동감 현상은 특별한 부류의 사람에게만 한정되어 있는 것이 아니라 모든 사람에게서 찾아 볼 수 있는 것입니다.

우리는 주위에서 동감 현상의 예들을 많이 발견할 수 있습니다. 단순한 예를 몇 개 소개하면 다음과 같습니다. 누군가가 다른 사람의 팔 또는 다리에 칼을 겨누고 막 찌르려 하는 것을 보았을 때, 우리는 저절로 우리의 팔 또는 다리를 움츠리고 뒤로 끌어당기게 됩니다. 또 느슨한 밧줄 위에서 춤추는 무용수를 보면서 군중들은 자기도 모르게 몸을 비틀어 꼬면서 몸의 균형을 잡으려고 합니다. 또 성격이 섬세하고 몸이 약한 사람들은 거리의 걸인들이 내보이는 상처와 종기를 보면 자기 몸의 상응하는 부분에 가려움이나 불쾌감을 느끼게 됩니다. 그리고 매우 건강한 사람도 다른 사람의 짓무른 눈을 보았을 때 자신의 눈에 매우 민감한 통증을 느끼곤 합니다(『도덕 감정론』1부 1편 1장 3절).

스웨덴의 웁살라 대학교에 있는 울프 딤베리(Ulf Dimberg) 교수는 동감 현상을 실험을 통해 증명했습니다. 그는 피실험자들의 얼굴에 전자장치를 부착하고 모르는 사람의 얼굴 표정을 0.5초 동안 보여주면서 어떤 반응도 하지 말고 무표정하게 있도록 요구했습니다. 실험 결과, 웃는 표정의 얼굴을 본 피실험자들은 무표정하려고 노력했지만 웃음을 짓는 근육을 움직였고, 화가 난 얼굴 표정을 본 실험대상자들은 화를 내는 근육을 움직였다고 합니다. 이탈리아 파르마 대학교의 리촐라티(G. Rizzolatti) 교수는 동감을 불러일으키는 역할을 하는 세포가 인간의 뇌 속에 있다고 주장하고 그것을 '거울신경세포(mirror neuron)'라고 불렀습니다. 다른 사람의 감정을 자신 속에서 거울처럼 그대로 비춰준다는 의미에서 이런 이름을 붙였습니다. 이 내용은 요아힘 바우어(Joachim Bauer)의 『공감의 심리학』에 소개되어 있는 것입니다.

인간사회의 중력의 법칙

동감은 사람들이 자신의 감정을 자유롭게 표현할 수 있을 때에만 잘 작용합니다. 왜냐하면 감정을 자유롭게 표현할 수 있어야만 사람들은 자신의 감정을 진실하게 표현하는 법이기 때문이지요. 만약 공포나 두려움을 느낀다면 감정의 자연스런 표현은 위축되고 매우 치밀하게 계산된 인위적인 감정이 나타날 것입니다. 권력자의 기분을 거스르면 목숨이 위험하게 되거나 불이익을 받게 되는 상황에서 사람들은 그 권력자의 기분에 맞추어 감정을 표현하게 됩니다. 이렇게 되면 동감 작용은 파괴되고 가식적인 행위들이 나타납니다. 따라서 인간관계에서 동감의 원리를 파괴하는 가장 큰 요소는 권력을 사용하여 사람들을 인위적으로 통제하는 것입니다.

동감적 반응은 우리를 유쾌하게 만들고 비동감적 반응은 우리를 불쾌하게 만듭니다. 우리가 마음속에서 느끼는 감정에 타인이 동감해 주면 우리는 기분이 좋아지고, 반대로 우리가 마음속에서 느끼는 감정에 동감해 주지 않으면 의기소침하게 됩니다. 모든 인간은 상대방의 동감을 얻고자하는 욕구를 기본적으로 가지고 있다고 할 수 있습니다.

스미스는 동감 현상을 이해득실의 계산으로 설명하려는 입장에 반대했습니다. 동감은 '매우 순간적으로', 그리고 '극히 사소한 경우에도' 일어나며, 따라서 이해득실에 대한 계산에 앞서 본성적으로 나타납니다. 게다가 우리는 우리의 이해득실과 전혀 무관한 사람들의 열정에도 쉽게 동감이 유발되는 것을 실제로 경험합니다. 슬픈 영화 장면을 보고 있으면 동시에 슬픈 감정이 생기면서 자신도 모르게 눈물이 흐릅니다. 이러한 생각에 이어서 스미스는 인간이 사회를 형성하는 것이 다른 사람들의 도움에 의한 이익 때문이라는 생각에도 반대했습니다. 그는 인간이 사회를 형성하는 것은 '자신의 동류에 대한 자연스런 사랑' 때문이라고 보았습니다.

개체성과 사회성의 조화

동감이라는 감정은 상황에 따라 매우 미묘하고 다양한 형태로 일어납니다. 모든 사람은 여러 부류의 사람들과 다양한 관계와 집단(가족, 연인, 친구, 직장, 친목 집단, 이익 집단, 취미 집단, 민족, 인류)을 형성해서 상호작용을 합니다. 그리고 각각의 관계와 집단은 그 나름의 특별하고 독특한 방식을 갖고 있습니다. 이것은 매우 다양한 형태의 동감적 상호작용이 존재한다는 것을 의미합니다. 따라서 모든 인간관계와 집단에서 동감이 어떻게 작용하는지를 객관적으로 관찰하여 구체적으로 진술하는 것은 불가능합니다.

그러나 그렇다고 동감을 무조건 주관적 감정으로 단정하여 모든 객관적 관찰이 불가능한 것으로 비관할 필요는 없습니다. 우리는 동감의 다양하고 미세한 층위들 중에서 가장 일반적인 층위에 대한 관찰을 통해 객관적인 도덕의 일반 원칙을 확립할 수 있습니다. 따라서 동감은 인간사회에서 미시적 수준의 다양성과 거시적 수준의 통일성을 동시에 포괄할 수 있는 개념이 됩니다. 동감 현상은 인간의 감정이 단지 개인적이고 주관적이며 비합리적인 것이 아니라 사회적이고 객관적이며 합리적일 수 있다는 것을 말합니다.

동감은 개인적인 감정인 동시에 사회적인 감정으로서, 개체성과 사회성 모두의 입지를 확보해주는 동시에 이 둘 사이의 균형을 유지해줍니다. 개체성이 지나쳐 사회성을 파괴하는 데까지 나아간다면 그것은 동감을 얻지 못할 것입니다. 반대로 사회성이 지나쳐 개체성을 집어삼키려고 한다면 그것 역시 동감을 얻지 못할 것입니다. 이런 점에서 동감은 개체성의 소멸을 지향하는 공동체적 일체감과는 전혀 다른 것입니다. 그것은 개체성을 존중하면서 타인과 함께 느끼는 감정입니다.

당사자와 관망자

동감의 상호작용은 관망자와 당사자 간의 '상상에 의한 입장의 전환(imaginary change of situation)'에 의해 일어납니다. 관망자는 상상에 의해 스스로를 당사자의 상황에 놓습니다. 그러면 그는 당사자가 느끼는 것과 유사한 정서를 마음에 품게 됩니다. 당사자 역시 상상에 의해 스스로를 관망자의 입장에 놓습니다. 그러면 그는 관망자들이 냉정함을 가지고 자신의 상황을 바라본다는 사실을 이해하고 자신의 상황을 냉정함을 가지고 생각하게 됩니다. 당사자는 자기가 관망자 중의 한 사람에 불과했다면 자기 상황을 어떻게 느꼈을까를 상상해보도록 끊임없이 인도됩니다(『도덕 감정론』 1부 1편 4장 8절).

스미스는 이러한 상호작용에서 주요 당사자의 감정을 동감하고자 하는 관망자의 노력과 자신의 열정을 관망자가 함께 동감할 수 있는 정도까지 억제하려는 주요 당사자의 노력이 모두 중요하다고 말했습니다. 그러면서 그는 관대한 인간애의 덕성을 관망자의 덕성으로, 자기부정과 억제의 덕성을 당사자의 덕성으로는 보았습니다. 당사자의 상황에 인간적인 관심을 표현하는 것은 관망자의 칭찬받을만한 덕성입니다. 만약 어떤 사람이 완고하고 냉혹한 마음으로 자신의 일에만 골몰하고 타인들의 행복이나 비참에는 완전히 무감각하다면 우리는 그를 무척 불쾌한 사람으로 여길 것입니다. 반면에 관망자의 시각에서 자신의 감정을 통제하는 것은 당사자의 칭찬받을만한 덕성입니다. 만약 어떤 사람이 조그만 슬픔에 한숨 쉬고 눈물을 흘리고 탄식하면서 슬픈 마음을 무절제하고 소란스럽게 표현한다면 우리는 불쾌감을 느낍니다(『도덕 감정론』 1부 1편 5장 1-3절).

동감과 도덕의 일반 원칙

모든 물체가 땅으로 떨어지는 현상들을 관찰하여 중력의 법칙이 발견되었듯이, 보통 사람들이 일상적인 삶 속에서 서로에 대해 동감하는 것과 동감하지 않는 것을 관찰하면 다음과 같은 도덕의 일반 원칙이 발견됩니다. "우리 모두는 대중 속의 한 사람에 불과하고, 어떠한 점에서도 그 속의 타인들보다 나을 것이 없으며, 만약 우리가 맹목적으로 우리 자신을 타인들에 우선시킨다면 우리는 분개와 혐오와 저주의 정당한 대상이 될 것[이다]." 이것은 '맹목적으로 자기를 우선시 하는 것을 거부하는 원칙'이라고 할 수 있습니다.

맹목적 자기 우선 거부 원칙은 인간의 행동에서 옳고 그름을 결정하는 궁극적인 도덕적 기초가 됩니다. 물론 이 원칙은 인간 상호간의 동감적인 감정 현상들을 자료로 해서 만들어진 것이기는 하지만 그렇다고 해서 우리는 도덕 판단을 인간의 직접적인 감정에 맡겨둘 수는 없습니다. 왜냐하면 인간의 직접적인 감정은 건강 상태나 기분 상태에 따라 매우 잘 변하므로 극도로 불확실하고 또 불안정하기 때문입니다(『도덕 감정론』 7부 3편 2장 6절).

또 똑같은 크기의 대상이라고 하더라도 우리 몸의 눈에는 우리에게 가까이 있는 대상이 더 크게 보이듯이 마음의 눈의 경우도 마찬가지입니다. 어떤 일의 당사자가 될 때 우리는 이기적 열정들로 인해 우리 자신의 극히 작은 이해득실을 타인이 가지고 있는 최대의 관심사보다 훨씬 더 중요한 것처럼 여깁니다. 내가 하면 로맨스이고 다른 사람이 하면 스캔들이라는 식의 이중적 태도가 한 예입니다.

이러한 이기적인 열정들로 인해 우리는 자주 자기기만에 빠집니다. 우리를 흥분시키는 격렬한 감정들은 사물들에 대한 우리의 시각을 흐리고, 우리의 자기애는 사물을 과장하고 왜곡시킵니다. 인류의 치명적인 약점인 이 자기기만은 인간 생활에서 생기는 혼란들 중에서 그 절반의 원천이 됩니다. 따라서 우리는 인간의 직접적인 감정보다는 동감적 감정 현상들에 대한 이성의 관찰을 통해 얻은 도덕의 일반 원칙을 도덕 판단의 궁극적 기초로 삼아야 합니다.

모든 국가의 실정법은 도덕의 일반 원칙에 일치해서 만들어져야 합니다. 모든 국가에서는 개인들 간의 분쟁을 해결하기 위해 재판관들이 임명되고 또 그들이 판결을 하기 위한 원칙들이 미리 규정되는데, 이 규정들은 도덕의 일반 원칙에 일치해야 합니다. 그러나 실제로는 그렇지 않은 경우가 많습니다. 그 이유는 정부 권력을 차지한 특정 계층의 인간들이 자신들의 이익을 위해 국가의 실정법을 자연적 정의로부터 왜곡시키기 때문입니다(『도덕 감정론』 7부 4편 36절). 현대 민주주의 문명 이전의 전통문명들에게서 나타나는 전제 군주제도와 신분 제도, 그리고 공산주의 제도 모두 국가의 실정법을 자연적 정의로부터 심하게 왜곡시킨 대표적인 사례라고 할 수 있습니다. 뿐만 아니라 민주주의 문명 안에서 정치가 부유층의 이해관계에 사로잡혀 법이 부유층에 유리하게 만들어지는 경우도 그런 사례라고 할 수 있습니다.

이처럼 실정법을 자연적 정의로부터 왜곡시키면 인간의 도덕 감정은 부패됩니다. 스미스는 우리의 도덕 감정들의 적정성이 편파적인 관망자가 가까이 있는 정도만큼, 그리고 이해관계가 없는 중립적인 관망자가 멀리 떨어져 있는 정도만큼 부패한다고 보았습니다. 영국의 액튼 경(Lord Acton)은 '절대 권력은 절대적으로 부패한다'는 유명한 말을 했습니다. 절대 권력이 절대적으로 부패하는 가장 큰 이유는 무엇일까요? 그것은 그가 자신을 무조건 지지하는 편파적인 사람들(아부꾼들)로 둘러싸여 있기 때문입니다.

도덕 감정의 부패는 인간사회 자체의 파괴를 뜻합니다. 따라서 '도덕적 능력'은 인간 본성의 다른 어떤 능력이나 욕구보다도 우위에 있어야 합니다. 인간 본성의 다른 능력이나 욕구는 도덕적 능력을 억제할 수 없지만 도덕적 능력은 그것들을 억제할 권리를 가지고 있습니다(『도덕 감정론』 3부 5장 5절).

정의의 도덕과 자비의 도덕

도덕의 일반 원칙은 서로 다른 두 종류의 도덕으로 나누어집니다. 하나는 정의(justice)의 도덕이고, 다른 하나는 자혜 또는 자비(beneficence)의 도덕입니다. '정의의 도덕'은 다른 사람의 이기심을 나의 이기심만큼 존중해주어야 하는 도덕입니다. 이것은 대부분의 인간이 자연스럽게 동감하는 도덕입니다. 누군가가 자신의 이익을 맹목적으로 앞세워 다른 사람의 이익을 침해한다면 사람들은 그의 무례함에 대해 분노의 감정을 가질 것입니다. 이 분노의 감정은 '정의감'으로 불립니다.

정의의 도덕과는 달리 '자비의 도덕'은 나의 이기심을 희생해서라도 다른 사람들의 어려움을 도와주어야 하는 도덕입니다. 이 도덕 또한 대부분의 인간이 자연스럽게 동감하는 것입니다. 물건을 들고 길을 가는 할머니가 누군가의 도움을 받았다면 그 할머니는 그의 친절함에 고마움을 느낄 것입니다. 이 광경을 바라보는 관망자는 고마움을 느끼는 할머니의 마음에 동감하는 마음이 생길 것이고 그 할머니를 도와주는 사람의 친절한 마음에 동감을 할 것입니다. 이런 종류의 감정은 '자비심'으로 불립니다. 약한 자와 가난한 자를 도와주고 타인의 잘못을 용서하는 도덕규범은 이런 자비심을 반영하는 것입니다.

동감, 새로운 성서 해석 원리

동감은 하나님이 인간을 창조할 때 인간의 마음속에 심어 놓은 인간 사회의 중력의 법칙이라고 할 수 있습니다. 인간이 타락함으로써 동감이 제대로 작용하지 못하게 되었지만 예수 그리스도가 십자가를 짊으로써 다시 회복되기 시작했습니다. 성서에 의하면, 삼위일체 하나님은 인간을 자신의 형상을 따라 만들었습니다. 따라서 삼위일체 하나님 사이의 상호작용 방식과 하나님과 인간 사이의 상호작용 방식, 인간 사이의 상호작용 방식은 하나님의 형상을 중심으로 같은 방식으로 일어날 수밖에 없습니다. 그 방식이 바로 동감입니다. 따라서 성서에 동감이라는 말이 거의 언급되어 있지 않다 하더라도 동감은 성서를 해석하는 기본 원리가 될 수 있습니다.

삼위일체 하나님의 상호작용 원리

우리는 성부, 성자, 성령 삼위일체의 하나님이 동감의 원리에 따라 상호작용한다는 사실을 성서에서 확인할 수 있습니다. 가장 먼저 언급되어야 할 사실은 창세기 1장 26절입니다. 이 구절에 보면 "하나님이 이르시되 우리가 우리의 형상을 따라 사람을 만들자"라고 되어 있습니다. 이 문장을 통해 알 수 있는 것은 삼위일체 하나님이 완전히 자유로운 상태에서 서로의 생각에 완전히 동감하여 인간을 하나님의 형상대로 만들었다는 사실입니다. 만약 아버지 하나님이 아들 하나님과 성령 하나님에게 가부장적인 방식으로 자신의 생각을 받아들이도록 강제했다면 '우리가 우리의 형상을 따라'라는 말을 자연스럽게 사용할 수 없었을 것입니다. 또 여기서 유추해볼 수 있는 것은 인간뿐만 아니라 천지만물의 모든 피조물도 세 분 하나님이 완전히 자유로운 상태에서 서로의 생각에 완전히 동감하여 함께 협력해서 창조했을 것이라는 사실입니다.

이러한 사실에서 볼 때 아버지 하나님의 뜻은 아들 하나님의 뜻이고, 아들 하나님의 뜻은 성령 하나님의 뜻입니다. 이 세 분의 뜻은 동감에 근거한 하나의 뜻입니다. 아들 하나님인 예수 그리스도는 자신이 성부 하나님의 뜻을 행하려고 이 땅에 왔음을 밝히고 있습니다. "내가 하늘로서 내려온 것은 내 뜻을 행하려 함이 아니요 나를 보내신 이의 뜻을 행하려 함이니라"(요한복음 6장 38-39절). 여기서 "나를 보내신 이의 뜻을 행[한다]"는 것은 바로 나를 보내신 이의 뜻에 전적으로 동감한다는 것을 이미 전제하고 있는 것으로 해석할 수 있습니다. 어떻게 누군가의 뜻에 동감하지 않고 그 뜻을 행할 수 있겠습니까?

예수가 십자가 죽음을 앞두고 "아버지여 할만하시거든 이 잔을 내게서 지나가게 하옵소서 그러나 나의 원대로 마옵시고, 아버지의 원대로 하옵소서"(마태복음 26장 39절)라고 한 것은 그가 비록 두렵지만 세상을 구원하려는 아버지의 뜻에 전적으로 동감한다는 고백이라고 할 수 있습니다. 예수는 하나님의 강요에 의해 억지로 이 땅에 와서 인간의 구원 사역을 감당한 것이 결코 아닙니다. 예수 그리스도가 요한에게 세례를 받고 물에서 올라왔을 때 하늘에서 다음과 같은 소리가 들렸다고 성서는 기록하고 있습니다. "이는 내 사랑하는 아들이요 내 기뻐하는 자라"(마태복음 3장 17절). 아들 하나님이 아버지 하나님의 명령이나 권력이 무서워 억지로 이 땅에 왔다면 이런 말을 할 수가 없을 것입니다.

성부와 성자의 이러한 동감적 상호작용은 성령에게도 그대로 적용됩니다. 예수는 자신이 아버지의 뜻에 전적으로 동감하는 것처럼 성령도 아버지와 자신의 뜻에 전적으로 동감해서 행위를 할 것이라는 것을 다음과 같이 밝혔습니다. "진리의 성령이 오시면 그가 너희를 모든 진리 가운데로 인도하시리니 그가 자의로 말하지 않고 오직 듣는 것을 말하시며 장래 일을 너희에게 알리시리라 그가 내 영광을 나타내리니 내 것을 가지고 너희에게 알리겠음이니라 무릇 아버지께 있는 것은 다 내 것이라 그러므로 내가 말하기를 그가 내 것을 가지고 너희에게 알리리라 하였노라"(요한복음 16장 13-15절).

성부와 성자와 성령의 상호작용은 성부 → 성자 → 성령의 수직적인 위계 서열에 따라 한쪽이 명령하고 지배하고, 다른 쪽이 복종하는 그런 방식이 아닙니다. 이런 방식은 삼위일체론과 맞지 않습니다. 삼위일체론은 기독교의 중요한 교리 중 하나로서, 하나님이 한 분이면서도 성부, 성자, 성령 세 분이라는 사실을 말합니다. 삼위일체의 하나님은 '삼위의 하나님'도 아니고, '일체의 하나님'도 아니며, 또 '삼위=일체인 하나님'도 아닙니다. 삼위일체의 하나님은 삼위인 동시에 일체인 하나님 즉, 고유의 독자성을 가지고 서로 교제하는 세 분 하나님인 동시에 동일 본질을 가진 절대 유일의 한 분 하나님입니다. 우리 인간으로서는 이러한 존재 방식을 알 수도 없고, 설명할 수도 없습니다.

삼위일체론과 민주주의

　삼위일체론은 민주주의 사회 시스템을 위한 아주 중요한 상징적 의미를 갖고 있습니다. 그것은 인간사회가 하나의 통일된 집단인 동시에 모든 구성원이 본질적으로 동등한 인간으로서 자유롭게 개개인의 다양성을 누릴 수 있는 종교적 상징을 제공합니다. 인간은 하나님의 형상을 한 존재입니다. 따라서 하나님이 어떠한 방식으로 존재하느냐에 따라 인간사회 시스템의 존재 방식도 달라집니다.

　삼위일체의 하나님에서 하나님의 단일성이 강조되면 인간사회 시스템도 단일한 권위를 중심으로 통일성이 강조되는 독재나 권위주의, 또는 전체주의 방식으로 운영될 것입니다. 반대로 세 분 하나님의 독자성이 강조된다면 인간사회 시스템도 모든 구성원이 각자 자신의 다양한 목소리를 앞세우는 무정부주의 방식으로 운영될 것입니다. 이슬람 지역에서 민주주의가 출현하지 못하거나 출현해도 제대로 운영되지 못하는 가장 큰 이유도 기독교의 삼위일체론에서 단일신론으로의 퇴행 때문이라고 할 수 있습니다. 인간사회는 그 구성원들이 믿는 신의 모습을 닮기 마련입니다.

　삼위일체 하나님은 자유로운 수평적 동감의 교제를 통해 지극히 민주적인 방식으로 관계를 형성하고 유지하는 것입니다. 마찬가지로 하나님의 형상을 한 인간들도 서로 동감의 교제를 통해 민주적인 방식으로 인간사회 시스템을 형성하고 운영해야 합니다. 이에 대해서는 아래에서 좀 더 자세하게 살펴볼 것입니다. 민주주의를 거부하는 것은 곧 하나님의 형상을 닮은 인간의 본성을 부정하는 것이며, 또한 그것은 삼위일체 하나님을 부정하는 것입니다.

하나님과 인간 사이의 상호작용 원리

이처럼 인간은 완전히 자유로운 상태에서 서로 완전히 동감하여 모든 일을 하는 삼위일체 하나님의 형상대로 창조되었습니다. 따라서 당연히 하나님과 인간 사이의 상호작용 방식에도 동감의 원리가 적용됩니다. 이 때문에 인간은 하나님과 자유롭게 동감의 교제를 나눌 수 있는 특별한 종류의 피조물입니다. '하나님의 형상'이라는 말이 여러 가지 의미를 함축하고 있지만 이것도 그 말의 매우 중요한 의미들 중 하나입니다.

하나님은 창조주로서, 당연히 자신의 피조물인 인간의 입장에서 인간의 기쁨, 슬픔, 고통, 환희, 분노에 대해 동감하실 수 있습니다. 하나님은 인간의 기도를 듣는 하나님입니다. 하나님이 인간의 기도를 듣는다는 것은 단지 인간이 하는 말을 이해한다는 것뿐만 아니라 인간의 말속에 배어있는 기쁨, 슬픔, 고통, 환희, 분노의 감정을 같이 느낄 수 있다는 것입니다. 성서에는 이에 대한 너무 많은 예들이 있어서 굳이 따로 예를 들 필요가 없을 것입니다. 그래도 예를 들지 않고 그냥 지나가면 섭섭하다고 느끼는 분들을 위해 저는 이집트에서 바로의 압제에 신음하는 이스라엘 백성들의 고통 소리를 듣고 하나님이 개입한 이야기를 예로 들겠습니다. 출애굽기 3장 23-24절에는 "이스라엘 자손이 고역으로 인하여 탄식하고 부르짖으니 그 고역으로 인하여 부르짖는 소리가 하나님께 상달한지라 하나님께서 그 고통 소리를 들으셨다"고 되어 있습니다. 그리고 시편을 한번 보시기 바랍니다. 하나님한테 자신의 상황을 하소연하고 동감해달라는 시인의 노래가 구구절절하게 기록되어 있습니다. 또 자신의 다급하고 억울한 처지에 대해 모른 체 하는 하나님에게 항변하는 구절도 많이 있습니다.

하나님이 인간의 상황에 동감할 수 있다는 것 못지않게 중요한 것은 인간이 하나님의 상황에서 하나님의 기쁨, 슬픔, 고통, 환희, 분노에 대해 동감할 수 있는 능력을 갖고 있다는 것입니다. 성서에는 하나님이 인간에게 자신의 감정을 표현하는 예가 많이 나와 있습니다. 특히 인간들의 죄악과 불의에 대한 하나님의 분노가 많이 표현되어 있습니다. 만연해 있는 인간 세상의 악에 대해 홍수로 심판하는 하나님의 분노, 출애굽 과정에서 계속 반복되는 이스라엘 백성들의 불신앙에 대한 하나님의 분노가 그 예라고 할 수 있습니다. 또 성서에서 하나님은 자신을 멀리 떠나 우상 숭배에 빠져 있는 이스라엘 백성들을 안타까워하는 하나님, 고난 중에 있는 인간을 긍휼히 여기는 하나님, 자기 백성으로 말미암아 기뻐하고 즐거워하는 하나님, 자신의 독생자 예수 그리스도를 기뻐하는 하나님으로 나타나고 있습니다. 이러한 하나님의 감정 표현에서 우리는 하나님이 자신의 마음에 인간들이 동감해 주기를 바란다는 사실을 알 수 있습니다.

호세아서에는 하나님의 이러한 간절한 마음이 가장 직접적으로 표현되어 있습니다. 4장 1-3절에서 하나님은 다음과 같이 말합니다. "이스라엘 자손들아 여호와의 말씀을 들으라 여호와께서 이 땅 주민과 논쟁하시나니 이 땅에는 진실도 없고 인애도 없고 하나님을 아는 지식도 없고 오직 저주와 속임과 살인과 도둑질과 간음뿐이요 포악하여 피가 피를 뒤이음이라 그러므로 이 땅이 슬퍼[한다]"(호세아 4장1-3절). 땅이 슬퍼한다는 표현은 하나님의 슬픈 마음을 땅을 빌어 표현하고 있다고 할 수 있습니다. 또 이 구절에서 '하나님을 아는 지식이 없다'는 표현은 하나님의 마음 상태, 하나님이 무엇을 기뻐하고, 무엇을 슬퍼하는지에 대해 동감할 능력을 잃어버린 인간의 무심한 상태를 안타까워하는 것입니다.

유명한 호세아서 6장 6절에서 하나님은 "나는 인애를 원하고 제사를 원하지 아니하며 번제보다 하나님을 아는 것을 원하노라"라는 표현을 하고 있습니다. 제사보다도 번제보다도 중요한 것은 하나님의 마음에 동감하는 인간의 마음이라는 것이지요. 성서에 보면 하나님이 인간을 나무랄 때 '돌처럼 굳은 마음'과 '살처럼 부드러운 마음'이 대조적으로 사용되고 있는데 이는 모두 동감의 능력을 유지하는 인간의 마음 상태와 관계가 있습니다. 돌처럼 굳어진 마음은 하나님의 마음에 동감할 수 있는 능력을 잃어버린 인간의 마음을, 살처럼 부드러운 마음은 하나님의 마음에 동감할 수 있는 능력을 잘 유지하고 있는 인간의 마음을 뜻하는 것이지요. 하나님의 이러한 감정 표현과 이 감정 표현에 대해 인간이 동감해 주기를 바라는 하나님의 마음은 하나님이 인격적인 하나님임을 나타내는 매우 중요한 요소라고 할 수 있습니다.

만약 하나님이 동감의 능력을 인간의 마음속에 새겨놓지 않았다면 인간은 하나님과 진정으로 소통할 수 없습니다. 또 인간에게 죄를 깨닫고 회개하라고 요구하는 성서의 메시지는 전혀 의미가 없으며 따라서 성립될 수 없습니다. 죄를 깨닫고 회개하라는 메시지가 의미 있고 또 설득력을 갖기 위해서는 그것을 듣는 사람이 자신 속에 죄책감을 갖고 있어야 합니다. 그러면 도대체 죄책감이란 무엇입니까? 그것은 하나님께서 동감할 수 없는 생각이나 행동을 하게 되었을 때 우리 인간이 느끼는 감정입니다. 그러나 하나님과 인간의 동감에 대해 말할 때 우리는 다음과 같은 사항을 염두에 두어야 합니다.

첫째, 불완전한 존재인 인간이 완전한 하나님과 완전히 동감한다는 것은 불가능합니다. 따라서 하나님과 완전히 동감하는 상태에 있지 않다고 해서 무조건 죄책감을 느껴야 하는 것은 아닙니다. 인간과 하나님의 완전한 동감은 불가능합니다. 불가능한 것에 대해 죄의식을 느끼는 것은 하나님께서 원하시는 바가 아닙니다. 여기서 '하나님께서 동감할 수 없는 생각이나 행동'이라는 것은 하나님이 싫어하고 미워하는 생각이나 행동을 의미합니다. 예를 들면, 앞의 호세아서 4장 1-3절에 나오는 저주, 속임, 살인, 도둑질, 간음, 포악, 피흘림 등의 것들이지요. 잠언의 6장 16-19절에는 다음과 같은 말이 나옵니다. "여호와의 미워하시는 것 곧 그 마음에 싫어하시는 것이 육 칠 가지니 곧 교만한 눈과 거짓된 혀와 무죄한 자의 피를 흘리는 손과 악한 계교를 꾀하는 마음과 빨리 악으로 달려가는 발과 거짓을 말하는 망령된 증인과 및 형제 사이를 이간하는 자니라"

둘째, 인간이 하나님과 동감할 수 있는 능력이 있다고 해서 인간이 하나님이 하는 모든 일을 다 알고 이해할 수 있는 것은 아닙니다. 인간은 유한한 피조물이고 하나님은 무한한 창조주이므로 하나님과 그의 일은 인간의 이해를 넘어서 있습니다. 동감이라는 것은 하나님이 인간과 그의 상황에 대해 느끼는 여러 감정들에 대해 인간이 하나님의 입장에서 같이 느낄 수 있도록 허락했다는 의미입니다. 요한복음 17장에 나와 있는 예수의 긴 기도 중 '우리가 하나가 된 것 같이 저희도 하나가 되게 하려 한다'거나 '내가 저희 안에, 아버지께서 내 안에 계셔 저희로 온전함을 이루어 하나가 되게 하려 한다'는 표현(요한복음 17장 22-24절)은 이를 의미하는 것입니다.

또 이보다 앞서 나와 있는 15장의 포도나무 비유도 바로 이를 의미합니다. 인용하면 다음과 같습니다. "내 안에 거하라 나도 너희 안에 거하리라 가지가 포도나무에 붙어 있지 아니하면 절로 과실을 맺을 수 없음 같이 너희도 내 안에 있지 아니하면 그러하리라 나는 포도나무요 너희는 가지니 저가 내 안에, 내가 저 안에 있으면 이 사람은 과실을 많이 맺나니 나를 떠나서는 너희가 아무것도 할 수 없음이라"(요한복음 15장 4-5절). 여기서 "포도나무에 붙어 있는 가지"를 유한한 인간

(하나의 물방울)이 무한한 신성(바다)으로 흡수되어 합일하는 신비적인 존재론적 융합으로 이해해서는 안 됩니다. 이것은 믿는 사람이 예수 그리스도와 인격적인 동감의 교제 안에 머무는 것을 의미하는 것으로 해석되어야 합니다.

이런 맥락에서 성서는 '아버지의 뜻'을 무척 강조합니다. 몇 가지 예를 들면 다음과 같습니다. "나더라 주여 주여 하는 자마다 천국에 다 들어갈 것이 아니요 다만 하늘에 계신 내 아버지의 뜻대로 행하는 자라야 들어가리라"(마태복음 7장 21절). "누가 내 모친이며 내 동생들이냐 … 누구든지 하늘에 계신 내 아버지의 뜻대로 하는 자가 내 형제요 자매요 모친이니라"(마태복음 12장 48-50절).

하나님과 인간 사이의 이러한 상호 동감 원리는 우리에게 매우 중요한 사실을 시사하고 있습니다. 그것은 하나님께서 절대 주권자의 전능한 힘으로 인간을 강제하고 지배하시기보다는 인간 삶의 동반자로서 인간과 수평적인 관계를 유지하면서 자유로운 동감을 통해 인간과 교제하시며 동행하시기를 기뻐하신다는 것입니다.

이러한 동감의 원리는 하나님께서 살과 피를 가진 인간의 모습으로 이 땅에 옴으로써 더욱 강화되었습니다. 하나님은 살과 피를 가진 우리의 육체를 만졌고, 우리도 살과 피를 가진 하나님의 육체를 만졌습니다. 인간과 같은 살과 피를 가지고, 인간과 같은 눈높이에서 인간이 경험하는 동일한 상황을 경험하였습니다. 예수는 인간의 곤고한 상황에 대해 깊은 연민을 느꼈습니다. 그는 자기를 따라 다니는 무리들이 먹을 것이 없는 것을 보고 불쌍히 여겨 오병이어의 기적을 일으켜 무리들을 먹였습니다. 그가 그에게로 나온 많은 병자들을 다 고쳐준 것도, 특히 유대교가 금하는 안식일에 병을 고쳐준 것도 이처럼 불쌍히 여기는 마음에서였습니다.

기독교의 중요한 의식인 성찬은 바로 이러한 동감의 원리를 확인하는 자리입니다. 성찬은 예수가 죽기 전날 밤 제자들과 함께한 만찬을 기념하는 의식입니다. 예수는 이 만찬에서 빵과 포도주를 나누어 주며 이것을 십자가를 지며 찢기고 흘릴 자신의 살과 피라고 말했습니다. 이제 하나님과 인간은 살과 피로 된 육체를 통해 서로 교제하며 서로 동감합니다. 히브리서 4장 15절에서는 이를 다음과 같이 표현하고 있습니다. "우리의 대제사장은 우리의 연약함을 동정하지(sympathize) 못하시는 분이 아닙니다. 그는 모든 점에서 우리와 마찬가지로 시험을 받으셨지만, 죄는 범하지 않으셨습니다."(표준새번역)

구약을 보면 하나님께서 인간들을 종 취급하면서 전능자의 힘으로 징계하시는 일이 종종 있는데, 이것은 스스로 부패하여 감히 하나님처럼 되려고 한 인간이 그 죄를 돌이키지 아니하므로 취해진 부득이한 조치라고 할 수 있습니다. 타락한 인간사회는 하나님의 뜻을 무시하고 물리적인 힘을 사용해 서로를 지배하고 종으로 삼으려는 만성적인 전쟁상태에 있었습니다. 이런 상태에서는(성서의 말로는 목이 곧은 상태에서는) 물리적 강제력 외에 인간을 악한 길에서 돌이키게 할 방법이 없었습니다.

그러나 예수는 바로 이러한 종의 상태로부터 인간을 구원하여 하나님과의 원래의 동감 관계를 회복하시기 위해 온 것입니다. 이제 우리는 예수와 친구가 되어 자유로운 동감의 교제를 나눌 수 있는 존재로 회복되었습니다. "이제부터는 너희를 종이라 하지 아니하리니 종은 주인의 하는 것을 알지 못함이라 너희를 친구라 하였노니 내가 내 아버지께 들은 것을 다 너희에게 알게 하였음이니라"(요한복음 15장 15절). 또 우리는 예수와 친구일 뿐만 아니라 하나님의 자녀가 되었습니다. "하나님이 그 아들을 보내사 … 우리로 아들의 명분을 얻게 하려하심이라 너희가 아들인 고로 하나님이 그 아들의 영을 우리 마음 가운데 보내사 아바 아버지라 부르게 하셨느니라 그러므로 네가 이 후로는 종이 아니요 아들이니"(갈라디아서 4장 4-7절). 이 인용문에서 '이제부터는'이라는 단어와 '이 후로는'이라는 단어에 주목할 필요가 있습니다. 이것은 '지금까지는' 종이었지만 '이제부터는' 자녀와 친구로 대하겠다는 하나님의 강력한 의사 표현입니다.

동감은 자유로운 관계에서만 생동감 있게 유지될 수 있습니다. 우리가 예수와 친구의 자리에 서고 하나님의 자녀가 되는 지위를 얻은 것도 생동감 있는 동감의 관계를 위해서입니다. "그리스도께서 우리로 자유케 하려고 자유를 주셨으니 그러므로 굳세게 서서 다시는 종의 멍에를 메지 말라"(갈라디아서 5장 1절). 이러한 사실을 제대로 인식한다면 하나님이나 성서를 자신의 특권과 지배를 정당화하기 위한 수단으로 이용할 수는 결코 없습니다. 그러나 불행하게도 아직도 많은 기독교 사상들이 종의 관념에서 벗어나지 못하고 하나님과 인간의 관계를 지배-복종의 관계로 설정하면서, 그것을 좋은 신앙의 표시로 여기고 있습니다. 특히 목회자들이 스스로를 하나님의 종의 신분으로 규정하면서 그것이 마치 성직자로서 종교적 특권인 것처럼 여기는 태도가 그렇습니다. 그래서 기독교인들 사이에서는 우스갯소리로 종이 자녀보다 높다는 말이 나옵니다.

이렇게 말한다고 해서 하나님의 주권과 통치를 부정하는 것이 결코 아닙니다. 성서에 나타난 하나님의 마음을 잘 알기 위해서는 하나님의 존재론적 측면과 하나님의 관계론적 측면을 잘 구별해야 한다는 것이 제 생각입니다. 존재론적 측면에서 하나님은 전지전능하며 어제도 오늘도 내일도 우주의 질서와 인간의 역사를 섭리하는 주권자이고 통치자입니다. 그러나 관계론적 측면에서 볼 때, 그리스도의 십자가 사건

이후 하나님은 이제 더 이상 주인이 종을 대하듯, 왕이 신하를 대하듯 지배하고 부리는 일방적 통치의 방식으로가 아니라 자유로운 자녀와 친구로서 서로의 마음을 읽고 인격적으로 교제하는 그런 방식으로 인간과 관계를 맺기 원합니다. 이것이 성경에 계시되어 있는 하나님의 마음입니다. 이 마음을 받아들이지 않고 계속 종의 상태에 머물겠다고 고집을 부리는 것이야말로 하나님의 주권과 통치를 부정하는 것입니다.

영성과 기도

기독교인들은 영성(靈性, spirituality)이라는 말을 자주 사용합니다. 영성이라는 말 속에 보통 사람들이 알지 못하는 무슨 신비로운 능력이 있는 것처럼 생각할 필요는 없습니다. 영성은 드높은 삶을 위한 초월의 열망입니다. 인간은 근본적으로 보다 의미 있고 숭고한 삶을 위해 자신의 존재 상태를 초월하려는 열망을 갖고 있습니다. 이 열망 때문에 인간은 자신의 삶을 성찰하고 정화하고 넘어서려고 노력합니다. 영성을 통해 인간은 혈통, 체력, 정치권력, 부, 명예, 지식, 도덕성 등과 같은 자신의 조건과 성취에 대한 집착을 초월하고 상대화할 수 있습니다. 이러한 초월의 영성은 하나님의 마음과 동감할 수 있는 인간의 마음 상태에서 옵니다. 영성은 신앙적인 삶의 뿌리입니다. 뿌리가 깊지 못하면 나무는 얼마 못 가 바람에 쓰러지고, 뿌리가 썩으면 나무는 말라 죽습니다.

기도는 이러한 영성의 유지에 매우 중요한 요소입니다. 기도를 통해 우리는 하나님과 인격적인 동감의 교제를 지속할 수 있습니다. 기도는 신하가 왕을 대하듯, 또는 종이 주인을 대하듯 깍듯이 꿇어앉아 자신에게 필요한 것을 주십사라고 간청하는 것이 아닙니다. 참된 기도는 하나님과 나누는 동감의 교제이고, 소통이고, 대화입니다. 우리는 어떠한 자세나 상황에서도 기도할 수 있습니다. 기도는 영혼의 호흡과 같은 것입니다. 기독교의 기도는 민간신앙에서처럼 정화수 떠놓고 정성을 다해 복을 비는 것과 전혀 다릅니다.

인간들 사이의 상호작용 원리

동감은 인간들 사이의 상호작용 원리이기도 합니다. 왜냐하면 모든 인간은 하나님의 형상을 한 존재이기 때문입니다. 그러나 인간들 사이의 동감은 삼위일체 하나님 사이의 동감과 다르게 나타납니다. 삼위의 하나님은 영이시므로 자유롭고 평등한 상태에서 완전한 동감에 이르는 것이 가능하지만 인간은 육체의 한계로 인해 서로 완전한 동감에 이르기 어렵습니다.

인간은 모두 자신의 신체에 갇혀 있기 때문에 타인이 느끼는 것을 직접 경험하지 못합니다. 우리 인간은 타인이 어떻게 느끼는지 알 수 없고 다만 우리 자신이 동일한 상황에 처해 있다면 무엇을 느꼈을까를 상상에 의해 추측해 볼 수 있을 따름입니다. 따라서 다른 사람이 느끼는 감정과 그것을 보고 내가 느끼는 감정은 여러 점에서 정확하게 일치하지 않습니다. 그러나 이 두 감정은 사회를 조화롭게 만들 수 있을 정도로 서로 유사합니다. 달리 말하면 '같은 음(동음)'은 아니지만 '어울리는 음(화음)'은 될 수 있다는 말이지요. 이것만으로도 인간사회를 지탱하기에는 충분합니다.

이러한 동감의 원리는 인간 상호 간의, 즉 남자와 여자, 남자와 남자, 여자와 여자, 부모와 자식 등 모든 인간관계의 기본이 되는 원리입니다. 이 동감의 원리는 하나님이 먼저 아담을 만들고, 그의 '갈비뼈'로 하와를 지은 것(창세기 2장 22절)에 나타나 있습니다. 혹자는 아담의 갈비뼈로 여자를 만들었으므로, 여자가 남자에 종속되어야 한다고 주장하기도 하지만 이것은 하나님의 의도를 잘 몰라서 하는 소리입니다.

갈비뼈가 동감의 원리와 관련되는 이유는 두 가지입니다. 첫째, 하와가 아담의 갈비뼈로부터 만들어졌으므로 아담과 하와는 동일한 뼈를 공유하는 인간이 됩니다. 이것은 곧 아담의 육체와 하와의 육체가 같은 종류의 육체라는 것을 의미합니다. 아담이 하와를 보고 "내 뼈 중의 뼈요 살 중의 살"(창세기 2장 23절)이라고 말한 것도 이러한 이유에서였습니다. 그리고 아담과 하와와 마찬가지로 이 둘의 육체로부터 생겨난 모든 인류는 모두 같은 종류의 뼈와 육체를 공유하고 있습니다. 인간 상호간의 동감은 이처럼 같은 뼈와 육체로 된 공통된 감각에서 나온다고 할 수 있습니다. 둘째, 갈비뼈는 마음을 의미하는 심장에 가장 가까이 있습니다. 따라서 아담의 이것으로 하와를 지었다는 것은 아담의 마음과 하와의 마음이 서로 조화를 이루는 동감의 원리가 인간관계의 기본 원리임을 보여줍니다.

예수는 인간 상호 간의 동감 관계를 '피리 붊'과 '춤을 춤', '애곡함'과 '가슴을 침'으로 묘사하고 있습니다. "이 세대를 무엇으로 비유할꼬 비유컨대 아이들이 장터에 앉아 제 동무를 불러 가로되 우리가 너희를 향하여 피리를 불어도 너희가 춤추지 않고, 우리가 애곡하여도 너희가 가슴을 치지 아니하였다 함과 같도다"(마태복음 11장 16-17절). 조율이 잘 된 기타의 한 줄이 울리면 다른 줄도 공명하는 것처럼, 인간은 동료의 감정에 공명하도록 창조되었습니다. 따라서 이 비유는 창조된 원래의 인간 본성 속에 들어 있는 상호 동감의 원리가 파괴되어 있던 당시 유대교의 왜곡된 모습을 꼬집은 것이라고 할 수 있습니다. 바울도 예수의 이러한 가르침을 다음과 같이 확인하고 있습니다. "즐거워하는 자들로 즐거워하고 우는 자들로 함께 울라 서로 마음을 같이 하며 높은 데 마음을 두지 말고 도리어 낮은데 처하며 스스로 지혜 있는 체 말라"(로마서 12장 15-16절).

존경과 사랑

예수는 제자들에게 결코 존경의 가치에 대해 언급하지 않았습니다. 존경은 수직적인 지배-복종의 행위 원리에서 중요시되는 덕목입니다. 예수는 지배-복종의 원리에 인박혀 존경받고 대접받는 것을 좋아하는 바리새인들을 심하게 질책했습니다. "그들은 … 잔치의 윗자리와 회당의 높은 자리와 시장에서 문안 받는 것과 사람에게 랍비라 칭함을 받는 것을 좋아하느니라 그러나 너희는 랍비라 칭함을 받지 말라 너희는 … 다 형제니라"(마태복음 23장 7-8절). 예수는 존경으로 막힌 담을 허물고 그 가운데 사랑이라는 새로운 통로를 만들었습니다. "새 계명을 너희에게 주노니 서로 사랑하라 내가 너희를 사랑한 것같이 너희도 서로 사랑하라 너희가 서로 사랑하면 이로써 모든 사람이 너희가 내 제자인줄 알리라"(요한복음 13장 34-35절).

사랑은 수평적인 동감의 행위 원리에서만 가능한 덕목입니다. 사랑은 모든 인간이 불완전한 존재임을 깊이 인식할 때, 그래서 인간이 그렇게 존경받을만한 존재가 아니라는 사실을 알고 있을 때 생겨날 수 있는 덕목입니다. 존경받기를 원하면 자신의 잘못을 감추는 위선자가 되지만 사랑받기를 원하면 자신의 잘못을 인정하는 진실한 사람이 됩니다. 존경은 권위와 지배를 추구하고, 사랑은 친절과 용서를 추구합니다. 존경을 추구하는 사람은 자기의 눈에 있는 들보는 보지 못하면서 다른 사람의 눈에 있는 티를 보려고 하지만 사랑을 추구하는 사람은 다른 사람의 눈에 있는 티보다는 자신의 눈에 있는 들보를 먼저 보는 사람입니다.

그렇다고 존경을 무조건 부정할 필요는 없습니다. 훌륭한 행위를 보고 우리의 마음속에서 자연스럽게 생겨나는 존경의 마음은 인간사회의 유지와 발전에 매우 중요한 요소입니다. 우리는 지극히 평등한 동료들 사이에서도 서로의 훌륭한 행위에 대해 존경의 감정을 느낄 수 있습니다. 여기서 문제로 삼고 있는 것은 지배-복종의 원리에 근거해 윗사람에게 억지로 존경을 강요하는 위선적인 문화입니다. 윗사람에 대한 존경보다는 동료 인간에 대한 배려와 존중이 더 소중합니다.

두 개의 하나님 상

이러한 동감의 원리에 따라 성서는 '남에게 대접을 받고 싶은 대로 남을 대접하라'는 황금률을 제시합니다. 이 황금률은 앞에서 언급한 도덕의 일반 원칙의 다른 이름입니다. 또 성서는 정의의 도덕과 자비의 도덕을 황금률의 두 축으로 제시하고 있습니다. 성서는 두 개의 하나님 상을 제시하는데 하나는 '의로운 재판관'으로서의 하나님이고, 다른 하나는 '자비로운 아버지'로서의 하나님입니다. 의로운 재판관으로서의 하나님은 정의의 도덕을 인격화한 것이고, 자비로운 아버지로서의 하나님은 자비의 도덕을 인격화한 것입니다. 반드시 그런 것은 아니지만, 법의 준수를 강조하는 구약에서는 의로운 재판관으로서의 하나님 상이 주를 이루고, 용서의 복음을 강조하는 신약에서는 자비로운 아버지로서의 하나님 상이 주를 이룹니다. 의로운 재판관으로서의 하나님과 자비로운 아버지로서의 하나님은 인간사회 시스템이 동감의 원리에 따라 작용하도록 인간들을 교훈합니다.

의로운 재판관

구약에서 하나님은 의로운 재판관으로서, 여러 법들을 이스라엘 백성들에게 계시합니다. 먼저, 그는 이스라엘 백성들에게 십계명과 여러 도덕법을 주었는데 이 법들은 모두 인간이면 누구나 자연스럽게 동감할 수 있는 내용들입니다. 하나님이 의로운 하나님인 이유는 바로 이 동감에 있습니다.

예를 들면, 십계명에서 인간관계를 규정한 기본법으로 제시된 여섯 계명, 즉 "네 부모를 공경하라, 살인하지 말라, 간음하지 말라, 도둑질하지 말라, 네 이웃에 대하여 거짓 증거하지 말라, 네 이웃의 집을 탐내지 말라"(출애굽기 20장 12-17절)를 한번 보십시오. 누구나 고개를 끄덕일 수 있는 내용입니다.

이 여섯 계명의 순서는 그것을 위반했을 때 사람들이 느끼는 분노의 정도와 그것이 사회 질서에 끼치는 해악의 정도에 따른 배열이라고 할 수 있습니다. 누군가에게 그렇게 했을 때 그것에 대한 분노가 격렬한 정도에 따라 순서가 배열되어 있다는 것이지요. 먼저 부모를 함부로 대하는 자식을 볼 때 그것을 바라보는 관망자들은 커다란 분노의 감정이 일어납니다. 또 누군가가 자신을 죽이려고 할 때, 그리고 누군가가 자신과 가까운 사람을 죽였다는 사실을 알 때 사람은 격렬하게 분노의 감정을 나타냅니다. 그리고 이를 바라보는 관망자도 그의 분개에 충분히 동감할 수 있습니다. 분노의 격렬함은 간음, 도둑질, 거짓 증거, 탐심의 순서로 갈수록 줄어듭니다.

또 이 여섯 계명의 정신에 따라 보다 구체적으로 표현된 하위 계명들도 동감의 원리에 근거한 것들입니다. "너는 네 이웃을 압제하지 말며 늑탈하지 말며 품꾼의 삯을 아침까지 밤새도록 네게 두지 말라 너는 귀먹은 자를 저주하지 말며 소경 앞에 장애물을 놓지 말고 … 재판할 때 불의를 행치 말며 가난한 자의 편을 들지 말며 세력 있는 자라고 두둔하지 말고 공의로 사람을 재판할지며 너는 네 백성 중으로 돌아다니며 사람을 논단하지 말며 네 이웃을 대적하여 죽을 지경에 이르게 하지 말지니라. … 너는 네 형제를 마음으로 미워하지 말며 … 원수를 갚지 말며, 동포를 원망하지 말며 이웃 사랑하기를 네 몸과 같이 하라"(레위기 19장 13-18절). "타국인이 너희 땅에 우거하여 함께 있거든 너희는 그를 학대하지 말고 너희와 함께 있는 타국인을 너희 중에서 낳은 자 같이 여기며 자기 같이 사랑하라 너희도 애굽 땅에서 객이 되었더니라 … 너희는 재판에든지 도량형에든지 불의를 행치 말고 공평한 저울과 공평한 추를 사용하라"(레위기 19장 33-36절).

이처럼 동감의 원리에 입각한 법들을 계시하면서 하나님은 상벌의 원칙과 교환의 원칙에 따라 이스라엘 백성들을 다룹니다(대체로 그렇다는 말입니다. 구약에도 하나님이 인간의 잘못을 용서하시는 내용들이 있습니다). 하나님은 법들을 "지켜 행하면" "모든 복이 너에게 임하고" "너를 세계 민족 위에 뛰어나게 하실 것"이나 만일 이를 "지켜 행하지 않으면 모든 저주가 네게 임하고 네게 미칠 것"(신명기 28장)이라고 말합니다. 이러한 계약은 '내가 원하는 것을 나에게 주면, 너는 네가 원하는 것을 가지게 될 것'이라는 식으로, 시장에서의 교환과 같은 것입니다. 물론 하나님이 이스라엘 백성과 맺은 계약은 시장에서의 단순한 계약(contract)이 아니라 언약(covenant)이라고 불립니다. 언약이 서로에게 어떤 존재가 되겠다는 신뢰와 헌신의 약속이라면 계약은 이익의 상호교환을 의미한다고 할 수 있습니다. 이러한 차이가 매우 중요하지만, 하나님의 언약 속에도 계약에서처럼 상벌의 원칙과 교환의 원칙이 포함되어 있습니다.

이러한 계약 형식은 여호수아서에서 다음과 같이 보다 분명히 표현되고 있습니다. "여호와를 경외하며 성실과 진정으로 그를 섬길 것이라 너희의 열조가 강 저편과 애굽에서 섬기던 신들을 제하여 버리고 여호와만 섬기라 만일 여호와를 섬기는 것이 너희에게 좋지 않게 보이거든 너희 열조가 강 저편에서 섬기던 신이든지 혹 너희의 거하는 땅 아모리 사람의 신이든지 너희 섬길 자를 오늘날 택하라 오직 나와 내 집은 여호와를 섬기겠노라 백성이 대답하여 가로되 여호와를 버리고 다른 신을 섬기는 일을 우리가 결단코 하지 아니하오리다 … 여호수아가 백성에게 이르되 너희가 여호와를 택하고 섬기리라 하였으니 스스로 증인이 되었느니라 그들이 가로되 우리가 증인이 되었느니라 … 우리 하나님 여호와를 우리가 섬기고 그 목소리를 우리가 청종하리이다"(여호수아 24절 14-24절).

의로운 재판관을 매수하려는 신앙

하나님의 법을 잘 지키지 않으면서도 출세해 권력을 얻고 부자가 되고 대접받는 사람이 되기 위한 목적으로 종교 행위(예배, 기도, 찬양, 성경 읽기 등)를 열심히 하거나 헌금을 바치는 행위는 아부와 뇌물로 심판을 매수하는 것과 같습니다. 한국의 기독교에서는 사업이 번창하고, 직장에서 승진하고, 수능 점수를 잘 받아 좋은 학교로 가는 것 등을 목적으로 종교 행위에 열심을 내는 기복신앙이 만연해 있습니다. 이런 종교 행위는 하나님을 기만하는 매우 악한 것입니다.

의로운 재판관인 하나님이 인생들에게 지키도록 한 법들은 모두 인간사회 시스템이 원활하게 운영되도록 하기 위한 게임의 룰과 같은 것입니다. 경기자들이 게임의 룰을 제대로 지키지 않으면서 상대를 짓밟고 이기기에 혈안이 되어 심판에게 아부하고 그를 돈으로 매수하려고 한다면, 그리고 심판이 이러한 아부와 뇌물에 매수된다면 경기가 어떻게 되겠습니까? 그렇게 운영되는 인간사회는 부패와 갈등이 만연해 망하고 말 것입니다. 기독교뿐만 아니라 어떤 종교든 이러한 행위를 조장하는 것은 가증스러운 것입니다. 그런 종교를 믿을 바에야 차라리 무종교인으로 있는 것이 훨씬 좋습니다.

하나님은 인생들의 허망한 아부와 뇌물에 결코 현혹되는 분이 결코 아닙니다. 이사야 1장 11-17절은 이런 행위를 일삼는 이스라엘 백성들에 대한 하나님의 분노의 마음을 표현한 것입니다. "하나님의 법에 귀를 기울여라. … 무엇하러 나에게 이 많은 제물을 바치느냐? 나는 이제 숫양의 번제물과 살진 짐승의 기름기가 지겹고, 나는 이제 수송아지와 어린 양과 숫염소의 피도 싫다. 너희가 나의 앞에 보이러 오지만, 누가 너희에게 그것을 요구하였느냐? 나의 뜰만 밟을 뿐이다! 다시는 헛된 제물을 가져오지 마라. 다 쓸모없는 것들이다. 분향하는 것도 나에게는 역겹고, 초하루와 안식일과 대회로 모이는 것도 참을 수 없으며, 거룩한 집회를 열어 놓고 못된 짓도 함께 하는 것을, 내가 더 이상 견딜 수 없다. 나는 정말로 너희의 초하루 행사와 정한 절기들이 싫다. 그것들은 오히려 나에게 짐이 될 뿐이다. 그것들을 짊어지기에는 내가 너무 지쳤다. 너희가 팔을 벌리고 기도한다 하더라도, 나는 거들떠보지도 않겠다. 너희가 아무리 많이 기도를 한다 하여도 나는 듣지 않겠다. 너희의 손에는 피가 가득하다. 너희는 씻어라. 스스로 정결하게 하여라. 내가 보는 앞에서 너희의 악한 행실을 버려라. 악한 일을 그치고, 옳은 일을 하는 것을 배워라. 정의를 찾아라. 억압받는 사람을 도와주어라. 고아의 송사를 변호하여 주고 과부의 송사를 변론하여 주어라."(표준새번역)

한국의 기독교는 의로운 재판관인 하나님을 종교 행위로 아부하고 헌금으로 매수하려는 시도를 '좋은 신앙'이라는 이름으로 조장하고 있습니다. 열심히 성경 읽고, 교회에 나가서 예배하고 기도하는 기독교인 여러분, 그리고 교회에 열심히 헌금하는 여러분, 여러분의 마음을 한번 들여다보십시오. 어떤 마음으로 성경 읽고, 예배하고 기도하며, 어떤 마음으로 헌금을 바칩니까?

자비로운 아버지

이처럼 상벌의 원칙과 교환의 원칙에 따라 인간을 다루던 하나님이 신약에 오면 그 방식이 달라집니다. 죄에 대한 용서와 약자에 대한 나눔의 메시지가 자비로운 아버지의 이름으로 선포됩니다. 신약에서는 오히려 법을 잘 지킨다고 자부하며 자신의 의로움을 과시하던 유대교의 종교 지도층이 법의 이름으로 약자들을 괴롭힌다고 꾸짖음을 당합니다. 그들은 법의 정신인 동감의 원리를 변질시켜 법을 지배의 도구로 사용하는 자들로 비난받습니다.

당시 유대교의 지배층이었던 바리새인들, 사두개인들, 서기관들, 율법사들, 장로들은 자신들의 지배적 위치를 유지·강화하기 위해 하나님의 법을 프로크루스테스의 침대처럼 사용했습니다. 프로크루스테스는 그리스 신화에 나오는 강도로, 사람들을 잡아와 자신의 침대에 눕히고 그것보다 큰 사람은 잘라서 죽이고, 작은 사람은 늘어뜨려 죽였습니다. 그 대표적인 예가 정결법과 안식일 법이었습니다. 예수는 법의 이름으로 자행되는 이들의 무자비함에 분노했습니다.

먼저, 정결법으로 인한 무자비함에 대한 비판은 유명한 '선한 사마리아인' 이야기의 주제입니다. 어떤 유대인 율법사가 '누가 이웃이냐'고 묻자 예수는 예루살렘에서 여리고로 가다 강도를 만나 거의 죽게 된 유대인 이야기를 들려주었습니다. 그 길을 지나던 제사장과 레위인은 그 사람을 모른 체하고 지나갔지만 유대인들이 개처럼 여기는 사마리아인이 그를 불쌍히 돌보아주었습니다. 사마리아인은 기름과 포도주를 그 상처에 붓고 싸매고 자기 짐승에 태워 주막으로 데리고 가서 돌보아 주었을 뿐만 아니라 주막 주인에게 돈을 주어 돌보아 주도록 부탁하고 비용이 더 들면 돌아올 때에 갚겠다는 말까지 했습니다. 여기서 예수가 말하고 싶었던 것은 법을 핑계로 한 유대 종교 지도자들의 무자비한 행동이었습니다. 모세의 법에 시체를 가까이하면 부정하게 된다는 말이 있습니다. 제사장과 레위인은 이 구절을 핑계로 자신의 동포를 모른 체하고 지나갔던 것입니다.

다음으로, 안식일 법으로 인한 무자비함에 대한 비판은 복음서의 여러 곳에 나타나 있습니다. 유대교에서는 안식일 날 아무 일도 못하도록 되어 있습니다. 그런데 예수는 안식일 날 자기에게 찾아온 병자들을 불쌍히 여겨 고쳐주었습니다. 이를 본 유대 종교의 지도자들은 안식일 법을 범한 예수를 죽이려고 했습니다. 이에 예수는 "너희 중에 어느 사람이 안식일에 양 한 마리가 구덩이에 빠졌으면 붙잡아 내지 않겠느냐 사람이 양보다 얼마나 더 귀하냐 그러므로 안식일에 선을 행하는 것이 옳으니라"(마태복음 12장 11-12절)고 유대 종교 지도자들의 무자비함을 나무랐습니다.

예수는 안식일을 제정한 "안식일의 주인"(그는 하나님의 아들이므로, 아버지 하나님과 함께 안식일을 직접 제정하였습니다)으로서, "사람이 안식일을 위하여 있는 것이 아니라 안식일이 사람을 위하여 있는 것"(마가복음 2장 27-28절)이라는 안식일의 원래 의미를 보다 분명하게 해석해 주었습니다. 원래 안식일은 인간을 위한 제도인데 유대 종교의 지도층이 오히려 인간을 구속하는 무자비한 제도로 변질시켰다는 의미이지요. 이에 예수는 유대 종교 지도층에 대해 "무거운 짐을 묶어 사람의 어깨에 지우되 자기는 이것을 한 손가락으로도 움직이려하지 아니하는 [자들]"(마태복음 23장 4절), "천국 문을 사람들 앞에서 닫고 너희도 들어가지 않고 들어가려 하는 자도 들어가지 못하게 하는 [자들]"(마태복음 23장 13절)이라고 비판했습니다. 이처럼 유대 종교 지도층의 무자비함을 비판하면서 예수는 사람들이 서로 자비를 베풀 것을 적극 권장하였습니다. 자비의 중요성을 말하는 예들은 앞의 7장에서 충분히 제시되었습니다. 예수의 가르침에 의하면, 하나님 나라는 하나님의 자비로움에 점화되어 사람들이 서로 자비를 베푸는 나라입니다.

동감: 어떠한 이성적 사고보다 앞선 것

의로운 재판관으로서의 하나님의 형상을 따라 우리 속에 일어나는 하나님과의 동감의 감정이 정의감이고, 자비로운 아버지로서의 하나님의 형상을 따라 우리 속에서 일어나는 하나님과의 동감의 감정이 자비심입니다. 이 동감의 원리에 근거해 우리는 공정한 규칙에 입각한 시장 경제와 약자에 대한 복지 정책을 동시에 고려하는 균형 잡힌 문명을 발전시킬 수 있습니다. 앞에서 말한 것처럼, 동감은 이성으로 이해득실을 계산하기 이전에 우리 속에서 순간적으로 일어나는 감정 현상입니다. 따라서 정의감과 자비심도 심사숙고하는 인간의 이성적 사고 이전에 그냥 본능적으로 우리 속에서 솟구쳐 오르도록 되어 있습니다. 이것은 매우 중요한 점을 시사하고 있습니다.

그것은 거대한 인간사회 시스템을 지탱하는 가장 중요한 요소는 심사숙고하는 이성적 사고가 아니고 즉각적으로 작용하는 감정적 교감이라는 사실입니다. 이성은 이 감정적 교감을 발견하고 이것이 잘 제도화되도록 도와주는 조력자일 뿐입니다. 따라서 이성의 이름으로 어떤 인위적인 이데올로기를 내세워 동료 인간에 대한 자연스런 정의감과 자비심을 하찮게 여기도록 궤변을 늘어놓은 사람들의 말에 귀를 기울일 필요가 없습니다. 그들은 이성의 궤변으로 인간성과 하나님을 대적하는 자들입니다.

예를 들면, 시장만으로 사회전체를 작동시키려고 하는 시장(전체)주의자들이 그렇습니다. 그들은 개인들이 자신의 이익을 알아서 추구하도록 시장에 맡겨 놓으면 모든 것이 조화롭게 작동한다는 논리를 펴면서 공정한 정의의 규칙을 관리하는 국가의 책임성과 약자에 대한 국가의 복지 개입을 무용지물로 만들려고 합니다. 그들이 이런 입장을 이론적으로 옹호하기 위해 두꺼운 책을 그럴 듯하게 쓴다 하더라도 그러한 논변은 궤변이라고 할 수 있습니다. 정의감과 자비심을 잘 조화시켜 표현하는 인간은 하나님의 형상을 한 인간이라고 할 수 있으며, 정의감과 자비심을 잘 조화시켜 제도화시킨 인간사회 시스템은 하나님의 형상을 한 인간사회 시스템이라고 할 수 있습니다.

두 가지 하나님의 상을 통해 본 선악과나무

이처럼 의로운 재판관으로서의 하나님과 자비로운 아버지로서의 하나님을 근거로 우리는 에덴동산에 중앙에 서 있던 선악을 알게 하는 나무의 모습을 다음과 같이 그려볼 수 있습니다. 선악과나무는 분명 하나님의 형상을 반영하고 있을 것이기 때문입니다. 선악과나무는 일종의 압축파일입니다.

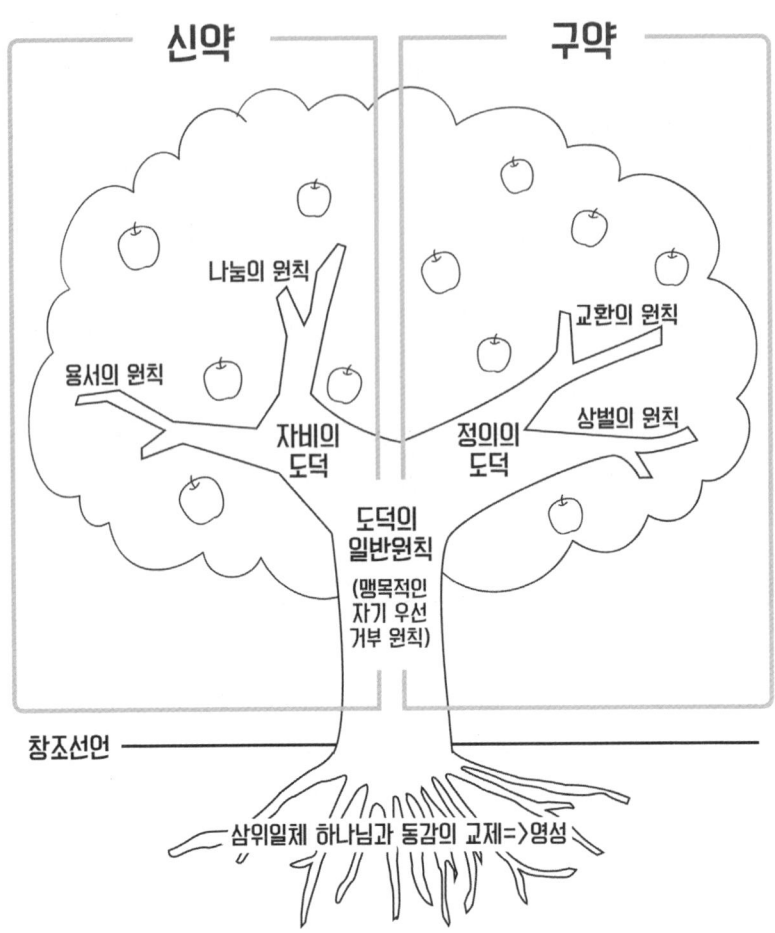

〈선악과나무의 모습〉

하나님 나라의 운영 메커니즘

그리고 우리는 이 선악과나무의 모습을 통해 하나님 나라의 운영 메커니즘을 다음과 같은 그림으로 표현할 수 있습니다. 이 그림은 선악과나무를 거꾸로 뒤집어 놓은 것과 비슷합니다.

〈동감의 원리에 근거한 하나님 나라 모형도〉

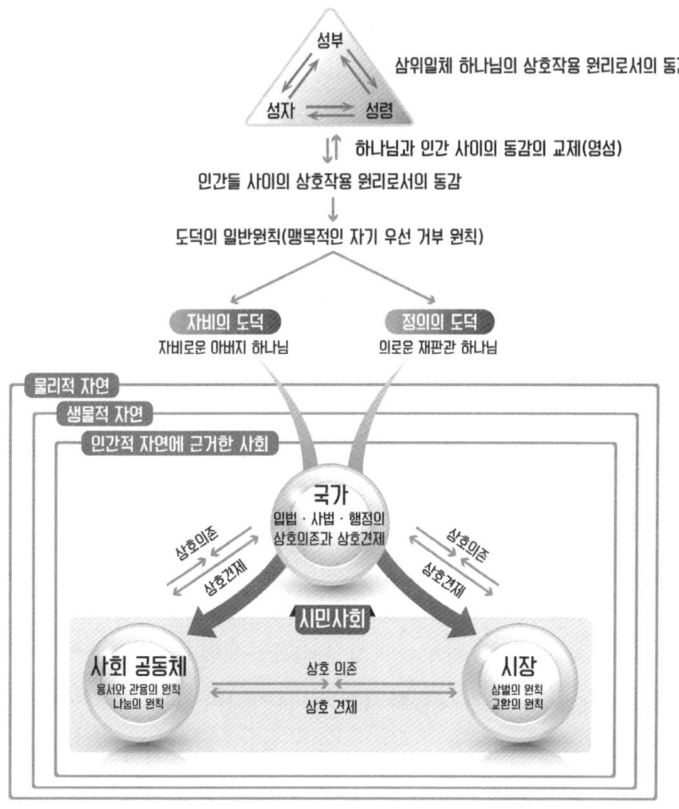

※ 이 그림에서 상호의존과 상호견제를 따로 표현했지만 이 두 용어는 한 동전의 양면처럼 결합되어 있습니다. 상호의존 한다는 것 자체가 이미 그 속에 상호 견제를 필요로 한다는 의미를 내포하고 있습니다. 왜냐하면 어떤 부문들이 상호 의존한다는 것은 서로의 역할을 인정한다는 것이고, 그것은 한 부문이 다른 부문의 역할을 과도하게 침범할 때에는 필연적으로 견제가 따른다는 것을 의미하기 때문입니다.

8장 | 하나님 나라의 운영 원리 : 동감의 원리

거룩이란?

성서 전체의 메시지는 동감의 원리에 따라 운영되는 인간사회 시스템을 만들라는 것입니다. 이것이 바로 하나님의 뜻이 땅에서도 이루어지도록 기도하라는 예수의 가르침이 의미하는 바입니다. 삼위일체 하나님이 동감의 원리에 따라 상호작용하니 그의 형상을 따라 지음을 받은 인간들도 동감의 원리에 따른 사회 시스템을 만들라는 것이지요. 예수가 그리스도로 이 땅에 온 것도 삼위일체 하나님의 상호작용 원리를 인간사회에 소개하고 직접 행동으로 솔선수범으로 보여주기 위한 것이라고 할 수 있습니다.

성서에 보면 "내가 거룩하니 너희도 거룩할지니라"(레위기 11장 45절)는 말이 나옵니다. 성서 전체에는 거룩이라는 말이 무척 많이 나옵니다. 거룩은 히브리어로 '카도시'라고 하는데, '구별한다'는 의미를 갖고 있습니다. 따라서 하나님이 거룩하다는 것은 하나님이 다른 신들이나 우상과 구별된다는 의미입니다. 그러면 하나님은 어떤 점에서 다른 신들이나 우상과 구별될까요? 아마 하나님은 우주만물의 창조주라는 사실, 하나님은 전지전능하다는 사실 등이 언급될 수 있겠습니다.

그러나 특히 강조되어야 할 것은 하나님이 인격적인 하나님이라는 사실입니다. 달리 말하면, 이것은 하나님이 동감의 원리에 따라 인간과 관계를 맺는다는 사실, 그래서 의로운 재판관인 동시에 자비로운 아버지로서 인간과 상호작용한다는 사실입니다. 따라서 "내가 거룩하니 너희도 거룩할지니라"는 말은 "내가 동감의 원리에 따라 행동하니 너희도 동감의 원리에 따라 살아라"는 말로 바꾸어 볼 수 있겠습니다. 하나님이 인간들 간의 관계에서 가장 싫어하는 것이 인간이 인간을 종으로, 그리고 종처럼 부리고 지배하는 그런 관계입니다. 그래서 하나님은 이스라엘 백성에게 십계명을 주면서 자신의 정체성을 '종 되었던 상태에서 인간을 이끌어 내는 신'으로 소개한 것입니다. 하나님과 동감의 교제를 나누면서 자유로운 인격적 존재로 창조된 인간이 다른 인간의 종이 되는 것만큼 하나님의 마음을 아프게 하는 것이 어디 있겠습니까?

물론 구약 성서에 오늘날의 관점에서 동감하기 어려운 복잡한 제사법, 정결법, 안식일 법, 할례 법을 지키라는 명령이 나와 있지만 이것은 하나님에 대한 의식이 미성숙한 상태에 있던 이스라엘 백성들이 마음속에 하나님을 두고 하나님과 지속적인 동감 관계를 유지할 수 있도록 훈련시키기 위한 초보적인 교육방식이라고 할 수 있습니다. 십계명과 약자에 대한 배려를 포함하는 보편적인 자연법적 요소들 외에 이스라엘 민족에 특수한 제사법과 시민법들은 예수가 영과 진리로 하나님과 동감 관계를 유지하도록 새로운 가르침을 준 이후(요한복음 4장 23절) 용도 폐기되었다고 할 수 있습니다.

두 차원의 자연: 사물의 자연적 진행과 인류의 자연적 감정

하나님은 인간사회 시스템이 두 차원의 자연에 의해 운영되도록 만들어 놓았습니다. 하나는 '사물의 자연적 진행과정'을 따른다는 의미에서의 자연이고, 다른 하나는 '인류의 자연적 감정'을 따른다는 의미에서의 자연입니다. 인간의 사회생활을 관찰해 보면, 대체로 부지런하고 신중하게 행동하는 사람은 사업에서 성공하고, 반대로 게으르고 무분별하게 행동하는 사람은 사업에서 실패합니다. 간혹 앞의 사람이 실패할 수도 있고, 뒤의 사람이 성공하는 경우가 있기는 하지만 대부분의 사회생활에서는 이러한 사물의 자연적인 진행과정이 관철됩니다. 큰 집단이 작은 집단을 지배하는 것, 용의주도한 사람이 준비가 소홀한 사람보다 우위에 서는 것, 목표에 대해 가장 적합한 수단을 강구하는 사람이 승자가 되는 것은 모두 이 차원에 속합니다.

　이러한 자연의 차원과는 달리 인간의 사회생활에는 또 다른 자연이 작용합니다. 어떤 사람이 진실하고 정의로우며 인간애가 많다면 인간의 자연적 감정은 그를 '선한 사람'으로 여기고 신뢰와 존경과 사랑을 나타내고, 반대로 그가 거짓되고 불의하며 무자비하다면 인간의 자연적 감정은 그를 '악한 사람'으로 여겨 불신과 경멸과 분노를 나타냅니다. 여기서도 선한 사람이 자신이 하지 않은 나쁜 일로 의심을 받아 괴로움을 당할 수도 있고, 또 악한 사람이 자신의 나쁜 행위가 발각되지 않아 비난을 모면할 수는 있지만 인류의 자연적인 감정은 어김없이 작용합니다.

　우리는 인간사회에서 자연의 두 차원이 별개로 작동하는 것을 관찰할 수 있습니다. 사물의 자연적인 진행 과정은 인류의 자연적인 감정을 전혀 고려하지 않고 자신에 순응하는 강자를 보상하고 거스르는 약자를 처벌함으로써 자연도태와 적자생존의 원칙을 엄격하게 적용합니다. 그러나 인류의 자연적인 감정은 그러한 차원을 고려하지 않고 오직 진실, 정의, 인간애를 발휘하는 선한 사람이 신뢰와 존경과 사랑의 대상이 되고, 거짓, 불의, 무자비를 저지르는 악한 사람이 불신, 경멸, 분노의 대상이 되도록 하려고 합니다. 사물의 자연적인 진행 과정은 부지런한 악인(惡人)에게 유리하게 작용하고, 인류의 자연적인 감정은 덜 부지런한 선인(善人)에게 유리하게 작용하는 모습으로 나타납니다.

　하나님은 인간사회 시스템을 만들 때 자연의 두 차원이 서로 일치하는 방향으로 운영되도록 환경을 설정했습니다. 즉, 사람들이 하나님의 뜻대로 하나님을 중심에 두고, 심판과 규칙과 선수를 서로 분화시켜 공정하게 사회를 운영한다면, 사물의 자연적인 과정을 인류의 자연적인 감정에 따라 잘 다스리면서 선인들이 성공하고 악인들이 실패하게

끔 되어 있었습니다. 그러나 인간이 타락하면서 사회 시스템이 망가졌고, 사물의 자연적인 과정이 인류의 자연적인 감정의 통제를 이탈하면서 이 두 차원은 어긋나게 되었습니다. 인류의 자연적인 감정에 아랑곳없이 사물의 자연적인 진행과정을 잘 이용하는 사람들이 강자가 되었고, 지배자가 되었습니다. 강한 자가 약한 자를 지배하고 억압하고 착취하는 지배의 원리가 인간사회 시스템을 장악했습니다.

하나님은 인류의 자연적인 감정에 따라 사물의 자연적 진행 과정이 통제되는 원래의 방식으로 인간사회 시스템을 회복시키기를 원했습니다. 그것이 바로 동감의 원리에 따라 운영되는 인간사회 시스템입니다. 이것이 성서 전체에 나타난 하나님의 마음입니다. 하나님과 동감하는 방식으로 살면 하나님이 지켜 보호해 준다는 약속, 이것이 성서의 일관된 메시지입니다. '하나님의 나라와 그 의를 구하라 하나님이 먹고 마시고 입는 것을 더 하여 준다'고 한 예수 그리스도의 말도 이러한 약속과 동일선상에 있습니다. 기독교인들은 이 약속을 믿는 자들입니다. 이것이 "오직 의인은 믿음으로 산다"는 말의 참된 의미가 아닐까요?

동감의 원리와 한국사회

지금 한국인들은 경제발전과 민주화의 성취라는 커다란 성공 이면에서 극심한 혼란과 고통을 겪고 있습니다. 그간 한국사회는 생존경쟁에서 살아남기 위해 효율성을 중시하는 '사물의 자연적 진행'에 집중했습니다. 부지런하게 일하고 자원을 신중하게 사용해서 경쟁에서 이기고 이익을 남기는 것을 강조하면서도 이를 달성하는 도덕성은 크게 문제 삼지 않았습니다. 그 결과 산업화 세대가 수행한 경제 발전 과정에서 국가 발전이라는 대의명분 하에 수직적인 인간관계 속에서 독재적인 정부 운영, 약자에 대한 강자의 억압과 착취, 정경 유착, 마피아식 이익집단, 부정부패, 모로 가도 서울만 가면 된다는 식의 편법주의가 난무하였습니다.

이 과정에서 한국 사람들이 갖고 있던 인류의 자연적 감정이 크게 상처를 받았습니다. 따라서 사회 전반에 불신과 냉소가 만연하고 있습니다. 많은 한국 사람들이 정부를 불신하고 한국사회의 부를 창출하는데 크게 기여한 기업집단에 대해 부정적인 관념을 갖고 있는 것, 부자들과 성공한 사람들에 대해 대체로 부정한 방법으로 돈을 모았을 것이라고 여기는 것, 그리하여 사회 전반에 불신과 냉소가 만연한 것 모두가 인류의 자연적 감정의 훼손 때문입니다.

인류의 자연적 감정을 도외시하더라도 강제력으로 사물의 자연적 진행을 효율적으로 관리하면 사회는 물질적인 면에서 일시적으로 어느 정도 발전할 수 있습니다. 그러나 이러한 괴리가 장기간 계속되면 사람들은 수단과 방법을 가리지 않고 다른 사람을 지배해 눈앞의 이익을 채우기에 급급하게 되어 인간 정신은 급속하게 부패합니다. 이런 곳에서는 사물의 자연적 진행도 효율적으로 관리되기 어렵습니다. 지금 한국사회는 사물의 자연적 진행에 대한 효율적 관리만으로는 더 이상 발전할 수 없는 한계에 직면했다고 할 수 있습니다. 그동안 상처받은 인류의 자연적 감정을 치유하는 동감 원리의 회복이 시급합니다. 이 일을 교회와 기독교인들이 해야 하는 것입니다.

동감의 원리와 피조 세계의 조화

성서는 인간이 하나님과의 관계 안에 머물면서 하나님과의 동감 관계를 유지하는 한 모든 피조 세계가 조화를 유지할 수 있다고 말하면서, 그 이유를 피조 세계 내에서의 인간의 독특한 위치에서 찾고 있습니다. 하나님의 형상을 한 우리 인간은 하나님으로부터 하나님의 다른 모든 피조물을 다스리는 권세를 위임받았습니다. "땅을 정복하고, 바다의 고기와 공중의 새와 땅에 움직이는 모든 생물을 다스리라"(창세기 1장 28절). 하나님께서 인간을 맨 나중에 창조한 것도 이러한 권세의 위임과 무관하지 않습니다.

그러나 이러한 권세의 위임을 과장하여 마치 하나님이 오직 인간을 위해 우주 만물을 창조한 것처럼 인간 중심적으로 해석하는 것은 문제가 있습니다. 하나님은 우주만물을 오직 인간만을 위해서가 아니라 나름대로의 가치를 갖도록 창조했다고 해석하는 것이 보다 건전합니다. 이것은 하나님께서 각각의 날에 창조된 피조물을 보고 "보시기에 좋았더라"고 한 것에서도 확인됩니다.

하나님이 우주만물을 다스리는 권세를 우리 인간에게 주었으므로 인간이 자신의 자유를 어떻게 사용하느냐에 따라 하나님이 "심히 좋았더라"(창세기 1장 31절)고 한 우주만물의 창조 질서가 유지되느냐 파괴되느냐가 달려 있습니다. 이것은 자신의 한계를 인정하고 법을 존중하는 좋은 통치자는 사회 질서를 잘 유지하여 국민을 행복하게 하지만 자신의 한계를 모르고 법을 무시하는 난폭한 통치자는 백성을 불행하게 하는 것과 같은 이치입니다. 우리 인간이 하나님과의 동감 관계를 잘 유지한다면, 동료 인간과의 동감 관계도 잘 유지할 수 있고, 그 결과 다른 피조물과도 조화를 잘 유지하면서 그들을 다스릴 수 있습니다. 그리하여 창조 질서 전체는 조화를 유지하게 됩니다. 자연 보호는 이러한 창조 질서의 조화 차원에서 매우 중요합니다.

기독교와 과학

이처럼 하나님과의 동감 관계, 인간 상호 간의 동감 관계가 잘 이루어지는 상태에서 인간은 우주만물 속에 새겨져 있는 하나님의 창조 질서의 신비를 탐구하고, 인간의 행복과 복리를 증진시키기 위해 그 탐구 결과를 이용할 수 있습니다. 우주만물에 대한 이러한 탐구 활동으로 인간은 하나님의 지혜와 능력을 보다 더 잘 알 수 있게 됩니다. 성서에서도 "창세로부터 그의 보이지 아니하는 것들 곧 그의 영원하신 능력과 신성이 그 만드신 만물에 분명히 보여 알게 된다"고 했습니다(로마서 1장 20절). 따라서 우리는 하나님을 모르고 자연 속에 새겨진 하나님의 지혜와 능력을 알려고도 하지 않고, 오히려 피조물인 자연을 숭배하며 특정한 자연 환경에 갇힌 채 살아가는 전통 생활을 자연과의 조화라는 이름으로 찬미해서는 안 됩니다. 그것은 자연을 다스리는 삶이 아니라 자연의 종이 되는 삶입니다.

과학을 성서의 세계관에서 비롯된 것으로 보면서 과학을 이처럼 긍정적으로 평가한다면 우리는 과학의 발달로 인한 현대 인류의 위기가 기독교 때문이라는 비난에 어떻게 대처해야 할까요? 실제로 린 화이트(Lynn White)라는 역사가가 오늘날 생태계 위기의 뿌리가 땅을 정복하고 다스리라는 성서 구절에 있다고 주장했습니다. 이 구절이 인간의 욕망과 탐욕을 만족시키기 위해 자연을 무제한적으로 착취하는 정당한 근거가 되었다는 것이지요.

이에 대해 세 가지를 말할 수 있습니다.

첫째, 과학의 발전이 오늘날 여러 가지 많은 환경 문제들을 일으키고 있다는 사실에 주목해야 함에도 불구하고 부정적인 측면만을 과장하는 것은 공정하지 못하다고 말하고 싶습니다. 공정하게 본다면, 과학의 발전은 인간사회의 능력을 향상시켜 자연과 인간 세계의 비대칭적 힘을 교정하는 데 큰 도움을 주었습니다. 과학의 발전으로 인간은 비로소 자연을 다스릴 수 있는 능력을 어느 정도 갖게 된 것입니다.

과학의 발전으로 인한 자연 파괴로 오늘날의 인류가 당하는 고통과 과학이 전혀 발전하지 않았던 때 선조 인류가 자연에게 당한 고통을 비교해 보십시오. 저는 오늘날 우리의 고통보다 우리 선조들의 고통이 훨씬 더 컸다고 생각합니다. 대부분의 종교가 이 세상을 부정하고 저 세상을 아름답게 묘사한 것도 바로 이 세상에서의 이러한 고통 때문이라고 할 수 있습니다.

원래 인간은 자신이 당하는 사소한 고통을 다른 사람이 당하는 큰 고통보다 더 심각하게 간주하는 경향이 있습니다. 이러한 특성 때문에 오늘날의 인류는 선조 인류의 고통과 문제를 대수롭지 않게 여기고 자신의 고통과 문제를 과장하게 됩니다. 과학이 여러 가지 재난을 가져왔음에도 불구하고 과학이 인간의 평균 수명을 획기적으로 개선했다는 것은 그만큼 과학이 인간의 생명 활동을 개선하는데 큰 기여를 했다는 것을 의미합니다. 환경 파괴에 대한 공포의 수사학으로 과학의 발전을 저지하려는 것은 어리석은 일입니다.

둘째, 하나님은 지구만을 창조한 것이 아니라 전 우주를 창조한 분입니다. 따라서 우리 기독교인들은 지구만이 인간이 살 수 있는 유일한 공간인 것처럼 생각할 필요가 없습니다. 인간은 지구 밖의 우주를 개척하여 인간이 살 수 있는 아름다운 공간으로 만들어 갈 수 있는 능력을 갖고 있습니다. 저는 하나님이 인간에게 이러한 능력을 주었다고 믿습니다. 이것은 인간이 지구를 마구 황폐화시켜도 된다거나 환경 보존이 중요하지 않다거나 하는 말이 아닙니다. 인간은 자신의 삶의 터전인 지구의 환경을 잘 보전해야 합니다. 이것은 지구 자체를 위해서도 중요하지만 인간 자신의 생존을 위해서도 매우 중요한 문제입니다. 그러나 인간의 삶의 향상을 위해 과학의 힘으로 자연의 위험에 대처하고 지구의 자원들을 선용하는 것조차 무조건 자연 파괴나 지구 황폐화

등으로 부정적으로 생각해서는 안 됩니다. 하나님이 기뻐하는 동감의 원리에 따라 자연을 잘 이용한다면 인류는 훨씬 더 나은 세상을 만들 수 있습니다.

  셋째, 호이카스에 의하면, 프랜시스 베이컨은 과학이 인간에 대한 따뜻한 자비(charity)와 나란히 발전하지 않는다면 인간은 새로운 자만과 타락으로 나아갈지 모른다고 두려워했습니다. 우리는 그의 이러한 태도에 귀를 기울여야 합니다. 베이컨은 귀납법이라는 새로운 논리학을 제안함으로써 근대의 과학적 사고에 크게 공헌하였습니다. 그러나 그는 과학만으로 인간사회가 유지될 수 없다는 것도 잘 알았습니다. 그가 말하는 charity는 이 책에서 강조하는 동감과 그렇게 크게 다르지 않습니다. 하나님과의 동감 관계, 인간 상호간의 동감 관계가 파괴된, 그리하여 인간 상호 간의 관계가 지배-복종의 관계로 왜곡된 그런 사회에서 과학 기술만이 비대하게 발전한다면 그것은 오히려 재앙이 될 것입니다. 저는 린 화이트가 주장한 것처럼 성서 때문에 인류가 과학 기술의 위기에 직면해 있는 것이 아니라 반대로 성서 때문에 인류가 과학 기술의 혜택을 누리고 있으며, 성서의 동감 원리 안에 충실히 머물 때 과학 기술의 재앙으로부터 오는 파국을 면할 수 있다고 생각합니다. 2차 세계 대전에서 히틀러라는 인간을 신으로 경배한 나치주의자들이 먼저 원자 폭탄을 개발해서 사용했다면 그리하여 그들이 전쟁에서 승리하였다면 오늘날 인류의 역사가 어떻게 되어 있을까 상상해 보기 바랍니다. 사회 시스템이 동감의 원리에 근거해 민주적으로 운영될 때 과학은 부작용을 최소화하면서 인류의 행복을 위해 선용될 수 있습니다.

9장_
세상 나라의 운영 원리 : 지배의 원리

지배의 사회학

사회학자 막스 베버는 권력을 중심으로 한 지배-복종의 관계를 인간사회의 가장 중요한 측면으로 이해했습니다. 그래서 그의 사회학은 '지배의 사회학'이라고 불립니다. 잠시 그의 사상을 소개할까 합니다. 그의 사상은 하나님 나라에 대비되는 세상 나라의 개념을 이해하는데 탁월한 통찰을 보여주고 있습니다.

베버는 인간을 "세계에 대해 의도적인 태도를 취하고 그것에 의미를 부여하는 능력과 의지를 가진 문화적 존재"로 보았습니다. 문화적 존재인 모든 인간은 각자 자신만의 의미와 가치의 세계를 만들고 그것에 따라 자신의 삶을 영위하는 존재입니다. 성서의 방식으로 표현하면, 이러한 인간론이 의미하는 바는 다음과 같습니다. 즉, 인간은 선악과를 따먹고 스스로 하나님처럼 되어 자신의 의미대로 세상을 재창조하면서 선과 악에 대한 자신의 주관적인 기준을 갖는 존재입니다.

이처럼 모든 사람이 각자 자신만의 의미와 가치에 따라 살아간다면 인간들 사이에 필연적으로 갈등이 생길 수밖에 없습니다. 서로 다른 의미와 가치는 서로 다른 생각과 행동과 느낌을 만들어내고, 서로 다른 생각과 행동과 느낌은 서로 충돌할 수밖에 없습니다. 이러한 이유로 베버는 인간사회를 근본적으로 '갈등과 투쟁의 장'으로 보았습니다. 인간사회는 만인에 대한 만인의 '의미 전쟁'이 수행되는 장소입니다.

그러면 인간사회는 이 영원한 의미 전쟁으로부터 어떻게 벗어날 수 있을까요? 이에 대해 베버는 '권력'을 답으로 제시합니다. 베버의 정의에 의하면, 권력은 "타인의 저항에도 불구하고 자신의 의지를 관철시킬 수 있는 능력"입니다. 이 권력이 인간사회의 갈등을 중지시키고 질서를 가져올 수 있는 유일한 힘입니다.

그러나 단순히 권력을 행사하는 것만으로는 갈등을 중지시키고 질서를 유지하기는 어렵습니다. 만약 권력이 우발적이고 자의적으로 행사된다면 오히려 더 갈등을 심화시킬 수 있습니다. 따라서 권력 행사가 구조화될 필요가 있습니다. 이 구조화된 권력 관계가 바로 '지배'입니다. 따라서 좀 더 자세하게 정의하자면, 지배는 권력의 불평등이 구조화되어서 복종 집단(혹은 개인)이 자신의 지위를 수락하고 지배 집단(혹은 개인)의 명령에 따라 행동하는 그러한 권력 관계를 말합니다. 베버는 이처럼 권력 행사가 지배의 형태로 변할 때 사회 질서는 보다 안정적으로 유지될 수 있다고 보았습니다.

문화가 지배를 정당화한다

그런데 베버는 지배 구조가 더욱 확고한 토대를 갖기 위해서는 이 지배 구조에 의미를 부여해주고 그것을 정당화해주는 공통된 의미체계가 마련되어야 한다고 보았습니다. 그에 의하면, 공통된 의미 체계는 지배자들에게 왜 그들이 지배자가 될 수밖에 없었는지를 납득 가능하게 설명해주고, 피지배자들에게는 왜 그들이 피지배 상태에 놓일 수밖에 없는지는 납득 가능하게 설명해 줍니다. 그는 전자를 행복의 신정론(지배자들의 행복한 위치를 설명해 주는 의미체계)이라고 불렀고, 후자를 고통의 신정론(피지배자들의 고통스러운 위치를 설명해 주는 의미체계)이라고 불렀습니다.

이렇게 되면 개개인의 의미 세계로 분열되어 갈등상태에 빠진 사회가 의미의 통합을 통해 질서를 회복하게 됩니다. 이제 지배자와 피지배자는 하나의 공통된 의미 체계를 공유하게 되며, 피지배자는 지배자의 지배를 정당한 것으로 인정하고 수용하게 됩니다. 이 공통된 의미 체계는 우리가 문화라고 부르는 것입니다. 모든 인간사회는 공통된 의미 체계를 공유하고 있다는 점에서 문화 집단입니다.

공통의 의미 체계와 카리스마

베버는 분열된 의미를 하나의 공통된 의미로 모아서 갈등의 사회를 질서의 사회로 통합하는 궁극적인 힘을 카리스마로 보았습니다. 카리스마(charisma)는 원래 기독교 용어로서 하나님의 은혜의 선물을 의미하는 것으로, 그리스어 'Kharisma'에서 유래한 것입니다. 베버는 이것을 보통 사람이 가질 수 없는 비범한 초인적 재능이나 능력이라는 사회학적 개념으로 변형시켰습니다. 그는 종교적 예언자, 전쟁 영웅, 정치 지도자, 사회 운동 지도자, 암흑가의 보스 등이 카리스마를 소유하고 있다고 보았습니다. 예수, 석가, 공자, 알렉산더, 나폴레옹, 시저, 히틀러, 간디, 마피아 두목 알 파치노, 이순신 장군 등이 이러한 인물들이라고 할 수 있습니다.

대체로 카리스마적 인물들은 위기 시에 출현해서 사람들이 해결하지 못하는 문제를 해결하고 돌파해 냅니다. 그들은 보통 사람들이 예상하지 못하는 방식으로 행동하면서 문제를 해결해 나가지요. 사람들은 그의 문제 해결 능력을 보고 영웅으로 인정하고 그의 지배를 인정하고 수용하게 됩니다. 카리스마를 가진 인물은 구성원들에게 공통된 의미 체계를 부여하면서 그들의 정체성을 규정해 줍니다. 베버에 의하면, 인간역사는 카리스마적 힘이 분출되고 그것이 일상화되는 과정입니다.

카리스마적 인물들은 한 집단이 지도력의 부재, 내부의 의견 대립이나 갈등, 외부의 위협과 침략, 천재지변 등과 같은 다양한 위험들에 노출되어 구성원들이 혼란에 빠질 때 자신의 비범한 능력으로 이 위기를 극복해 내기 위해 서로 경쟁합니다. 이 경쟁에서 문제를 해결하는 능력을 발휘하는 카리스마적 인물이 승리해 집단의 지도자가 됩니다. 카리스마적 인물은 새로운 삶의 의미와 비전을 추종자들에게 제시합니다. 그의 강력한 카리스마는 이러한 비전만으로도 추종자들을 이끌기에 충분합니다.

그러나 그가 죽은 후 그의 권위를 계승하는 인물들은 카리스마의 부족으로 지도력을 제도화해야 하는 문제에 직면합니다. 그들은 스승이 생전에 가르친 교훈들을 지식의 형태로 정리하여 믿음 체계와 의례 체계로 발전시킵니다. 이렇게 정리된 지식들은 새로운 추종자들을 가르치는데 사용됩니다. 그 결과 비전을 중심으로 하는 단순한 운동이 하나의 조직으로 구체화됩니다. 이렇게 지도력이 후세대들에게 계속 계승되면서 최초의 카리스마적 비전이 더욱 조직적으로 세련되게 되는데 이것을 베버는 카리스마의 일상화로 불렀습니다. 마치 용암이 분출되어 기존의 산의 모습을 변화시킨 후 시간이 감에 따라 용암이 식어서 굳어지는 것처럼 말입니다.

베버는 이처럼 카리스마가 일상화되면서 인간의 사회제도가 형성된다고 보았습니다. 베버는 인간의 역사가 카리스마의 출현 → 카리스마의 일상화 → 위기의 발생 → 새로운 카리스마의 출현 → 카리스마의 일상화 → 위기의 발생 → 새로운 카리스마의 출현의 순환 과정을 거치면서 진행된다고 보았습니다.

베버의 생각을 기독교의 출현과 역사에 적용해 보면, 예수는 기독교를 창시한 위대한 카리스마적 존재입니다(이렇게 말한다고 해서 예수를 단순한 인간으로 여긴다는 의미가 아닙니다). 그는 압도적인 카리스마를 갖고 있었으므로 전적으로 자신의 개인적인 카리스마만으로 추종자들에게 권위를 행사할 수 있었습니다. 그러나 그가 죽은 후 후계자들인 제자들 중 누구도 예수만큼 카리스마를 행사할 수 없었습니다. 그렇다고 그들이 카리스마를 갖지 않은 것은 아니었습니다. 예수보다는 카리스마적 능력이 훨씬 부족했다는 의미입니다. 따라서 제자들은 생전에 예수가 가르친 교훈의 권위에 의존해 추종자 집단을 지도했습니다. 베드로와 바울 같은 인물들이 계속 예수의 이름과 교훈을 언급한 것도 이런 이유에서입니다. 기독교 역사에서는 제자들이 활동한 시기를 '사도 시대'라고 합니다. 더 시간이 흘러 제자들이 모두 죽고 다음 세대 지도자들이 생겨나면서, 이들은 자신들의 개인적인 카리스마보다는 교훈을 모아놓은 문서들을 해석하고 이에 근거해 잘 짜인 조직을 만들어 추종자 집단을 지도했습니다. 기독교 역사에서는 이 시대를 '교부 시대'라고 부릅니다. 이런 식으로 최초의 카리스마는 점점 체계화된 문서와 잘 짜인 조직으로 제도화됩니다. 이처럼 제도화되는 것이 카리스마의 일상화입니다.

세상 나라에서의 카리스마

인간의 역사적 과정을 카리스마의 분출과 그것의 일상화 과정으로 설명한 그의 시각은 어느 정도 설득력을 가질 수 있습니다. 사실, 모든 사회 제도나 조직의 배후에는 카리스마적 인물의 흔적이 남아 있습니다. 제국, 왕조, 사상 학파, 문예 사조, 종교 단체 등은 대체로 카리스마적 능력을 가진 위대한 지도자적 인물들에 의해 생겨납니다. 이러한 인물들을 영웅적인 인물로 신화화하고 숭배하는 것은 모든 인간 집단에서 발견됩니다.

베버는 카리스마 개념을 지배의 원리와 연관시키고 있습니다. 그는 모든 사회 제도가 반드시 권력을 가진 자와 권력을 가지지 못한 자 사이의 지배와 복종 관계로 이루어진다고 보았습니다. 그는 인간사회를 의미와 권력의 투쟁 장소로 보았으며, 이러한 투쟁은 카리스마적 인물에 의해 지배하는 자와 복종하는 자로 명확하게 구분될 때 끝이 난다고 보았습니다. 이러한 구분이 시간이 지나면서 제도화되어 하나의 전통으로 굳어지면 인간사회에서는 지배하는 계급(신분)과 복종하는 계급(신분)이 형성됩니다.

세상 나라의 사람들은 자신의 업적을 찬양하고 자신의 영광을 드러내는 방식으로 카리스마를 사용합니다. 그들은 카리스마를 사용해 동료 인간들 위에 서서 자신의 힘을 과시하고 동료 인간들을 지배하는 데서 즐거움을 느낍니다. 세상의 카리스마적 인물들은 니체가 말한 초인으로, 신으로 숭배받기를 원합니다. 세상 나라에서 카리스마는 지배 계급의 특권을 정당화하는 장식물이 됩니다. 따라서 세상 나라에서 카리스마는 반드시 권력을 가진 자와 권력을 가지지 못한 자, 강한 자와 약한 자, 지배하는 자와 지배 받는 자, 숭배 받는 자와 숭배하는 자로 나누는 그런 사회 제도를 만들어 냅니다. 이것이 바로 아담과 이브가 선악과를 따먹고 타락한 이후 인간의 역사가 걸어온 길입니다.

역사상의 카리스마적 영웅들

유한한 피조물인 인간이 카리스마를 증명해 동료 인간으로부터 존귀한 자로 숭배를 받으려는 욕구, 이것이 바로 하나님처럼 되려는 무모한 열정이며, 이 무모한 열정이 바로 인간사회를 파괴시키는 가장 근본적인 요인입니다. 이러한 열정이 우리의 마음속에 솟아오르면 인간은 위대한 인간이라는 칭호를 얻기 위해 무수한 사람들을 동원해 서로 죽고 죽이면서 세상을 지배하고 정복하는 자가 되려고 합니다. 역사에 등장하는 수많은 영웅, 호걸들이 이 위대한 인간이라는 찬사를 듣기 위해 자신의 카리스마를 증명하려고 엄청난 피를 흘렸습니다. 우리는 역사책을 읽으며 이런 카리스마적 인간들을 보면서 대단한 영웅인 것처럼 찬양합니다.

수많은 사람들을 죽이면서 인도 지역에 이르기까지 땅을 정복한 알렉산더 대왕이 그곳이 지구의 끝이라는 말을 듣고 더 이상 정복할 땅이 없다는 안타까움에 눈물을 흘렸다는 이야기가 전해지고 있습니다. 이 이야기가 참인지 거짓인지 모르지만 알렉산더의 심장에 불을 지른 것이 바로 자신의 카리스마를 증명해 위대한 인간으로 칭송받고 싶은 무모한 열정입니다. 우리는 그를 영웅으로 부릅니다. 과연 그가 영웅입니까? 아니면 자신의 영광이라는 허영심을 채우기 위해 미친 듯이 날뛴 사이코패스입니까? 시저, 칭기즈칸, 나폴레옹, 히틀러 등도 마찬가지입니다.

사이코패스

2009년 연쇄살인범 강호순이 붙잡혔습니다. 그는 매우 친절하고 싹싹한 선량한 사람 행세를 하면서 아무도 모르게 여자들을 유혹해 죽였습니다. 언론에서는 그를 사이코패스로 규정했습니다. 사이코패스는 유전적인 결함에서든 아니면 성장 과정에서 주위 사람들의 충분한 동감을 얻지 못해서든 다른 사람들의 감정에 동감할 수 있는 능력이 현저히 떨어지는 인간을 말하는 의학적인 용어입니다. 사이코패스에는 강호순처럼 한편으로는 친근하게 사람을 대하면서도 다른 한편으로는 무자비한 두 얼굴을 가진 신중형이 있는가 하면 자신의 성질을 적나라하게 드러내는 충동형도 있다고 합니다.

우리 인간들이 역사의 위대한 인물들로 칭송하는 영웅들 대부분이 사이코패스였다고 볼 수 있습니다. 그들이 영웅이 될 수 있었던 것은 대부분 잔인성과 무자비함 때문이었습니다. 그들은 평범한 사람과 전혀 다른 위대한 인간이라는 칭호를 역사에 남기기 위해 평범한 사람들의 감정에 동감할 수 있는 능력을 갖고 있지 못했습니다. 그들은 강호순같은 단순 살인범보다 정도가 훨씬 더 심한 사이코패스였습니다. 그들은 어릴 때부터 위대한 자는 평범한 사람들을 초개처럼 죽여도 괜찮다고 배우고 들었을 것입니다. 즉 어릴 때부터 사이코패스로 훈련된 사람들입니다.

인류의 역사를 한번 떠올려 보시기 바랍니다. 그러면 금방 알게 됩니다. 모든 나라에서 사이코패스 전사들을 길러내기 위해 얼마나 혈안이 되어 있었는지 말입니다. 전사는 전쟁에서 상대방을 죽이기 위해 훈련된 병사입니다. 따라서 그들은 전쟁 중에 불가피하게 사이코패스가 되어야 합니다. 전사들은 싸움에 나가서 적을 죽일 때 동감의 고통을 느껴 잘 죽이지 못하는 동료를 보면 그를 겁쟁이로 취급할 것입니다.

하나님이 노아 시대의 인간들을 홍수로 멸하려고 한 이유가 무엇입니까? 온 땅이 하나님 앞에 부패하여 포악함이 가득했기 때문입니다. "하나님이 노아에게 이르시되 모든 혈육있는 자의 포악함이 땅에 가득하므로 그 끝 날이 내 앞에 이르렀으니 내가 그들을 땅과 함께 멸하리라"(창세기 6장 13절).

"포악"은 일종의 사이코패스를 의미합니다. 노아 시대의 인간들은 아마도 자신이 신과 같은 위대한 인간이라는 것을 드러내려고 혈안이 되어 동료 인간들을 아무런 감정 없이 죽이는 사이코패스들이었던 모양입니다. 인간은 상대방이 사이코패스가 되어 나를 죽이려고 하면 나도 살기 위해 사이코패스가 됩니다. 작용 반작용의 법칙에 따라 모든 인간이 일종의 사이코패스가 되는 것이지요. 노아 시대가 바로 그런 시대였던 것 같습니다.

타락한 세상 나라는 구조적으로 사이코패스를 만들어냅니다. 세상 나라는 '지배의 원리'에 따라 작동되기 때문에 그렇습니다. 지배의 원리는 인간을 지배 집단과 복종 집단으로 나누고, 지배 집단에게는 동료 인간들 위에 군림할 수 있는 특권을 부여합니다. 이렇게 지배의 원리는 모든 형태의 '집단주의'를 만들어 냅니다. 인류의 역사를 보면, 어느 곳에서나 집단주의는 우리 편(지배 집단)과 그들 편(복종시켜야 할 집단)을 만들어 우리 편의 힘을 과시하는 식으로 작동합니다.

또 인류의 역사를 보면 어느 곳에서나 지배 집단의 인간은 자신을 복종 집단의 인간과 질적으로 다른 존재로 규정하는 의미 체계를 갖고 있었습니다. 흔히 사용되는 방식은 자기 집단의 인간을 존귀한 존재, 즉 신적인 존재나 신성한 존재로 상징화하는 것이었습니다. 전통 사회에서 모든 인간 집단은 자신을 종교적 신성함의 개념과 연관시켰습니다. 종교는 지배 집단이 스스로를 영광스럽게 치장하는데 사용된 매우 중요한 장식물 역할을 했습니다. 모든 지배 집단은 자신을 신의 자손으로, 우주의 신성한 힘을 받은 존재로 신분의 바벨탑을 쌓습니다. 신분제도는 이렇게 생겨났습니다.

이처럼 지배 집단이 스스로를 평범한 인간과 전혀 다른 존재로 규정하게 되면 동료 인간의 감정에 동감하는 능력을 상실하는 사이코패스가 됩니다. 동감은 같은 종류의 인간들 사이에서 자연스럽게 발생하는 감정입니다.

인간을 사이코패스로 만드는 두 가지 문화 코드

지배 집단의 인간이 동감의 능력을 잃어버리고 사이코패스가 되는 경로는 두 가지입니다. 하나는 자신을 신성한 존재로 지배적 위치에 놓음으로써 자기 집단 외의 인간들에 동감할 수 없게 됩니다. 그들은 상대 집단의 인간들을 어떤 수단을 사용해서라도 파괴시켜야 할 원수 집단으로 보거나 아니면 계속 지배하면서 부려야 할 대상으로 간주하게 됩니다. 상대 집단의 인간들은 더 이상 동류의 존재가 아닙니다. 그들은 짐승이나 벌레처럼 취급되어야 하는 존재들입니다. 따라서 그들을 대할 때는 사이코패스처럼 되어야 합니다. 보다 냉혹한 사이코패스가 될수록 자신의 집단 내에서는 위대한 존재의 반열에 올라갈 수 있습니다.

사이코패스가 되는 또 다른 경로는 개인을 집단 속에 위치시키는 집단주의입니다. 개인이 집단 속의 한 존재로 용해되면 될수록 더욱 더 집단의 논리에 따라 움직이게 됩니다. 집단의 논리에 따라 움직이는 사람은 집단 외부의 사람들의 감정이나 상황에 동감할 수 있는 능력을 완전히 잃어버리게 됩니다. '집단은 양심이 없다'는 말이 있습니다. 정말 그렇습니다. 느끼고 생각하고 판단하는 주체는 개인이지 집단이 아닙니다. 개인만이 슬퍼하는 다른 인간의 모습을 보고 슬퍼하는 감정이 생겨납니다. 슬퍼하는 사람이 파괴시켜야 할 '적대 집단'에 속한다는 사실을 인지하는 순간 우리는 같이 슬퍼하는 감정이 사라지고 오히려 쾌감을 느끼는 사이코패스로 변합니다.

미국의 유명한 신학자 라인홀드 니버(R. Niebuhr)는 『도덕적 개인과 비도덕적 사회』라는 책을 썼습니다. 개인으로 있을 때 인간은 양심이 작용하여 도덕적으로 행동할 수 있지만 집단 속에 들어가면 집단 이익 논리에 양심이 용해되어 비도덕적으로 된다는 내용입니다. 국가, 민족, 계급, 인종, 정당, 종파 등 모든 형태의 집단은 공통된 의미 체계의 공유를 강조하는 의미론적 관점에서든 이익의 공유를 강조하는 이해관계론적 관점에서든 집단의 논리를 개발해 구성원들의 양심을 그 논리 속에 용해시킵니다.

스미스에 의하면, 개인들의 간의 문제를 처리할 때에는 객관적이고 공정한 관망자의 시각을 유지하는 사람이 사랑받고 존경받지만 집단 간의 문제를 처리할 때에 그러한 사람은 바보나 백치로 간주되어 집단의 동료들로부터 경멸과 혐오의 대상이 되고 맙니다. 집단의 논리는 공정함을 증오하고 경멸합니다. 집단의 논리에서 보면, 공정함만큼 큰 악덕은 없습니다. 이처럼 집단의 논리에 갇히면, 인간은 다른 집단의 구성원들에 대해 사이코패스가 되고 맙니다. 독일이 유대인을 600만 명이나 아우슈비츠 수용소 가스실로 보내 죽인 것이나 일본이 조선을 식민지로 삼고 중국을 침략하여 억압과 약탈과 학살을 자행한 것도 광기어린 집단주의 논리 때문이라고 할 수 있습니다.

베버의 '지배 사회학'은 이 두 문화 코드로 이루어져 있습니다. 마르크스가 계급 집단의 논리를 폈다면 베버는 이에 대항하여 민족 집단의 논리를 폈습니다(이에 대한 자세한 논의를 위해서는 제가 쓴 『유사 나치즘의 눈으로 읽는 프로테스탄트 윤리와 자본주의 정신』을 보시기 바랍니다). 그의 프라이부르크 대학 취임 연설인 『국민국가와 경제정책』 중에 다음과 같은 말이 나옵니다. "우리가 행복주의자가 된다는 것은 도저히 불가능하며, 미래의 태내에 평화와 인간의 행복이 들어서 있다고는 망상조차도 할 수 없고, 또한 인간과 인간의 가혹한 투쟁을 겪지 않고 어떤 다른 방법에 의해서 현세의 권력적 지배권을 나의 것으로 만들 수 있을 것이라고는 도저히 믿어지지 않습니다." 그러면서 그는 "우리가 자손에게 선물로서 보내주지 않으면 안 될 것은 평화라든가 인간의 행복이 아니라 우리들의 국민적 특질을 지켜가면서 더 한층 발전시키기 위한 영원한 투쟁"이라는 말로 이 연설을 끝맺었습니다.

예수 그리스도가 오기 전에 인류는 사이코패스라는 엄청난 정신병으로 고통을 당했습니다. 서로 죽고 죽이는 죽음의 문화가 인류 위에 드리워져 있었습니다. 그리스도를 학수고대하던 유대인들도 마찬가지였습니다. 그들은 자신들의 사이코패스적인 욕망을 충족시켜줄 인물을 그리스도로 기다리고 있었습니다.

사이코패스의 치유자 예수 그리스도

예수 그리스도는 지배의 원리로 인해 인류가 혈족과 혈족으로, 종족과 종족으로, 부족과 부족으로, 민족과 민족으로, 인종과 인종으로, 국가와 국가로, 계급과 계급으로, 갈가리 찢어져 서로 원수가 되어 싸우는 상황을 끝내기 위해 이 땅에 왔습니다. 따라서 그는 '평화의 왕'으로 불립니다. 그는 모든 인간 집단들 사이의 막힌 담을 헐어 하나로 만들었습니다. 그는 집단 속에 갇혀 있는 인간들을 끌어내어 하나님 앞에서 한 개인으로 서게 만들었습니다. 그러면서 모든 집단의 사람들이 같은 종류의 사람임을 깨닫게 했습니다. 같은 종류의 인간임을 알 때 사람들은 동료 인간의 상황에 대해 동감하게 됩니다.

성서에는 그가 하나님의 아들 또는 아들 하나님으로 소개됩니다. 그는 실제로 하나님의 아들이었을 뿐만 아니라 하나님의 아들이어야만 했습니다. 그 이유는 다음의 세 가지입니다.

첫째, 모든 인간들 사이의 막힌 담은 먼저 하나님과 인간 사이의 막힌 담에서 유래한 것이기 때문입니다. 이 막힌 담을 헐 수 있는 유일한 존재는 하나님뿐입니다. 인간 내부에는 그것을 헐 수 있는 자원이 없습니다. 하나님과 인간 사이의 막힌 담은 인간의 원죄 때문에 생긴 것입니다. 모든 죄가 하나님과 인간 사이를 멀어지게 만드는 것이지만 가장 근본적인 것은 원죄입니다. 원죄는 바로 하나님처럼 되려는 야망, 선수이면서 심판이 되려는 야망이었습니다.

이 야망으로 뜨거워진 심장을 식히지 않고서는 막힌 담을 헐 수가 없었습니다. 하나님이 계시한 법도 이 야망을 잠재우지 못했습니다. 유대교의 율법주의는 이 야망이 법을 이용해서 표현된 것이었습니다. 이제 이 야망을 잠재울 수 있는 유일한 존재는 하나님이었습니다. 그래서 아버지 하나님과의 동감적 교제를 통해 아버지의 마음을 안 성자 하나님, 예수 그리스도가 이 원죄의 문제를 해결하기 위해서 이 땅에 사람의 모습으로 와서 스스로 십자가의 대속물이 됨으로써 이 문제를 해결하였습니다.

십자가에 달림으로써 예수 그리스도는 인간의 원죄와 그로 말미암아 파생된 모든 죄들에 대한 응분의 대가를 치러 하나님의 의를 만족시킴과 동시에 인간을 대신해 그 죗값을 치름으로써 양심에 불을 붙여 하나님처럼 되려는 허망한 야망을 내부로부터 녹여버립니다. 이제 십자가 앞에 나아갈 때 우리는 우리가 한갓된 피조물임을, 하나님을 의지하는 연약한 인간임을 겸손하게 고백하게 됩니다. 그렇게 됨으로써 하나님과의 동감적 교제를 회복하게 됩니다.

둘째, 율법주의에 대한 그릇된 열심을 하나님에 대한 참된 신앙이라고 굳게 믿고 있던 유대교의 종교 행태에서 볼 때 하나님이 어떤 인간 예언자를 보내어서 율법주의의 잘못을 교정하려고 해도 유대 종교 지도자들로부터 신성 모독죄로 정죄 받을 수밖에 없습니다. 인간의 권위로는 하나님의 이름으로 정당화되어 있는 율법주의를 개혁할 수 없습니다. 따라서 하나님의 아들이 이 땅에 와서 하나님의 권위로 하나님의 법의 정신이 무엇인지 직접 가르쳐 줄 수밖에 없습니다. 하나님의 아들 예수 그리스도는 하나님이 사람을 위해 안식일(안식일은 법을 포함한 일체의 사회 제도를 총칭하는 말로 해석될 수 있습니다)을 만든 것이지 안식일을 위해 사람을 만든 것이 아니라는 분명한 가르침을 주었습니다. 그러나 무지한 종교적 열심에 눈먼 유대인들은 하나님의 아들조차도 신성 모독으로 죽이고 말았습니다. 하지만 하나님의 아들은 죽었지만 그로 인해 인류는 신약이라는 새로운 경전을 갖게 되었습니다.

셋째, 예수 그리스도가 하나님의 아들이며, 또 하나님의 아들이어야 하는 이유는 하나님만이 인간에게 역할 모델을 제공할 수 있기 때문입니다. 하나님처럼 되기 위해 선악과를 따먹은 이후 인간들은 서로 인간 세상의 권력자가 되어 동료 인간을 지배하는 것에서 만족을 느끼게 되었습니다. 권력자는 지배자라는 등식이 모든 인간의 문화 속에서 확립되었습니다. 그러면서 인간들은 자신들이 세상의 권력자임을 보이기 위해 갖가지 신 개념, 즉 우상을 고안하였습니다. 이 세상은 각 집단이 믿는 신(우상)들 간의 전쟁터가 되었습니다. 하나님의 율법을 받은 이스라엘 백성도 하나님을 하나의 권력자로 인식하고 그 권력을 통해 자신들의 권력을 확장하여 세상을 지배하려고 하였습니다.

그러나 하나님은 지배하는 권력자가 되기 위해 천지만물과 인간을 만든 것이 아닙니다. 하나님은 인간과 동감적인 교제를 원했습니다. 주인과 종의 관계가 아니라 그냥 인격과 인격으로 대면하면서 서로 마음을 나누는 관계를 맺고 싶어 하셨습니다. 하나님은 자신의 힘을 자신이 만든 피조 세계를 사랑하고 보존하는데 사용하는 존재이지 그 힘을 피조 세계 위에 군림하는 데 사용하는 존재가 아닙니다. 하나님은 강한 힘을 사용해 지배자가 되는 것에는 애초부터 관심이 없었습니다. 하나님은 자신이 세상 만물을 사랑하고 보존하는 섬기는 자임을 사람들에게 보여주고 싶었습니다. 그래서 예수 그리스도는 하나님의 아들이면서도 인간의 모습으로 와서 직접 인간을 섬기는 본을 보여 주었습니다. 그러면서 서로 사랑하라고 말씀하셨습니다. 너희들이 최고의 지배자로 섬기는 하나님인 내가 인간들과 평등한 위치에서 사랑한 것처럼, 같은 종인 너희 인간들도 평등한 존재로서 서로 사랑하라는 것입니다.

인간사회의 새로운 자원

"서로 사랑하라"라는 예수의 가르침처럼, 서로 사랑하는 것은 하나님 나라의 핵심 가치입니다. 예수는 인류가 서로 사랑함으로써 평화적으로 공존할 수 있는 길을 제시했기 때문에 온 인류의 참된 그리스도인 것입니다. 하나님이 예수 그리스도를 통해 인간의 영혼을 구원한 것도 하나님이 인간을 지극히 사랑한다는 사실을 몸소 보임으로써 인간들이 서로 사랑할 수 있는 자원을 인간들에게 공급하기 위해서입니다.

죄로 인해 타락한 인간은 그 내부에 서로를 사랑할 수 있는 자원을 갖기 어렵습니다. 우리는 사랑할 수 있는 자원을 예수 그리스도를 십자가에 내어 준 하나님의 무한한 사랑으로부터 값없이 가져올 수 있습니다. "하나님의 사랑이 우리에게 이렇게 나타난 바 되었으니 하나님이 자기의 독생자를 세상에 보내심은 그로 말미암아 우리를 살리려 하심이라 사랑은 여기 있으니 우리가 하나님을 사랑한 것이 아니요 하나님이 우리를 사랑하사 우리 죄를 속하기 위하여 화목 제물로 그 아들을 보내셨음이라 사랑하는 자들아 하나님이 이같이 우리를 사랑하셨은즉 우리도 서로 사랑하는 것이 마땅하도다"(요한일서 4장 9절-11절).

정통 보수 신앙의 그리스도론은 우리의 죄를 용서해주신 하나님의 사랑의 표시로서, 예수 그리스도의 속죄론을 부각시키면서, 이를 믿으면 구원받고 천국 간다는 사실을 강조합니다. 이와 대조적으로 자유주의 진보 신앙의 그리스도론은 속죄론을 원시적인 신앙의 잔재로 경시하고, 이 땅에 와서 인간을 섬기고 십자가에 죽기까지 자신을 희생하면서 사랑의 모범을 보여준 예수 그리스도의 행위를 부각시키면서 예수 그리스도를 따라 서로 사랑할 것을 강조합니다. 정통 보수 신앙은 인간의 이기적 본성에 대한 비관적인 인간관을 바탕으로 개인 구원을 지향하고, 자유주의 진보 신앙은 인간의 이타적 본성에 대한 낙관적인 인간관을 바탕으로 사회구원을 지향합니다.

그러나 성서를 보면 우리의 죄를 용서하시는 하나님의 사랑과 인간 상호 간의 사랑이 직물의 씨줄과 날줄처럼 서로 얽혀 있습니다. 이 둘 중 하나를 제거하면 직물은 쓸모없게 됩니다. 진보 신앙은 타락한 인간의 본성 속에는 사랑의 자원이 없으며, 오직 그리스도의 속죄 속에 나타난 하나님의 사랑을 통해서 우리 속에 사랑의 자원이 마련된다는 사실을 보다 깊이 이해해야 합니다. 반대로 보수 신앙은 그리스도의 속죄 속에 나타난 하나님의 사랑이 인간 상호간의 사랑의 행위를 지향하고 목표로 한다는 사실을 알아야 합니다. 바로 위에 인용한 요한일서의 말씀은 바로 이러한 사실을 웅변적으로 보여주고 있습니다.

우리 인간은 불완전한 존재입니다. 하나님은 우리 인간을 자신의 불완전성을 알 수 있는 불완전한 존재로 만드셨습니다. 어떤 피조물도 자신의 불완전성을 인식할 수는 없습니다. 이것이 다른 피조물과 다른 인간 존재의 특징입니다. 비록 그리스도 안에서 거듭난다고 하더라도 인간 존재는 여전히 불완전한 인간입니다. 우리가 예수를 하나님의 아들이고 또 그리스도임을 고백한다고 해서 불완전한 존재에서 완전한 존재로 우리의 존재가 뒤바뀌는 것이 아닙니다. 죄는 우리의 불완전함에 있는 것이 아니라 우리의 불완전함을 인식하지 못하는 무지와 무감각에 있습니다.

자신의 불완전성을 알지 못하는 인간은 한쪽으로 치우쳐 무익하게 될 위험성이 항상 있습니다. 항상 극단으로 흘러 자신도 파괴되고 다른 사람도 파괴시킵니다. 그러나 우리가 예수 그리스도 안에 있게 되면 우리 자신의 불완전성을 잘 인식할 수 있고, 한쪽으로 치우쳐 극단으로 빠질 위험을 교정할 수 있습니다. 하나님의 말씀은 좌우에 날선 검이 되어 좌로도 우로도 치우치지 못하도록 우리의 생각을 교정해 줍니다. 그래서 우리는 온전하게 될 수가 있는 것입니다. 우리의 죄를 용서하시는 하나님의 사랑과 인간 상호 간의 사랑이 바로 좌우에 날선 하나님 말씀이라고 할 수 있습니다.

하나님 나라에서의 카리스마

하나님 나라에도 카리스마가 필요합니다. 그러나 하나님 나라에서 카리스마는 하나님과 동료 인간의 동감을 얻는 동감의 원리 내에서 사용됩니다. 동감의 원리는 하나님과 동행하면서 정의롭고, 자비로우며 겸손한 마음으로 동료 인간을 대합니다. 하나님의 아들 예수 그리스도는 카리스마를 어떻게 사용해야 하는지를 명백히 보여 주었습니다. 그는 가르치고, 천국 복음을 전파하고, 모든 병과 약한 것을 고치는 데 자신의 카리스마를 사용했습니다. 세상 나라의 카리스마를 원했던 유대인들은 예수 그리스도의 카리스마를 외면했습니다. 지배의 원리에 따라 자신들이 부당하게 행사하던 기득권과 특권을 빼앗길지 모른다고 생각했기 때문이었겠죠?

예수 그리스도를 따르는 기독교인은 카리스마를 자신의 업적을 찬양하고 자신의 영광을 드러내는 방식으로 사용할 수 없습니다. 그것은 자신의 능력이 아니라 하나님으로부터 받은 선물이기 때문입니다. 기독교인은 자신의 카리스마를 권력을 가진 자와 권력을 가지지 못한 자, 강한 자와 약한 자, 지배하는 자와 지배받는 자, 숭배 받는 자와 숭배하는 자로 나누는 데 사용하지 않고 오히려 허무는 데 사용해야 합니다. 또 기독교인은 높은 산을 깎고 깊은 골짜기를 메워 평지로 만드는 데, 즉 모든 인간이 자유롭고 평등하게 서로 사랑하는 방식으로 인간관계를 맺을 수 있는 새로운 사회 제도를 만들어 내는 데 카리스마를 사용해야 합니다.

좀 걱정되는 것은 한국사회에서 하나님 나라의 실현에 앞장 서야 할 한국의 교회들 중 일부가 하나님 나라의 정신을 잃어버리고 세상 나라의 맛에 취해 있다는 것입니다. 큰 세력이 되다 보니 기독교인 숫자 자랑이나 하면서 섬기는 정신을 잃어버리고 권력을 휘두르는 맛을 본 것이지요. 특히 큰 교회의 목사들은 신앙의 카리스마를 권력 행사를 위한 수단으로 사용합니다. 그러나 교회가 권력을 휘두르며 대접받는 권력감을 즐기는 장소가 되면 안 됩니다. 성서에 보면, 섰다고 생각할 때 넘어지지 않게 조심하라는 말씀이 있는데 오늘날 한국의 기독교와 교회에 적합한 말입니다.

10장_
쿠오바디스, 한국교회

위기에 처한 한국 교회

 자부심, 사명감, 승리감에 근거한 교회의 전통적인 전도 방식은 어려운 환경 속에서 그 어려움을 극복하는 담대한 신앙의 카리스마를 보여주었지만 오늘날처럼 기독교가 큰 세력을 이루고 있는 곳에서는 자칫 자기중심성, 독선, 오만, 무례로 비치기 쉽습니다. 한국사회가 가난의 고통을 벗어나기 위해 정부의 권위주의 통치 방식에 따라 허리띠를 졸라매고 욕망을 억누르며 경제 발전을 이룩해야 했던 상황에서는 자부심, 사명감, 승리감으로 무장된 기독교의 행동 특성이 정신적으로 많은 사람들에게 호소력이 있었습니다. 그래서 한국의 경제 발전 과정에서 기독교인의 수가 급속도로 증가했습니다. 그러나 경제 발전이 성공하여 권위주의 정부가 민주주의 정부에 의해 대체되고 또 급속한 정보화를 통해 정부와 사회의 다양한 영역들 간의, 또 개별적인 시민들 간의 수평적인 소통이 중요해지자 기독교는 어려움에 빠지게 되었습니다.

 민주화 이전만 해도 교회는 교회 밖의 세상보다는 권력의 억압적 성격이 덜했지만 민주화 이후 오히려 교회 내부가 더 큰 권력의 억압적 성격을 보이고 있습니다. 물론 민주화 이전에도 교회 내부는 권위주의적인 방식으로 운영되었지만 그래도 군부 독재보다는 그 정도가 덜 폭력적이고 덜 억압적이었다고 할 수 있습니다. 그래서 교회를 빛으로,

세상을 어둠으로 대비시키는 설교의 수사학을 사용하더라도 그런대로 별 무리가 없었습니다.

그러나 한국사회가 민주화되면서 사정이 완전히 달라졌습니다. 백종국 교수는 그의 책 『바벨론에 사로잡힌 교회』에서 오늘날의 한국 기독교 상황을 퇴폐적 게토화 단계로 진단하면서 이유를 다음과 같이 썼습니다. '한국사회가 급속하게 민주화되고 투명해져 온 것과 반대로 교회 체제는 권위주의가 강화되었고 불투명하게 되었으며, 그 결과 도저히 합리적으로 이해할 수 없는 한국 기독교의 독특한 형태들이 사회의 비웃음거리가 되었다.'

이러한 교회 추락의 중심에는 목회자들이 있습니다. 교회개혁실천연대의 신흥식 장로는 한 칼럼에서 교회 문제에 대한 상담 경험을 소개하면서 교회 문제가 대부분 목회자로부터 발단이 되었다고 말하고 있습니다. 그가 열거하는 구체적인 예들을 살펴보면, 목회자에 과도하게 집중된 권력과 이에 따른 목회자의 우월의식, 탐욕과 교만, 세속적인 야망과 상류 생활을 꿈꾸는 왜곡된 성공주의, 초심 상실, 도덕적 양심의 실종, 불투명하고 자의적인 교회 재정 운용, 자기중심적이고 파행적인 교회 행정 운영, 교회 세습, 혈육 중심의 교회 운영, 불륜 등등입니다. 그러면서 그는 평신도의 우민화와 목회자에 대한 굴종, 방관자적인 신앙생활, 여기에 평신도의 열세한 성서 지식수준을 악용하는 목회자의 사제적 권위주의가 교회를 병들 게 하는 공범자 노릇을 하고 있다고 진단하고 있습니다.

물론 목사들뿐만 아니라 장로들에게도 문제가 있습니다. 향린교회의 김동한 장로는 장로들의 교만과 아집도 상상을 초월한다고 비판한 바 있습니다. 그에 의하면, 장로 중에는 목사의 설교 내용이 꼭 자기의 잘못을 지적하는 것 같이 생각하여 반성은커녕 반목하고 질시하여 목사의 잘못을 밝혀내려고 혈안이 되어있다는 것입니다. 교인들을 대표하는 장로들은 장로교를 장로들의 교회로 생각하면서 자신들이 마치 고용주인 것처럼 권력을 행사하려고 합니다.

위기의 진짜 원인

그러나 한국 교회를 타락시키는 참된 원인은 목회자도 아니고 장로도 아닙니다. 그것은 한국 교회와 교인들의 영혼을 장악하고 있는 지배의 원리라는 세상 나라의 문화 코드입니다. 지배의 원리는 사람들에게 누가 위이고 누가 아래인지, 누가 지배하는 자이고 누가 복종하는 자인지를 분명히 하도록 인간의 영혼을 유혹합니다. 이 유혹에 빠진 사람들은 이러한 구분이 확실해야 심리적 안정감을 갖습니다.

이 원리 때문에 한국 교회에서 목회자들, 장로들, 교인들은 서로 협력하여 선을 이루기보다는 서로를 굴복시키려는 힘겨루기에 몰두하게 됩니다. 인간을 지배하는 자와 복종하는 자로 나누는 지배의 원리는 인간성을 파괴하고 부패시키는 가장 치명적인 요소입니다. 지배의 원리는 하나님의 형상을 한 인간을 짐승의 수준으로 퇴화시킵니다.

성서는 인간이 타락한 결정적인 요소가 바로 하나님처럼 되어 인간을 지배하려는 욕망이라고 분명히 말하고 있습니다. 선악과를 따먹은 인류는 타락하여 지능이 높은 짐승으로 퇴화하고 말았습니다. 예수가 마귀에게 받은 세 가지 시험 가운데 마지막 시험이 지배에 관련된 시험이었다는 것은 매우 의미심장합니다. 마귀는 자신에게 절하면 천하만국을 주겠다고 제안했습니다. 그러나 예수는 이를 거절하고 하나님을 섬기라고 말했습니다(마태복음 4장 8-10절). 이 마귀는 선악과를 따먹도록 하와를 유혹한 바로 그 뱀입니다. 마귀가 부추긴 지배의 원리는 다음과 같은 점에서 사람의 영혼과 가치를 파괴합니다.

▶ 지배의 원리는 윗사람이 아랫사람을 자기 기분대로 부리게 만듦으로써 사람의 영혼을 폭력적으로 만듭니다.
▶ 지배의 원리는 윗사람이 아랫사람의 존경을 받기 위해 바리새적인 외식을 일삼게 만듦으로써 사람의 영혼을 위선적으로 만듭니다.
▶ 지배의 원리는 아랫사람이 윗사람의 비위를 맞추기 위해 아첨을 일삼게 만듦으로써 사람의 영혼을 비굴하게 만듭니다.
▶ 지배의 원리는 아랫사람의 의견이 윗사람의 의견과 다를 때 아랫사람을 침묵하게 만듦으로써 사람의 영혼을 질식시킵니다.
▶ 지배의 원리는 윗자리로 올라가려는 과도한 열망을 채우기 위해 뇌물 같은 비열한 방법을 사용하게 함으로써 사람의 영혼을 부패시킵니다.
▶ 지배의 원리는 하나님의 공정한 법보다는 사적인 충성과 의리 관계를 우선함으로써 사람의 영혼을 혼탁하게 만듭니다.
▶ 지배의 원리는 정직과 신뢰와 평화의 영혼을 뿌리에서부터 파괴하여 거짓과 위선과 투쟁의 영혼으로 만듭니다.

이 외에도 우리는 지배의 원리가 가져오는 수많은 파괴적인 결과들을 언급할 수 있습니다.

외부 요인

한국 교회들이 지배의 원리에 따라 운영되는 데에는 주로 다음과 같은 요소들이 작용했습니다. 첫째, 한국의 전통 문화를 차지하고 있는 무속 종교와 유교, 불교, 도교 모두 지배의 원리에서 인간을 바라봅니다. 신분 질서를 근간으로, 권위자를 상정하고 권위자는 명령을 내리고, 추종자는 그 명령에 의존하고 복종하는 식으로 인간관계가 이루어집니다. 대표적인 예로 유교의 군사부일체 사상을 들 수 있습니다. 따라서 한국사회 속에 자리하고 있는 교회도 이들의 영향을 받지 않을 수 없었습니다.

처음에 기독교가 한국에 전파되었을 때에는 모든 인간은 자유롭고 평등하다는 기독교의 기본 정신으로 전통 문화에 도전하여 신선한 창조적인 충격을 주었습니다. 앞에서도 인용된 것이지만 기독교에 입교한 양반 출신의 다음과 같은 고백이 그 한 예입니다. "나는 양반입니다만 하나님이 한 사람은 양반을 만들고 또 다른 한 사람은 상놈으로 만들지는 않았습니다. 사람들이 그렇게 차별을 둔 것입니다. 하나님은 모든 사람을 평등하게 만들었습니다." 하지만 교회가 한국사회에 정착되는 과정에서 오히려 전통 문화에 흡수·동화되는 현상이 일어났습니다. 게다가 교회가 커지고 교회 내에 직분자들이 많이 생겨나면서 직분을 신분으로 여기게 되었습니다. 목사–장로–권사–집사는 모두 교회를 섬기는 직분에 불과한데 이 자리들이 권력의 위계를 나타내는 신분이 되고 만 것이지요.

둘째, 반공 논리를 내세우며 군부가 권위주의적으로 통치하던 시절 한국 교회는 보수 교단을 중심으로 군부 정권의 반공 논리에 적극 참여하고 권위주의적 통치를 지지하였습니다. 이를 위해 보수 교단은 정교 분리를 내세워 정치 참여를 비성서적이라고 규정하고 하나님이 정하신 권력에 순종하고 권력자들을 위해 기도하도록 가르쳤습니다. 이러한 논리가 교회 운영에도 연장되어 교회 정치도 권위주의화되었습니다. 정교 분리를 내세우면서 권위주의적 정치 문화를 이용한 것이라 할 수 있습니다. 국가를 위해 기도한다는 명목으로 국가 조찬 기도회를 열어 정치 권력자와 유착한 것이 이것의 한 예라고 할 수 있습니다. 종교가 권력과 밀착되면 종교는 반드시 타락합니다. 국가 조찬 기도회는 정교 분리 정신에도 어긋나는 것입니다.

내부 요인

셋째, 성서에서 하나님이 마치 인간의 지배자인 것처럼 보이는 전근대적인 용어들이 사용되고 있다는 사실입니다. 예를 들면, 하나님과 인간의 관계를 왕과 백성, 주인과 종의 관계로 묘사한다든지, 순종을 강조한다든지 하는 것들입니다. 이러한 용어들은 문명사회들에서는 거의 사용되지 않는 죽은 말들입니다. 하지만 교회에서와 기독교 관련 서적들에서는 매우 빈번하게 사용됩니다.

보수 교회들은 성서가 하나님의 말씀이라는 것을 내세워 왕과 백성, 주인과 종, 순종의 표현들을 한국의 전통적인 지배-복종 문화와 혼합함으로써 성서가 마치 지배의 원리를 참된 행위 원리로 삼고 있는 것처럼 해석합니다. 그러면서 목회자를 교회의 머리인 그리스도를 대신하는 자라는 자의식을 갖고, 교회를 목회자를 중심으로 하는 위계서열 구조로 이해합니다. 이 대리인 개념을 정당화하는 것이 바로 목회자를 평신도와 달리 성직자로 규정하는 것입니다. 종교 개혁의 만인제사장 설에 의해 이러한 구별은 없어졌음에도 불구하고 한국 교회에서 이러한 구분이 여전히 통용되고 있습니다.

목회자는 하나님의 자녀들(평신도들)을 보살피고, 양육하고, 가르치고, 지도하고, 관리하는 특별한 종(성직자)입니다. 장로교의 여러 교단에서는 목회자를 목자, 그리스도의 종, 하나님의 사자, 하나님의 오묘한 도를 맡은 청지기, 주의 종 등으로 칭하고 있습니다. 뿐만 아니라 목회자들 사이에서도 위임된 담임 목회자와 다른 목회자들 사이의 차이는 하늘과 땅의 차이만큼 큽니다. 담임 목회자들은 특별한 종들 중에서도 더욱 특별한 종이라고 할 수 있습니다. 그러나 성서를 하나님의 말씀으로 고백한다고 하더라도, 아니 성서를 진정으로 하나님의 말씀으로 고백한다면 문자적 외양에만 집착하여 성서를 지배의 관점에서 읽는 것은 성서 본래의 정신과 반대됩니다.

하나님에 대한 올바른 이해

성서는 모든 세상 나라들이 권력을 마구 남용하던 전제 군주들에 의해 통치되고, 또 노예가 만연하던 문화적 맥락 하에서 기록되었습니다. 전제 군주로서의 왕과 그것에 순종하는 백성, 주인과 종은 모두 타락한 인간 문화의 산물이지 하나님이 처음 인간을 만드실 때의 모습이 전혀 아닙니다. 하나님은 주인 노릇하거나 왕 노릇하기 위해 인간을 창조한 것이 아니라 자유인으로 창조했습니다. 하나님은 자신의 형상대로 만든 인간과 동감의 교제를 나누기를 기뻐했습니다. 그러나 인간이 스스로 하나님의 자리에 오르기 위해 선악과를 따먹고 타락한 결과, 인간 세상에는 지배-복종의 전제 군주 제도와 노예 제도가 생겨났습니다.

X 눈에는 X 만 보인다고 타락한 인간의 눈에는 우주 전체를 포함해 모든 사물이 지배-복종의 관계로 보였습니다. 왕과 백성, 주인과 종과 같은 성서의 표현은 이처럼 타락한 인간의 이해력에 적응(accommodation)하기 위해 타락한 인간 문화의 옷을 걸치고 있을 뿐입니다. 따라서 성서가 하나님의 말씀임을 진심으로 고백한다면 하나님의 본심이 무엇인지를 분별하는 지혜가 필요합니다. 성서를 읽어보면, 타락한 상태에서도 하나님은 인간의 생명과 자유와 행복을 위해 설정한 법에 대해서는 순종을 강조하고 있지만 개별적인 사건들에 대한 판단에서는 인간의 자율적인 판단을 허용하면서 타당한 의견을 매우 깊이 고려하고 수용한다는 것을 알 수 있습니다. 하나님은 전제 군주처럼 무

조건적인 순종을 말하지 않습니다.

3장에서 살펴본 아브라함의 경우가 매우 좋은 예입니다. 하나님이 소돔과 고모라를 심판할 것이라고 아브라함에게 말했을 때, 아브라함은 무려 6번(50명→45명→40명→30명→20명→10명)에 걸쳐 의인을 악인과 함께 멸하면 안 된다고 항변하면서 하나님의 의지를 되돌리려고 노력합니다. 그런데 그의 항변 중 "세상을 심판하시는 이가 정의를 행하실 것이 아니니이까"(창세기 18장 25절)라는 말은, 용의 역린을 건드리는 것처럼, 하나님의 신경을 자극하는 매우 도발적인 말입니다. 좀 속되게 번역하면 '심판관이신 하나님 똑바로 하세요'라는 의미가 아니겠습니까? 정의가 주전공인 하나님께 정의 운운한다는 것 자체가 매우 괘씸한 발언이지요. 자식이 이런 식으로 도발한다면 이에 전혀 개의하지 않고 부드럽게 응대할 수 있는 부모가 세상에 얼마나 되겠습니까? 그러나 하나님은 '그 놈 참 총기가 넘치는구나. 내가 사람 하나는 잘 선택했어'라는 식의 흐뭇한 마음으로 매우 부드럽게 아브라함의 항의를 받아넘깁니다. 그래 니말 대로 '착한 사람이 열 명만 있어도 그 성을 멸망시키지 않을 것이다.' 이사야 1장 18절 말씀대로 하나님은 인간과 변론하기를 좋아합니다.

이 외에도 성경에는 많은 예들이 나옵니다. 출애굽기 3장 1절-4장 17절에서 하나님의 부르심을 여러 번 거절하는 모세에 대해 하나님이 끈기 있게 설득하는 것, 출애굽기 32장에서 이스라엘의 패역에 대해 하나님이 진노하여 벌을 내리려고 할 때 모세의 간언을 수용하여 벌을 완화한 것, 욥기에서 욥의 항변을 다 허용한 것, 요나서에서 요나의 불평과 분노에 대해 문책하지 않고 설득한 것, 시편에서 자신의 사정을 몰라주는 하나님에 대해 시인이 절규하는 것 등등입니다. 따라서 진정으로 하나님의 말씀에 순종하는 사람들 사이에서는 교감과 소통과 토론을 부정하고 침묵을 강요해서는 안 됩니다.

교감과 소통에 무능한 한국 기독교

하나님의 뜻을 내세워 자신의 권위를 정당화하는 습관이 몸에 배어서 그런지 모르지만 많은 기독교인들이 상대방을 충분히 납득시키려고 하는 신중한 태도보다는 자신이 직관적으로 옳다고 여기는 것을 곧장 밀어붙이려는 성급함을 드러냅니다. 좀 속되게 표현하면, '까라면 까지 말이 많다'는 식입니다. 군대식으로 운영되는 교회도 많습니다. 말씀의 일방적인 선포에 길들여져 있어서 교감과 소통에 무능합니다. 그렇다 보니 합리적인 대화보다는 복종 아니면 반발이라는 극단적인 반응만 존재합니다. 한국의 기독교가 비기독교인들과 소통하려는 노력을 거의 하지 않는 것도 이러한 습관에 젖어 있어서 그렇습니다. 다른 사람의 반응은 아랑곳하지 않고 길거리나 지하철 안에서 예수 믿으라며 예수천국 불신지옥을 크게 외치는 것도 이러한 습관 때문이지요.

노벨상을 가장 많이 받는 유대인들의 교육 방식에서 매우 특징적인 것은 어려서부터 항상 질문하게 만드는 것이라고 합니다. 그런데 한국의 기독교 문화에서는 질문이 거의 없습니다. 질문과 토론은 없고 선포와 무조건적인 순종만 강조됩니다. 유교적인 복종 문화에 하나님의 말씀 선포가 더 하여져서 복종의 마인드가 더 강화되는 느낌입니다. 하나님의 말씀을 선포한다는 형식을 빌려 목회자들이 은밀히 인간적인 권력감의 희열을 만끽하는 것은 아닌지 염려됩니다.

미자립 교회들이 많고 수많은 목회자들이 박봉에 시달리는 고통스러운 현실을 보면서도 목회자 지망생들이 그렇게 많은 현상도 강단에서 말씀을 선포하면서 느끼는 권력감의 향유와 무관하지 않은 것이 아닌가 생각해봅니다. '하나님 말씀'이라고 하면 찍소리 못하는 그 권력감 말입니다(저는 많은 목회자 지망생들이 권력감보다는 사명감 때문에 신학교에 간다고 믿습니다만 기우에서 이렇게 말씀드리는 것입니다). 권력감을 즐기는 비합리적 권위주의 풍토에서 이단들이 많이 생겨납니다. 이단의 가장 두드러진 특징이 선수와 심판을 동시에 겸하는 교주에 대한 맹목적인 복종입니다. 그래서 동원도 잘되지요. 교주의 말이 곧 하나님 말씀으로 작용하니까요.

왕과 백성(신민), 주인과 종의 개념을 폐기한 예수 그리스도

왕과 백성(신민), 주인과 종의 개념은 예수 그리스도가 이 땅에 온 후로는 더 이상 소용없게 되었습니다. 예수 그리스도는 타락해 서로 지배하고 복종하면서 주인 노릇하고 종노릇 하는 인간을 구원해 본래의 자유 상태로 회복시키기 위해 이 땅에 왔습니다. 예수 그리스도는 왕의 이름으로 와서 왕 제도를 폐하여 버렸습니다. "이제 이 세상에 대한 심판이 이르렀으니 이 세상의 임금이 쫓겨나리라"(요한복음 12장 31절). 이 세상 임금은 사람들을 함부로 종 취급하며 임의로 주관하고 권세를 부리는 전제 군주 개개인만 아니라 군주 제도까지 포함한다고 볼 수 있습니다.

또 예수 그리스도는 섬기는 종으로 와서 주인과 종의 관념을 타파해 버렸습니다. "이제부터는 너희를 종이라 하지 아니하리니 종은 주인의 하는 것을 알지 못함이라 너희를 친구라 하였노니 내가 내 아버지께 들은 것을 다 너희에게 알게 하였음이니라"(요한복음 15장 15절). 이제 그리스도를 통해 우리는 하나님 아버지의 참 마음을 알게 되었으므로 하나님 아버지와 자유로운 동감의 교제를 나눌 수 있게 된 것입니다. 이것이 바로 하나님께서 인간을 창조하고 "심히 좋았다"고 표현한 본래의 인간 상태입니다. 하나님에게는 인간이 '친구 같은 자녀'가 되었고, 인간에게는 하나님이 '친구 같은 아버지'가 되었습니다. 아니 하나님이 인간을 창조할 때부터 이런 관계였는데 인간이 타락함으로써 스스로 이 관계 밖으로 뛰쳐나가 그 관계가 단절되고 말았습니다. 이제 예수 그리스도를 통해 우리는 다시 하나님과 원래의 관계를 회복하게 되었습니다.

그리스도의 이러한 선언으로 기독교를 받아들이는 곳에서는 군주제도, 귀족제도, 노예제도 등 인간을 지배의 대상으로 삼는 문화가 점차 자취를 감추게 되었습니다. 여전히 왕 제도를 가진 나라들이 있지만 이런 나라들에서도 왕은 더 이상 지배하는 자가 아닙니다. 이러한 까닭으로 성서의 정신을 강조하는 기독교(개신교) 문화권에서는 동료 인간을 지배하고 복종시킬 대상으로 보는 정도가 아주 낮습니다. 하나님의 아들 예수 그리스도가 하늘에서 땅으로 내려온 것처럼, 기독교 문화는 높은 산을 깎아 골짜기를 메움으로써 세상 문화가 만들어 놓은 비정상적인 불평등한 관계를 평등한 관계로 교정합니다. 이것이 복음의 능력입니다.

호프스테드(G. Hofstede)의 책 『세계의 문화와 조직』에 의하면, 미국과 유럽의 개신교 문화권 국가들은 모두 권력거리지수가 작습니다(마지막 쪽의 표 참조). 권력거리지수가 클수록 불평등한 지배의 원리에 따라 사회 시스템이 운영되고, 권력거리지수가 작을수록 사회 시스템이 평등한 동감의 원리에 따라 운영된다고 볼 수 있습니다. 이들 국가의 특징인 작은 권력거리가 오로지 개신교의 영향 때문이라고 말할 수는 없지만 상당 부분 가톨릭교회의 위계 구조를 개혁한 개신교의 영향을 크게 받았다는 것은 역사적 사실입니다.

이처럼 성서 본래의 정신에 비추어 보든, 기독교 문화권 국가들의 현실에 비추어 보든 지배의 원리가 기독교와 배치됨에도 불구하고 한국의 교회와 기독교인들은 하나님의 이름으로, 또 예수의 이름으로 지배의 원리를 정당화하면서 세상 사람들보다 더 지배의 원리에 집착합니다. 비기독교인들은 한국사회 전체가 빠른 속도로 민주화되면서 동감의 원리 쪽으로 나아가고 있는데 비해, 한국의 교회와 기독교인들은 여전히 지배의 원리가 하나님의 기뻐하는 뜻인 것처럼 믿고 있습니다. 바로 이것이 한국 교회의 가장 근본적인 문제점이라고 할 수 있습니다.

"내가 어렸을 때에는 말하는 것이 어린 아이와 같고 깨닫는 것이 어린 아이와 같고 생각하는 것이 어린 아이와 같다가 장성한 사람이 되어서는 어린 아이의 일을 버렸노라"(고린도전서 13장 9-11절).

문명 저능아 상태에 있는 교회

이러한 상황에서 여전히 교회=빛, 세상=어둠으로 등식화하는 설교의 수사학은 교회 밖의 세상 사람들뿐만 아니라 내부의 기독교인들에게도 동감을 얻지 못하고 있습니다. 특히 보수 교회들은 자유민주주의 체제를 수호해야 한다고 주장하면서도 자신의 교회는 전혀 자유민주주의적으로 운영하지 않는 이중성을 보입니다. 그러면서 오히려 자유민주주의적으로 운영되는 세상을 악하고 타락한 것으로 정죄하고 교회가 이를 구원해야 한다는 식으로까지 나아갑니다.

지금 한국의 기독교는 심각한 문명 저능아의 상태에 빠져 있습니다. 이제 세상 사람들은 교회를 어둠으로, 세상을 빛으로 여기기 시작했습니다. 이런 생각을 갖고 있는 사람들에게 교회가 자부심, 사명감, 승리감으로 무장하고 옛날 방식으로 전도를 하니 세상 사람들은 교회를 비웃고 있는 것이지요. 어느 영화에 나오는 한 대사처럼 "너나 잘 하세요"라는 말을 듣고 있는 것입니다. 게다가 교회 시스템의 운영 방식이 세상보다 더 낙후되어 있다 보니 교회는 세상에 제공할 것이 없어 어쩔 수 없이 죽어서 천국 가는 영혼 구원의 문제에만 더욱 매달리게 됩니다. 그럴수록 기독교는 세상으로부터 점점 더 비합리적인 집단으로 인식됩니다. 세상 사람들은 교회가 포로 된 자를 자유롭게 하고, 눈먼 자를 보게 하는(누가복음 4장 18절) 역할을 수행하기 보다는 교회 자체를 유지하기 위해 오히려 자유로운 자를 포로로 만들고, 보는 자를 눈멀게 하는 곳이 아닌가 의심하고 있습니다. 일부 세상 사람들은 돈에 눈먼 장사꾼이 상품을 속여 팔듯이, 목회자들이 예수를 팔아 장사한다고 여기면서 신자들을 어리석다고 비웃습니다. 마르크스도 종교를 아편이라고 비판했는데 비슷한 맥락이라고 할 수 있습니다.

마키아벨리는 『군주론』 끝부분에서 사람이 실패하는 이유를 상황에 맞춰 행동 방식을 변화시키지 못하기 때문이라고 했습니다. 그러면서 사람들이 상황에 맞춰 행동 방식을 변화시키지 못하는 이유로 지금까지 성공한 방식을 버릴 수 없기 때문이라고 말했습니다. 마키아벨리뿐만 아닙니다. 많은 전문 경영자들도 개인이든 조직이든 과거의 성공 방식에 집착하는 것을 실패의 가장 큰 이유로 꼽고 있습니다. 한국의 기독교는 세계 역사상 유래가 없을 정도의 폭발적인 성장을 했습니다. 한국 기독교는 이것을 자랑거리로 삼았습니다. 그러나 그것은 과거의 일입니다. 변화된 현재의 상황에 유연하게 적응하지 못한다면 성장 속도만큼 몰락 속도도 빠르게 진행될지 모릅니다. 이제 한국의 교회와 기독교는 과거의 성공이 과연 성경적인 성공이었는지 깊이 반성하면서 지배의 원리에 바탕을 둔 그릇된 기독교를 버리고 동감의 원리에 바탕을 둔 참된 기독교를 회복하는 운동을 시작해야 합니다.

민주주의 문명의 빛이 되어라!

한국사회는 올해 일본 제국주의의 식민지 상태에서 해방된 지 71년째 되고, 독립된 영토를 가진 상태에서 민주주의 헌법을 가진 나라가 된지 68년째 되는 해입니다. 그 동안 한국사회는 정치-경제적으로 엄청난 발전을 했습니다. 2차 세계 대전 이후 식민지 상태에서 해방된 나라들 가운데 경제 성장과 민주화를 모두 성취한 나라는 한국뿐입니다. 영국의 한 기자가 오래 전에 '한국에서 민주주의를 기대하는 것은 쓰레기통에서 장미꽃이 피기를 기대하는 것과 같다'고 말한 적이 있습니다. 이 말을 비웃듯 한국사회는 민주주의라는 장미꽃을 피우고 있습니다. 정말 대단합니다. 자랑스럽습니다.

그러나 좋은 민주주의를 하기 위해서는 더 노력해야 합니다. 독재에서 민주화를 이룩하는 것보다 좋은 민주주의를 정착시키는 것이 더 어려울 수 있습니다. 한국사회에 더 좋은 민주주의를 정착시키기 위해서는 한국 국민이 민주주의 제도를 운영하는데 필요한 민주주의 정신을 잘 가꾸어야 합니다. 한국사회에서는 아직도 남보다 더 많은 권력을 차지하고 휘두르며 대접받는 권력감 속에서 삶의 보람을 느끼며 그것을 인생의 최고 가치로 삼고 있는 사람들이 대부분입니다. 한국사회에서 교육열이 엄청 높은 이유도 남보다 잘 되어 자신과 자기 집단의 힘을 과시하기 위해서라고 설명하는 학자들도 있습니다. 이런 태도로는 좋은 민주주의를 정착시킬 수 없습니다.

물론 이 땅에서는 완전히 지배의 원리에 따라 운영되는 인간사회도, 또 완전히 동감의 원리에 따라 운영되는 인간사회도 존재할 수 없습니다. 현실적인 인간사회는 이 두 원리가 뒤섞여 있으며 상대적으로 더 지배의 원리에 따라 운영되든지 아니면 상대적으로 더 동감의 원리에 따라 운영되든지 할 것입니다. 한 사회의 구성원들이 인간의 유전자

중 침팬지와 공유하고 있는 98.8%의 유전자를 더 중요하게 여긴다면, 그들은 지배의 원리에 따라 운영되는 사회를 만들어 낼 것입니다. 이에 반해 한 사회의 구성원들이 침팬지와 다른 1.2%의 유전자를 더 중요하게 여긴다면, 그들은 동감의 원리에 따라 운영되는 사회를 만들어 낼 것입니다. 한 가지 분명한 것은 지배의 원리에서 동감의 원리 쪽으로 이동할수록 그 사회는 더 좋은 민주주의 시스템을 갖게 될 것이라는 사실입니다. 안타깝게도 한국사회는 민주주의 사회 시스템을 지배의 원리에 따라 운영하려고 하고 있습니다. 한국의 민주주의는 분노와 갈등이 만연한 '악다구니 민주주의'입니다.

유시민 전 보건복지부 장관은 『후불제 민주주의』라는 책에서 이러한 현상을 '양복 입은 침팬지'라는 재미있는 표현으로 묘사했습니다. 그의 정치적 견해를 지지하든 지지하지 않든 이 비유는 적절한 것처럼 보입니다. 민주화 이후에도 전혀 개선될 기미를 보이지 않는 한국사회의 심각한 갈등 구조는 바로 이러한 이유 때문입니다. 진짜 꼴불견은 자신이 입고 있는 멋진 양복에 도취되어 자신이 침팬지라는 사실을 꿈에도 생각지 못한 채 더 큰 침팬지가 되기 위한 경쟁에 몰두하는 사람들이 한국사회에 너무 많다는 사실입니다. 안타깝게도 한국의 기독교인들 가운데도 이런 꼴불견들이 많습니다. 그들은 양복보다 훨씬 더 거룩한 신앙의 가운을 걸치고 그렇게 하고 있습니다.

민주주의를 잘 운영하는 것은 인간사회에 평화를 정착시키는데 매우 중요합니다. 민주주의 정신과 제도는 인간사회의 갈등을 평화적으로 해결하려는 노력을 포함하고 있습니다. 현대 국제정치학에는 '민주주의 국가끼리는 전쟁을 하지 않는다'는 명제가 있습니다. 미국의 정치학자인 마이클 도일(M. Doyle) 교수는 근대의 역사를 연구해 민주주의 국가끼리 전쟁을 한 사례가 하나도 없었다는 결과를 발표했습니다.

과연 그런지 다른 학자들이 그의 명제를 검증해 본 결과 사실임이 드러났다고 합니다. 물론 예외 없는 법칙은 없다고 민주주의 국가들끼리 전쟁을 하는 경우도 앞으로 생길지 모릅니다. 그러나 민주주의 정신과 제도가 갈등을 평화적으로 해결할 수 있는 매우 탁월한 방식이라는 사실은 달라지지 않습니다.

현대 민주주의 문명 전체가 위기를 맞고 있다

서구에서 시작된 현대 민주주의 문명은 인류에게 전대미문의 자유와 풍요를 제공하고 있습니다. 이러한 자유와 풍요 속에서 인간은 자신의 본성을 자유롭게 표현하는 삶을 살 수 있습니다. 그러나 현대 민주주의 문명은 물질주의와 그것에서 파생되는 자연 파괴와 경제 불평등의 심화라는 심각한 위기에 직면해 있습니다. 시장경제와 과학기술의 결합은 인간의 탐욕을 증폭시켜 현대문명에서 물질주의의 위력을 더욱 강력하게 만들고 있습니다. 물질주의는 유한한 물질세계를 전부로 봅니다. 현대문명의 총아로 환영받고 있는 진화론이 바로 물질주의를 뒷받침하는 세계관입니다. 물질주의는 물질적인 부의 추구와 축적을 인생의 최고 가치로 삼도록 인간을 내몰아 자연 환경을 파괴하고, 부유한 자와 가난한 자 사이의 경제 불평등을 심화시킵니다. 경쟁과 효율성을 중시하는 1원 1표의 원리가 인간의 존엄성과 평등을 중시하는 1인 1표의 원리를 침식시키는 현상 속에서, 그리고 정치가 부유층의 이해관계에 사로잡혀 규칙이 부유층에 유리하게 만들어지고 심판 판정이 부유층에 유리하게 이루어지는 현상 속에서 경제 불평등이 심화되고 있습니다.

이런 경제 불평등은 부의 정도에 따라 정치적 권리가 불평등하게 배분되는 정치 불평등으로, 정치 불평등은 인간 존재 자체를 다시 신분적으로 차별하는 존재론적 불평등으로 귀결됩니다. 존재론적 불평등은 모든 인간을 자유롭고 평등하게 여기는 현대 민주주의 문명의 기본 전제를 붕괴시킬 것입니다. 민주주의는 한국에서만 문제가 있는 것이 아닙니다. 민주주의를 훨씬 먼저 시작한 서구와 미국에서도 민주주의는 위기에 처해 있습니다. 한국에서는 민주주의가 아직 뿌리를 내리지 못하고 있고, 이미 뿌리를 내린 구미(歐美)에서는 그 뿌리가 썩고 있습니다. 민주주의가 제대로 뿌리를 내리기 위해서도, 또 기존의 뿌리가 썩지 않도록 하기 위해서도 우리는 다시 작은 자들의 친구가 되어, 산을 낮추고 골짜기를 높이는 성부·성자·성령 삼위일체 하나님에 대한 믿음으로 돌아가야 합니다.

사회 물리학서와 사회 의학서로서의 성서

기독교는 정치, 경제, 사회, 문화 등의 공적인 영역과 분리되어 별도로 존재하면서 사사로이 개인의 영혼 구원과 심리적 위로만을 제공하는 단순한 종교가 아닙니다(종교 사회학자들은 이러한 현상을 '종교의 사사화(privatization)'라고 부릅니다). 성서가 말하는 기독교는 인간 사회 시스템 전체를 올바로 운영할 수 있는 법칙을 보여주는 사회 물리학인 동시에 정상궤도에서 이탈한 병든 인간사회 시스템을 치유할 수 있는 사회 의학입니다.

예수는 마태복음 7장 24-27절에서 다음과 같이 말했습니다. "누구든지 나의 이 말을 듣고 행하는 자는 그 집을 반석 위에 지은 지혜로운 사람 같으리니 비가 내리고 창수가 나고 바람이 불어 그 집에 부딪치되 무너지지 아니하나니 이는 주추를 반석 위에 놓은 까닭이요 나의 이 말을 듣고 행하지 아니하는 자는 그 집을 모래 위에 지은 어리석은 사람 같으리니 비가 내리고 창수가 나고 바람이 불어 그 집에 부딪치

매 무너져 그 무너짐이 심하니라."

　이 인용문에서 집은 인간사회 시스템을 의미한다고 할 수 있습니다. 그렇습니다. 인간사회 시스템이 예수의 가르침대로 동감의 원리에 따라 운영될수록 반석 위에 지어진 집처럼 견고하게 작동할 것이고 그 안에서 살아가는 사람들은 생명과 자유와 행복을 만끽할 것입니다. 그러나 예수의 가르침과 반대로 지배의 원리에 따라 운영될수록 모래위에 지은 집처럼 쉽게 허물어 질 것입니다. 그리고 그 안에서 살아가는 사람들은 죽음과 억압과 불행에 빠질 것입니다. 이것은 우리가 충분한 영양식을 하고 운동을 적당히 하면 건강한 체력을 유지하고, 불충분한 영양식을 하고 운동을 하지 않으면 허약한 체력을 갖는 것과 같은 이치입니다.

　국민들이 모두 예수를 믿고 교회를 나가는 기독교 국가가 된다고 해서 무조건 사회 시스템이 잘 운영되는 것은 아닙니다. 사회 시스템이 동감의 원리에 따라 민주주의 방식으로 작동해야 합니다. 예수는 "나더러 주여 주여 하는 자마다 다 천국에들어갈 것이 아니요 다만 하늘에 계신 내 아버지의 뜻대로 행하는 자라야 들어가리라"(마태복음 7장 21절)고 분명한 어조로 말했습니다. 밥을 안 먹고 배부르기를 바라는 사람은 어리석은 사람이든지 정신이 이상한 사람입니다. 마찬가지 이치입니다. 개개의 인간들이 행복하게 생활할 수 있는 사회 시스템 운영 방식이 있습니다. 이 운영 방식을 따라야 합니다. 그것은 동감의 원리에 따라 민주주의 방식으로 운영되는 것입니다. 그런데 사회 시스템을 운영하는 요원들은 따로 존재하는 것이 아니라 그 사회의 모든 구성원들입니다. 결국 구성원들이 어떻게 생활하느냐에 따라 한 사회 시스템의 질이 결정됩니다.

　사회의 구성원들은 사회 시스템의 운영 요원으로 참여할 때 두 가지

주요한 임무를 잘 수행해야 합니다. 하나는 전문 기술적인 직업의 임무입니다. 의사, 교사, 공무원, 환경미화원, 상인, 회사원의 역할이 이에 해당합니다. 다른 하나는 다른 동료 인간들을 하나님의 형상을 한 존엄한 존재로 존중하고 배려하는 임무입니다. 구성원들이 이 두 가지 역할을 잘 수행할수록 그 사회 시스템은 잘 운영되면서 생명과 자유와 행복이 넘치게 될 것입니다.

  자연 세계의 물리 법칙은 하나님과 인격적인 교제 없이 하나님이 설정한 방식에 따라 자동적으로 작동합니다. 그러나 인간사회 시스템을 운영하는 물리 법칙은 구성원들이 하나님과 인격적인 동감의 교제를 나누면서 살아갈 때에 원래의 의도대로 잘 작동할 수 있습니다. 하나님이 인간을 자유로운 존재로 만든 것도 인격적인 동감의 교제를 원했기 때문입니다. 이것이 성서에 나타나 있는 하나님의 마음입니다. 하나님은 무엇보다도 먼저 하나님의 마음을 아는 것을 원합니다(호세아 6장 6절). 하나님의 마음을 알지 못하면 아무리 열심히 믿고, 교회 다니고, 예배하고, 기도를 해도 그 사회는 병들고 쇠퇴합니다.

순종의 의미

  과학의 발전에 큰 영향을 끼친 경험론 철학자 프랜시스 베이컨은 자연을 가장 잘 이용하는 방법은 자연(의 법칙)에 순종하는 것이라고 생각했습니다. 그가 '지식은 힘이다'라고 하면서 지식을 얻는 방법으로 귀납법을 강조한 것도 자연을 알고 그것에 순종하기 위해서였습니다. 이것은 매우 현명한 태도입니다. 우리가 베이컨을 따라서 과학적 지식을 얻으려고 하는 것도 자연에 순종하여 자연을 이용하기 위해서입니다. 이것은 컴퓨터를 잘 이용하기 위해서는 컴퓨터를 설계한 사람이 제시하는 매뉴얼에 순종해야 하는 것과 같은 이치입니다. 이 매뉴얼에 따르지 않고 자신의 생각대로 하면 컴퓨터는 작동하지 않습니다. 오늘날 자연 환경이 오염되고 생태계가 파괴되는 것은 자연에 순종하지 않기 때문에 일어나는 현상입니다. 자연 생태계의 파괴는 과학적 지식의 발전 때문에 일어나는 것이 아니라 좁은 범위의 과학적 지식을 함부로 적용하여 자연을 남용하기 때문에 일어납니다. 일종의 구성의 오류(부분의 원리를 전체에 확대 적용함에 따라 발생하는 오류)이지요. 인간사회의 지속가능한 발전을 위해서는 과학적 연구를 통해 자연에 대해 더 넓게, 더 많이 알고 자연에 순종해야 합니다.

성서에서 하나님에 대한 순종을 강조하는 것은 바로 이런 의미입니다. 하나님께 순종하라는 것은 자의적으로 명령을 내리는 지배자나 권력자에게 복종하듯 하라는 말이 결코 아닙니다. 그것은 하나님이 창조 시에 설정한 인간사회 시스템 환경(인간의 존엄성, 자유와 평등, 법의 중요성, 정의의 도덕과 자비의 도덕 등)에 순종하라는 것입니다. 그렇습니다. 그것에 잘 순종하는 것이 인간사회를 가장 잘 운영하는 방법입니다. 하나님께 순종하면 할수록 인간사회는 동감의 원리에 따라 민주주의 방식으로 운영됩니다. 인간사회를 동감의 원리에 따라 민주주의 방식으로 운영하기 위해서는 많은 교감과 소통과 토론이 필요합니다. 따라서 하나님의 뜻에 순종하려고 하면 할수록 인간들 사이에 더 많은 소통과 토론이 필요합니다.

이게 바로 성서에서 말하는 '순종의 역설'입니다. 한국 교회의 병리 현상은 이러한 역설을 제대로 이해하지 못하고 한갓된 피조물의 단편적인 견해를 하나님의 뜻으로 포장하여 하나님의 자리에 앉아 동료 인간을 복종시키는 지배자가 되려고 하기 때문에 발생합니다. 신앙이 깊을수록 인간 존재의 불완전성과 오류 가능성에 대한 이해가 깊어지면서 동료들과 협력하여 의를 이루는 사람이 되어야 합니다. 이것이 바로 신정 정치의 올바른 의미가 아닐까요?

열매로 나무를 안다!

기독교의 교리 중에는 증명할 수도 없고, 인간의 머리로 선뜻 이해하기 어려운 것들이 몇 가지 있습니다. 예수는 하나님의 아들로서, 신인 동시에 인간이라는 것, 하나님이 한 분이면서 세 분이라는 것, 죽은 후에 심판 있고, 영생과 부활이 있다는 것 등입니다. 이것들은 기독교의 핵심 요소이지만 기독교인들도 이해할 수 없기는 마찬가지입니다. 이 교리들은 인간의 이해와 설명을 초월합니다. 믿기는 믿지만 설명을 할 수가 없습니다. 믿는다고 다 이해가 되는 것은 아니랍니다. 따라서 안 믿는 사람들의 입장에서 볼 때는 황당한 것처럼 들릴 수도 있을 것입니다.

기독교가 박해 받던 로마 시대에 로마의 지식인들이 기독교를 조롱하고 비웃은 것도 이러한 이유에서입니다. 켈수스(P. J. Celsus)라는 사람은 "기독교인들은 자신이 믿고 있는 것에 대해 설명하려고도 하지 않고 … 그저 질문하지 말고 무조건 믿으면 구원을 얻는다는 말만 되풀이한다"고 불평했습니다. 그러면서 그는 또 다음과 같이 말했습니다. "기독교인들은 자기들이 죽은 후에 다시 부활할 것을 믿으며 가르친다. 이러한 신앙의 기반 위에서 다른 이들이 믿을 수 없는 완강한 고집으로 죽음을 맞고 있다. 그러나 아무리 공정하게 보아도 그 존재가 불확실하다고 밖에 할 수 없는 내세를 위하여 그 존재가 분명한 현세를 포기하는 것은 비논리적이다. 더욱이 최후의 부활이야말로 기독교가 갖는 웃음거리 중 대표적인 것이다."

그러나 로마 제국은 비웃음거리가 될 정도로 황당한 내용을 갖고 있는 기독교에 스스로 굴복하여 그것을 자신의 국교로 삼았습니다. 황당하게 보이는 이러한 교리들은 신학적인 관점에서 볼 때 예수가 벌인 민주주의 운동을 정신적으로 뒷받침하는 중요한 역할을 감당했습니다. 이런 초월적인 요소들과 관련되는 영성을 가질 때 민주주의 문명은 생명력을 유지할 수 있습니다.

본문 중에서 저는 이러한 초월적인 교리들이 상식적인 민주주의의 동감 원리와 어떤 관련성이 있는지를 설명하려고 노력했습니다. 그러나 더 중요한 것은 '열매를 통해 나무를 안다'는 예수의 말처럼, 기독교인들이 역사 속에서 민주주의의 열매를 맺음으로써 그러한 설득력을 실제로 증명해야 한다는 것입니다. 만약 기독교인들이 좋은 열매를 풍성히 맺는다면 이 교리들은 소중한 진리가 될 것이고, 반대로 기독교인들이 나쁜 열매를 맺는다면 황당한 종교적 궤변이 되고 말 것입니다.

민주주의의 영성을 함양하는 데는 예수의 복음만큼 좋은 것은 없습니다. 영성에서 정신이 나오고, 정신에서 가치와 제도가 마련됩니다. 한국의 기독교인과 교회가 기독교의 본질로 되돌아가 한국사회와 인류의 미래를 밝히는 빛의 역할을 감당할 수 있기를 예수 그리스도의 이름으로 하나님께 기도합니다.

표 1. 권력거리가 큰 사회와 작은 사회의 비교표

1) 가정

권력거리가 큰 사회(지배 원리)	권력거리가 작은 사회(동감 원리)
- 아이의 독립성이 낮음 - 부모에게 의존하도록 아이를 훈련 - 부모를 존경하고 복종하도록 가르침 - 가정 내 권위의 순서가 있음	- 아이의 독립성이 높음 - 스스로 할 일을 하도록 아이를 훈련 - 아이를 부모와 대등한 존재로 여김 - 가정 내 권위의 순서가 없음

2) 학교

권력거리가 큰 사회	권력거리가 작은 사회
- 교사는 학생에게 존경의 대상 - 교사가 수업을 주도함 - 교사는 자신의 지혜를 전수하는 스승 - 교사 중심적 교육과정 - 수업의 질은 교사의 수월성에 의해 결정 - 높은 교육 수준에 도달한 후에도 계속 교사에게 의존 - 체벌은 교사와 학생 간의 불평등의 상징이며, 어린이의 인격발달에 유익한 것으로 여김.	- 교사와 학생은 동등한 존재 - 학생이 수업을 주도할 것으로 기대함 - 교사는 객관적 진리를 전달하는 전문가 - 학생 중심적 교육과정 - 수업의 질은 학생의 수월성에 의해 결정 - 학생이 고학년으로 올라갈수록 교사로부터 더 독립적이 됨 - 체벌은 아동학대로 취급되며, 부모는 경찰에 고발하기까지 함.

3) 직장

권력거리가 큰 사회	권력거리가 작은 사회
- 고위직과 하위직 간의 존재론적 불평등 - 소수에게 권력 집중, 계층적 위계조직 - 고위직과 하위직 간의 임금 격차가 큼 - 상사가 지시함 - 이상적인 상사는 선의의 독재자나 착한 가부장 - 상사는 특권을 누림. 권력 과시와 지위 상징이 부러움의 대상 - 상사의 권력 남용으로 피해를 보면 재수 없는 것으로 여김	- 고위직과 하위직은 편의상의 역할 차이 - 권력 분산 - 고위직과 하위직 간의 임금 격차가 작음 - 상사는 부하와 의논해야 함 - 이상적인 상사는 재능 있는 민주주의자 - 상사의 특권은 옳지 않음. 모든 사람이 같은 주차장·화장실·식당 사용. 권력 과시와 지위 상징은 지탄의 대상 - 상사의 권력 남용에 관한 종업원들의 제소를 처리하는 규정을 갖추고 있음

- 상사에 대한 의존과 반발의 양극화 현상 - 리더십 기법이 별로 효과를 보지 못함 - 경영자의 역할에 초점	- 상사와 부하 간의 상호의존 - 리더십 기법이 효과 있음 - 종업원의 역할에 초점

4) 정치와 이념

권력거리가 큰 사회	권력거리가 작은 사회
- 정당성보다 힘이 앞섬. 권력을 지닌 자는 누구나 정당하고 선함 - 기술, 부, 권력, 지위가 반드시 함께 따라다님 - 권력을 가진 자가 특권을 누림 - 중산층이 적음 - 실제보다 더 권력적으로 보이려고 노력 - 권력은 가족, 친구, 카리스마, 힘 등의 사용에 기반을 둠 - 정치 체제의 변화는 권좌에 있는 사람을 바꿈으로써 이룩됨(혁명) - 국내의 정치적 갈등은 흔히 폭력으로 이어짐 - 발탁을 토대로 한 전제 또는 과두정치 - 중도파가 약하고 좌·우파 양극단이 강함 - 소득 격차가 큼 - 주류의 철학·종교 사상이 위계와 불평등을 강조함	- 권력 행사는 합법적이어야 하며 정당성의 기준을 따라야 함 - 기술, 부, 권력, 지위가 반드시 함께 따라다니지 않음. - 모든 사람이 동등한 권리를 지녀야 함 - 중산층이 많음 - 실제보다 덜 권력적으로 보이려고 노력 - 권력은 공식적인 지위, 전문성, 보상 능력에 기반을 둠 - 정치 체제의 변화는 규칙의 변화를 통해 이룩됨(진화) - 국내 정치에서 폭력 동원은 드묾 - 다수결의 원칙에 토대를 둔 다당 정치 - 중도파가 강하고 좌우 양극단이 약함 - 소득 격차가 작음 - 주류의 철학·종교 사상이 평등을 강조함

표 2. 각 나라의 권력거리지수

점수 순위	나라/지역	권력거리 지수	점수 순위	나라/지역	권력거리 지수
1	말레이시아	104	27/28	대한민국	60
2/3	과테말라	95	29/30	이란	58
2/3	파나마	95	29/30	대만	58
4	필리핀	94	31	스페인	57
5/6	멕시코	81	32	파키스탄	55
5/6	베네수엘라	81	33	일본	54
7	아랍권	80	34	이탈리아	50
8/9	에콰도르	78	35/36	아르헨티나	49
8/9	인도네시아	78	35/36	남아프리카	49
10/11	인도	77	37	자메이카	45
10/11	서아프리카	77	38	미국	40
12	유고슬라비아	76	39	캐나다	39
13	싱가포르	74	40	네덜란드	38
14	브라질	69	41	오스트레일리아	36
15/16	프랑스	68	42/44	코스타리카	35
15/16	홍콩	68	42/44	독일	35
17	콜롬비아	67	42/44	영국	35
18/19	살바도르	66	45	스위스	34
18/19	터키	66	46	핀란드	33
20	벨기에	65	47/48	노르웨이	31
21/23	동아프리카	64	47/48	스웨덴	31
21/23	페루	64	49	아일랜드	28
21/23	태국	64	50	뉴질랜드	22
24/25	칠레	63	51	덴마크	18
24/25	포르투갈	63	52	이스라엘	13
26	우루과이	61	53	오스트리아	11
27	그리스	60			

※ 이 두 표는 호프스테드(G. Hofstede)의 『세계의 문화와 조직』(학지사, 차재호·나은영 옮김, 1995) 2장에서 가져 온 것임.

맺음말- 새로운 기독교를 향하여

오래 전부터 많은 기독교인들이 한국 기독교의 위기에 대해 말하면서 이의 극복을 위해 교회 개혁과 윤리 회복을 외치고 있습니다. 그러나 오늘날 한국 교회가 직면하고 있는 문제는 단순히 교회 개혁과 윤리 회복만으로 해결될 성질의 것이 아니라 새로운 기독교 패러다임으로의 전환이 필요한 것이 아닌가 생각됩니다.

20세기 후반부터 시작된 정보화와 세계화는 21세기 들어 더욱 급속하게 진행되어 더 이상 돌이킬 수 없는 큰 물결을 이루고 있습니다. 이 물결에 따라 지금 세상은 삶의 모든 영역에서 개방적이고 수평적인 방향으로 빠르게 바뀌어 가고 있습니다. 만인의 자유와 평등을 기본 가치로 하는 개방성과 수평성은 더 이상 거역할 수 없는 21세기의 시대정신입니다. 인터넷에서는 정보를 일방적으로 소비하던 사용자들이 적극적으로 참여해서 정보를 생산하며 소비하는 새로운 개념인 웹 2.0이 폭발적으로 보급되고 있고, 기존의 경직된 관료 조직이 보다 유연한 네트워크 조직으로 변화되고 있으며, 정부 개념도 정부가 정책을 입안하고 실행하는 통치(government) 개념에서 정부, 기업, 시민 단체가 소통하면서 서로 협력해 일을 처리하는 협치(governance) 개념으로 변화하고 있습니다.

그러나 한국의 교회는 성서의 정신을 따라 시대를 선도하기는커녕 과거에 얽매여 세상의 변화를 두려워하고 있는 것처럼 보입니다. "너희는 이전 일을 기억하지 말며 옛적 일을 생각하지 말라. 보라 내가 새 일을 행하리니 이제 나타낼 것이라"(이사야 43장 18-19절)는 성서 구절이 말하듯, 하나님이 21세기의 역사 속에서 새로운 일을 행하고 나타내 보이고 있음에도 불구하고 한국의 기독교는 여전히 전통적인 패러다임에 스스로를 묶어 놓고 있습니다.

지금 한국 기독교를 지배하는 주된 패러다임은 16세기에 출현한 종교 개혁 신학을 고수하는 정통-보수 패러다임입니다. 한국 교회의 현실을 비판하고 개혁을 주장하는 사람들도 종교 개혁 신학을 넘어서는 새로운 패러다임을 창조적으로 구현하지 못하고 종교 개혁 신학으로 되돌아가자고 외치는데 그치고 맙니다. 물론 종교 개혁은 위대한 사건이었습니다. 하지만 16세기의 산물로서 21세기의 시대정신을 담아내기에는 커다란 한계를 나타내고 있습니다.

이러한 답답한 정통-보수 패러다임에 반발해 일군의 자유주의 신학자들이 마르크스주의를 모방한 민중 신학 패러다임, 한국의 전통 사상을 계승하려는 토착화 신학 패러다임, 도덕폐기론의 실존주의 패러다임 등을 대안으로 제시하고 있습니다만 이들 역시 21세기의 시대정신을 담아내기에는 역부족인 것처럼 보입니다. 감리교 신학대학교 박충구 교수가 매우 적절하게 지적한 것처럼, 민중 신학은 민중에 대한 지나친 예찬으로 인해 민중 계급의 증발과 함께 그 신학적 주제가 애매해 졌고, 토착화 신학은 사회 윤리적 비판 의식 없는 전통의 수용과 무리한 재해석으로 인해 성서적 연계성을 상실하여 하나의 신학적 운동으로 전개되지 못한 채 한 개인의 신학으로 전락하고 말았습니다. 그리고 실존주의 패러다임은 개인의 주관적 믿음만을 절대시하면서 하나님 나라의 의를 지탱하는 도덕적 삶을 도외시하는 값싼 은혜를 설파하고 있습니다.

현재 한국 교회의 상황은 중세 말기의 가톨릭교회가 처한 상황과 비슷하다고 할 수 있습니다. 중세 말기 가톨릭교회는 성직자들의 윤리적 타락이 극심한 상태에 있었습니다. 하지만 이보다 더 심각한 것은 중세 가톨릭 패러다임이 근대라는 새로운 시대적 상황에 더 이상 효과적으로 작동할 수 없었다는 사실에 있었습니다. 이처럼 중세를 정신적으로 떠받쳐오던 가톨릭 패러다임이 한계를 노정하자 이에 대한 다양한 대안들이 제시되었습니다.

그 대안들은 크게 세 가지로 요약됩니다. 하나는 인간주의 관점에서 기독교 자체를 해체하려고 했던 르네상스 운동이었고, 다른 하나는 새로운 기독교 패러다임을 창출하려고 했던 종교 개혁 운동이었으며, 나머지 하나는 중세 가톨릭 패러다임을 고수하기 위해 그것의 순수성을 강화하면서 이와 더불어 성직자들의 윤리성을 회복하려고 했던 반종교개혁 운동이었습니다. 구 패러다임의 해체, 구 패러다임의 순수성 수호, 새로운 패러다임으로의 대체라는 세 가지 반응은 구 패러다임이 한계에 직면할 때 나타나는 전형적인 반응이라고 할 수 있습니다. 한국 기독교의 위기 상황에 대한 대처 방식도 중세 말기와 비슷한 방식으로 정리될 수 있습니다.

먼저, 르네상스처럼 인간성 해방의 이름으로 기독교 자체를 해체하려는 흐름이 있습니다. 김용옥의 기독교 비판과 여러 안티 기독교 운동들이 이런 흐름으로 분류될 수 있을 것입니다. 물론 김용옥은 자신이 기독교인이라고 말하고 있지만 그의 언행을 보면 인간주의를 내건 제설혼합주의 관점을 취하고 있다고 할 수 있습니다. 이들은 대부분이 기존의 교회에 실망한 사람들로서 기독교를 인간성과 대립되는 것으로 설정하고 기독교를 공격하고 있습니다.

다음으로는, 반종교개혁처럼 기존의 한국 기독교 패러다임을 더욱 순수하게 유지하면서 윤리 회복을 시도하는 흐름이 있습니다. 이런 흐름도 교회 개혁을 주장하는데, 주로 기존의 종교 개혁 패러다임의 한계 내에서, 그리고 기존 패러다임의 정신적 순수성을 강화하는 측면에서 교회를 개혁하려고 합니다.

마지막으로, 종교 개혁처럼 기존의 패러다임이 문제 해결에 더 이상 적합하지 않다고 보고 종교 개혁과 같은 새로운 기독교 패러다임을 마련하려는 흐름이 있습니다. 이런 흐름들이 다양한 모습으로 나타나고 있지만 아직 새로운 패러다임이라고 할 만한 사고의 지도가 나타나지 않고 있습니다. 다양한 비판이 제기되면서 들끓고 있지만 제대로 형체를 갖추고 있지는 않은 상태이지요. 이런 창조적인 흐름을 적절하게 담아내는 새로운 사고의 지도를 빨리 마련하지 못할 경우 첫 번째 유의 파괴적인 흐름으로 변질될 위험이 있습니다. 따라서 기독교의 진리(술)를 담고 있으면서도 21세기의 시대정신에 맞는 새로운 기독교 패러다임(새 부대)의 정립이 시급한 과제라고 할 수 있습니다.

오늘날 한국의 교회 공동체는 기독교 밖에서 뿐만 아니라 기독교 내부에서도 다양한 비판에 직면해 있습니다. 이러한 비판들 중 귀를 기울여야 할 상당한 설득력을 가진 것들도 많이 있습니다. 그러나 문제는 개개의 비판이 타당하다고 하더라도 중구난방으로 터져 나오는 비판들이 건설적인 대안을 제시하지 못하고 오히려 분열만 노정하여 기독교 전체의 위기를 불러 오지 않을까 우려됩니다. '개념 없는 직관이 맹목'인 것처럼, 사고의 지도가 없는 상태에서의 개별적인 비판들은 좋은 의도와 달리 맹목으로 흐를 위험성이 있습니다. 따라서 다양한 비판들을 수용하면서도 실천적 설득력이 있고, 한국사회와 인류 문명을 선도할 수 있는 새로운 사고의 지도가 시급히 마련되어야 하는 시점이 아닌가 생각됩니다. 새로운 사고의 지도를 마련할 때, 우리는 그것에 근거하여 새로운 방법론과 전략들을 정립할 수 있습니다. 현재 진행되고 있는 한국 기독교의 위기는 무엇보다도 이와 같은 사고의 지도를 제대로 제시하지 못하는 총체적 위기의 성격을 드러내고 있습니다.

새로운 기독교는 다음과 같은 요소들을 고려해 마련되어야 합니다. 첫째, 성서가 하나님의 말씀이라는 기독교의 기본 노선을 충실히 지켜야 합니다. 둘째, 기독교 신앙이라는 이름으로 사회의 질병을 초래하는 극단적 사고, 미신, 몰상식, 몽매주의를 교정할 수 있어야 합니다. 셋째, 다양한 기독교 교파들과 종파들의 독자성을 인정하면서도 극단적 교리에 대한 집착을 접고 서로 공존하면서 협력할 수 있는, 좌로도 우로도 치우치지 않아 균형이 잘 잡힌 공통의 이론적 근거와 토대를 제공해야 합니다. 넷째, 비기독교인들과 합리적으로 대화하고 소통할 수 있는 이론 체계를 갖추어야 합니다. 저는 한국 기독교가 이러한 요소들을 잘 충족시키는 새로운 기독교로 나아가는데 이 책이 조금이나마 기여할 수 있기를 바랍니다.

독서 후기(앞부분에 이어서)

　초등학생 시절, 하교를 할 때면 종종 교회를 다니는 아주머니들이 나를 붙잡고 '모든 인간은 죄를 가지고 태어났고…'로 시작하는 말들을 해왔었다. 그런 억지 설교의 경험 때문인지 '원죄'라는 말 또한 나에게 굉장히 부정적으로 인식되고 있었다. 인간에게 왜 죄가 있다는 건지, 왜 모든 인간이 그 죄를 짊어지고 있다고 강요하는 건지 이해하기 힘들었다. 이 점 또한 책을 보고 이해를 도울 수 있었다. '원죄'라는 건 정말 표면적으로, '하나님이 따먹지 말라고 한 과일을 따먹어서' 보복성 벌을 받는 것이라고 해석하면 너무나 일차원적인 것이다. 인간의 본능에 기초한 '자연법'을 만들어, 그것을 가시화하여 사회 구성원 모두에게 규율을 지키며 올바르게 살 것을 널리 알렸다. 그런데 그것을 어기기 시작하며 하나의 자연법이 아닌, 수많은 부자연스러운 개개인의 법들이 생겨버리고 말았다. 이후 우리 세상 나라는 하나님 나라의 선한 모습을 잊은 채로 계속해서 잘못된 시스템을 반복하고 있다는 것이다. '원죄'를 강조하는 것은, 죄책감을 가지고 하나님에게 복종하게 만들기 위해서가 아니라, 이러한 잘못된 사회 현실, 계급 구조에 대해 끊임없이 문제의식을 가지고 개선을 꿈꾸며 살기 위한 중요한 촉매제였다.

　이러한 문제의식을 가지는 것의 중요성을 나는 너무나 잘 알고 있다. 지금의 한국사회에 가장 필요한 것이 잘못된 시스템에 대한 '분노', 즉 '문제의식'이 아닐까? 젊은이들이 가난에서 벗어나지 못하고, 집도 차도 사지 못하고 떠도는 것을 단지 개인의 '노력' 문제로 치부하는 세태에 우리는 너무나 익숙해져 있다. 하지만 이건 노력만의 문제가 아니다. 하나님이 그렇게 반대하였던 '지배 계급 구조'는 20세기 이

후 민주주의가 널리 도래되며 서서히 자취를 감추는 듯 했지만, 결국 다시 모습을 드러내고 있다. 점점 고착화되는 이러한 계급 구조와 그것에 순응하여 살아가는 우리들을 볼 때마다 나는 이제 구약성서를 떠올리게 될 것 같다. 민주주의를 상기시키고자 하는 하나님의 의지와, 전혀 반대로 그런 의지를 거부하는 이스라엘 민족 간의 갈등을 다루었던 구약 성서의 내용처럼 결국 우리가 사는 지금 이 세계도 그러한 갈등이 끊임없이 일어나고 있는 투쟁의 장이라는 생각이 든다. 다만 민주주의 실패의 대표적 사례인 이스라엘 민족의 일대기가 지금의 한국 사회에서 되풀이되지는 않길 바랄 뿐이다.

'성서'와 '민주주의'에 대한 이 이야기는 나에게 새로운 시각을 선사해주었다. 물론 지금껏 21년간 무신론자로 살아왔기에 기독교를 '신앙' 자체로 믿고 의지하는 것은 나에게는 무리이다. 하지만 기독교에 대한 나의 거의 모든 오해가 풀렸고, 기독교 '철학'이 가지는 의의에 대해 깊은 관심이 생기게 되었다. 철학으로서의 기독교가 설명하는 민주주의 정신과 유한 세계관, 만민평등사상, 사랑과 공감 등이 앞으로 이 세계를 어떻게 보고 어떻게 대해야 할지에 대한 나의 고민에 큰 해답으로 작용할 수 있을 것 같다.

경희대학교 연극영화학과(15학번) 권정민

예수님께서 이 땅에 오신 이유는? 바로 올바른 인간시스템으로 돌아가기 위하여 직접 이 땅에서 섬김과 가르침으로 우리 인간이 어떻게 살아야하는지를 알려주시기 위하여 이 땅에 오셨고 결국 그 분의 죽음을 통해 옛 우리의 죄 된 모습은 예수님과 함께 죽고, 부활을 통해 우리는 새로운 정체성으로 가지고 살아가는 것이다. 그리고 예수님의 뒤를 이어 사람들을 가르치고 섬길 수 있도록 교회를 세우셨다. 우리가 이상적으로 생각하는 사회 시스템은 민주주의 사회다. 하나님이 예수님을 통해서 이루려한 나라, 하나님 나라는 민주주의와의 똑같은 정신이라고 말할 수 있다. 하나님 나라와 민주주의가 결국 주장하는 것은 동료 인간의 존엄성, 자유와 평등 그리고 법의 중요성이다. 정치 제도가 민주주의의 모양을 갖고 있다고 해서 민주주의가 잘 운영되는 것은 아니다. 가정과 직장을 포함한 삶의 구석구석에, 사회 시스템 전체에 민주주의 정신과 생활이 녹아 들어가는 것이 필요하다.

한국어학과(12학번) KOMITO MANA

  이전에 교회를 10여 년간 다녔었기에 성경에 대한 제대로 된 이해를 하고 있다고 생각했었지만, 한 학기동안 성서수업을 듣고 책을 읽으면서 저의 자만이었다는 것을 깨닫게 되었습니다. 교회를 다니는 동안, 성경을 읽으면서 궁금하고 이해가 되지 않는 부분을 마주하게 될 때 제게 돌아왔던 말은 믿음이 부족하다였습니다. 책에서 이야기한 것처럼 오늘날의 교회들은 무조건적인 믿음만을 강조하고 성경을 표면적으로만 받아들이려 하고 있다는 것을 느껴왔습니다. 신앙도 신앙이었지만, 성경이라는 책 자체에 대한 궁금증으로 저마다의 해석으로 성경을 풀어놓는 교회들도 다녀봤지만 여태까지 들어봤던 성경 해석 중 가장 논리적이고 납득할 수 있는 해석은 성서수업과 이 책이라는 생각이 듭니다.

  성서 수업을 듣고, 또 다시 책을 읽으면서 이전에는 몰랐었던 성경의 이야기뿐만 아니라 역사적, 문화적 측면에서 이해할 수 있었고, 성경에서 말하고자 하는 진정한 도덕의 의미와 도덕적으로 옳은 사회, 즉 하나님 나라를 만들 수 있는 방법에 대해 생각해 볼 수 있었습니다. 그 동안은 성경을 읽고 신앙생활을 할 때, 하나님 나라에 가기 위

독서 후기(앞부분에 이어서)

한 방법에 대해 공부하고 노력했었습니다. 그러나 하나님의 나라를 우리가 직접 만들 수 있고, 만들기 위해 노력해야 한다는 것, 그리고 그 하나님의 나라와 가장 유사한 사회가 민주주의 사회일 수 있다는 것 또한 전혀 생각하지 못했던 부분입니다. 이번 고전읽기 수업을 통해 기존의 사고의 틀에서 벗어나서 새로운 시각으로 성경을 바라볼 수 있었던 완전한 사고 전환의 기회였던 것 같습니다.

유전공학과(14학번) 김다솜

비기독교인이며, 한 번도 성서를 읽어본 적이 없는 나로서는 이 책의 제목이 매우 무겁고 부담스럽게 다가왔다. 학교에서 성서수업을 통해 출애굽기를 읽어나갈 때 쯤 이 책을 읽게 되었다. 책의 내용은 교수님이 수업시간 때 말씀하시던 성경에 대한 이해와 일맥상통하였다. 성서를 통해 예수를 그리스도로 믿고 기독교인이 되길 바라는 것이 아니라, 민주주의 국가의 국민으로서 이 책에서 얻을 수 있는 진정한 가치를 알아주길 바라는 내용이라고 생각했다.

책을 읽으면서 내 자신에 대한 반성을 많이 하게 되었다. 나는 한국의 기독교와 정치체계를 비판하지만 사실은 그럴 자격이 없는 사람이었다. 원래 나는 나 자신을 한 개인으로서의 가치보다 높다고 생각하고 살아왔다. 때문에 소유욕이 매우 강했고, 돈과 힘에 진정한 가치가 있다고 생각하며 살아왔다. 지금껏 내내 그런 생각을 가지고 살아온 내가 책 한권을 통해 완전히 다른 사람이 될 수는 없겠지만 적어도 방향설정만큼은 다시 해야겠다고 생각하게 되었다.

종교인이 아님에도 이 책을 읽고 수업을 듣는 데에 거부감이 들지 않았던 것은, 교수님의 시각이 사회학자로서의 통찰력을 담기 때문이라고 생각한다. 수업의 내용과 책의 내용이 모두 일관된 자세를 유지하고 있고, 또한 성서를 민주주의에 입각해서 바라보아야만 한다는 의무감이 아닌 현재를 살아가는 민주사회 시민으로서 더 넓은 프레임의 시각을 가지게 되었다는 것이 매우 의미 있었다. 교수님은 책의 머리말에서 이러한 시각의 한계 또한 인정하셨다. 민주주의의 시각으로 성서의 모든 가르침과 그 가치를 해석할 수 는 없다. 그러나 민주주의를 배제한 시각으로는 성서를 제대로 이해하기 힘든 것도 사실이라며 말이다. 관련 분야에 완전히 문외한이던 내가 이처럼 교수님의 의견들을 수용하고 하나의 가르침으로 받아들일 수 있었던 것이 '동감'이라는 힘에 의한다는 것이 또한 의미 있는 일이다. 책과 수업을 통틀어 가장 중심의 가치를 보이는 것이 바로 동감이다. 같은 시대를 살아가고 있고 같은 느낌을 느끼며 살아가는 사람들끼리 비슷한 감정에 의해 공명하며 서로를 이해하는 것이 성서에서 가르치는 진정한 민주주의의 가치이며, 내가 이 책을 받아들인 이유 또한 동감이라는 것이 나 스스로에게 신기한 일이었다.

 책 한 권의 가치는 그 책을 만든 사람과, 읽는 사람이 함께 만들어가는 것이라고 생각하며 살았다. 접해보지 못한 분야의 서적을 읽으며 성서수업에서 들었던 가르침들을 되새긴 것은 이 책의 가치를 더 높일 수 있는 일이었다고 생각한다.

건축공학과(10학번) 김세운

 교수님은 우리에게 이 강의가 기독교를 믿지 않는 자에게 기독교를 알리기 위한 것이라고 말씀하셨지만, 나는 이 강의가 기독교인과 비기독교인의 구분에 따라 다른 깨달음을 얻을 것이라 생각하지는 않는다. 이 강의와 책을 통해 나는 인간으로써 마땅히 해야 할 기본이 무엇인가를 깨달은 것 같다. 믿음과 말씀은 결국 참된 행위를 만들기 위해

독서 후기(앞부분에 이어서)

존재한다. 참된 행위는 사회의 공생과 선을 제공한다. 그렇다면 성서는 신의 존재여부와 믿음의 유무보다도 더 중요한 가치를 제공하는 것이 아닐까. 난 알고 행하는 것이 최고겠지만 모르고 행하더라도 올바른 사회 시스템의 구현이라는 이름으로 참된 행위를 지속하면 언젠가 성서의 깊은 뜻이 있음을 다들 알고 믿음이 생길 것이라고 생각한다.

화학공학과(09학번) 김찬휘

본서는 상당히 신선한 책입니다. 그 동안의 신학 중에는 이렇게 민주주의적인 방식은 없었습니다. 상당히 인간적입니다. 물론 이전에도 인간적이었던 신학이 없었던 것은 아닙니다. 그렇다고 해서 이 책이 기존의 신학을 부정하는 것은 아닙니다. 삼위일체 교리 등 그리스도교의 기본적인 개념을 쉽게 설명합니다(구체적인 설명은 매우 심오하기에 간략한 수준에 그치긴 합니다). 다만 그것에 더해 우리의 시각을 좀 더 넓혀주는 역할을 해줍니다.

기존 신학에 대해 전혀 모르는 사람 역시도 쉽게 접근할 수 있는 것이 이 책의 가장 큰 장점이라 할 수 있겠습니다. 사실 성경이라는 것이 매우 심오한 책이 아니며 성경에 대한 접근 방식이 그러했던 것처럼 상당히 인간적인 책이라고 할 수 있습니다. 이 책의 내용이 그것을 증명합니다.

삼위일체 교리와 현대 민주주의의 원리(삼권분립)를 결합하는 시도 자체는 흥미롭다고 볼 수 있습니다. 성경이 작성될 당시에는 현대의 민주주의 개념이 없었기에 민주주의와 모든 것이 완벽하게 들어맞지는 않습니다. 그러나 성경에서 추구하는 가치가 현대의 민주주의가 추구하는 가치와 일치한다는 것을 발견한 것이 중요합니다. 저도 이 책에서 많은 부분에 공감을 하였고 사회가 성경의 진정한 가치를 발견하고 추구하게 된다면 제가 생각하는 천국에 가까워질 것이라고 확신합니다.

사회기반시스템공학과(10학번) 모윤서

  이 책을 먼저는 나와 한 공동체에서 한 설교를 듣고, 한 흐름으로 가고 있는 여러 동역자들에게 권하고 싶다. N포세대 라고, 헬 조선에 산다고 이야기 하는 이 시대에 살고 있는 우리가 어떤 열매를 맺어야 하는지 보다 구체적이고 정확하게 제시하고 있는 것 같다.

  책을 읽어 내려가며 책의 초반에 나오는 여러 가지 실패, 또 율법주의와 선민주의에 빠진 유대인들의 모습이 지금 한국 교회가 당면한, 다시 말해 크리스천들 앞에 선 큰 벽이라는 생각이 들었다.

  저자의 주장처럼 하나님 나라는 사랑의 나라이고, 서로 사랑하는 사회가 민주주의 사회인 것인데 입으로는 민주주의를 외치고, 일부 강경한 자들은 여러 모습으로 그러한 것들을 표출하면서 과연 참된 민주주의가 말하고 있는 것들, 하나님 나라의 모습대로 살아가고 있는지 모르겠다. 물론 내 모습을 먼저 돌아봐야 함은 당연한 일일 것이다.

  구약의 Story들과 예수님의 성품과 삶, 그리고 에덴동산까지. 성경에서 말하고 있는 것들을 민주주의와 결합하여 이야기 하고 있는 것이 처음엔 생소했고, 이후엔 흥미로웠는데 마지막 책장을 덮을 땐 지금 살아가고 있는 사회를, 다니고 있는 교회를, 살아가고 있는 내 삶을 새로운 관점에서 바라보게 됐고, 이미 일상에서의 그리스도인으로 살아내기 위해 발버둥치고 있는 시점에서 보다 성경적인 이유, 그리고 이러한 삶을 권면할 만한 논리적인 무기를 갖추게 된 것 같다.

  한 학기 간의 강의와 토론, 그리고 이 책의 내용을 잘 정리해서 실천해낼 때, 그리고 이러한 흐름이 한국의 크리스천들과 한국 교회에 영향을 주고, 자극이 될 때 세계 경제와 상관없이, 마지막 때라고 하는

독서 후기(앞부분에 이어서)

이러한 시대의 상황과는 상관없이 하나님 나라를 이 땅에 보여주는 일이 될 것 같다. 예수님은 산상수훈에서 팔복에 대해 설교 하신 후 "너희는 세상의 소금이다.", "세상의 빛이다"라고 말씀하셨다. 소금이 되어라가 아니고, 빛이 되어라가 아닌 이미 정체성이 주어진 것인데 그리스도인들이 그렇게 살아내지 못했을 때, 우리는 세상에 밟히는 신세가 됐고, 어두움을 조금도 밝히지 못하고 도리어 더 어둡게 만드는 존재가 되어버렸다. 이제는 바뀌어야 할 때인 것 같다.

나는 2014년 8월부터 올해 5월까지 약 10개월간을 네팔에서 살며 기독교 문명권이 아닌 국가를 체험하고, 저자가 말하는 민주주의가 없는 나라를 겪었었다. 힌두권의 네팔의 모습은, 성경에서 말하고 있는 안 좋은 면들을 모두 갖고 있는, 현재적인 시점에서 보면 하나님 나라 반대편에 있는 지옥 같았다. 그러나 선교사와 함께 복음이 들어가고, 참된 민주주의의 모습들이 시작됐을 때 너무나 많은 것이 달라지는 것을 직접 보고 경험하고 왔다.

우리나라와 우리나라의 교회는 이러한 시대는 한참 전에 지났고, 이제는 새로운 미션과 상황에 응답해야 하는 시대인데 그저 많은 교회에서 형식적으로 교회에서 외치듯 평양 대 부흥을 다시 달라고 부르짖는 것이 아니라 각자의 삶에서 각각의 민주주의로 살아내는 것이 필요한 때인 것 같다.

체육학과(09학번) 이다솔

개인적으로 기독교에 대한 생각에 변화를 가지게 되는 계기가 되는 책이었다. 그동안 보아 왔던 기독교의 공격적 전도와 믿음을 강요하는 행태에 염증을 느끼고 있었기에 기독교에 대해서 거부감을 가지고 있었다. 하지만 이 책을 읽으면서 기독교 자체가 잘못된 것이 아니라 기독교(성경)에 대해 잘못 이해하고 있는 사람—정확히는 한국의 잘못된 교회—들이 문제라는 것을 느낄 수 있었고 성경에 대해서도 거부하고 좋지 않은 시선으로 보기보다는, 하나의 좋은 책이라는 느낌으로 전달하려는 메시지에 집중하여 바라보게 되는 계기가 되었다.

그리고 책을 읽으며 개인적으로 가지고 있던 궁금증 또한 풀 수 있어서 좋았다. 예를 들자면 그리스도의 의미 같은 것들은 어릴 적 몇 번 교회에 가봤어도 알 수 없는 것이었는데 이번에 알게 되었다. 그리고 책 내용 중에 성경 구절을 인용하고 그 의미를 해석하여 주어서 성경을 어떤 방식으로 접근하여 읽어야 하는지 알 수 있었고 단순한 말이 아니라 숨은 의미를 파악하는 재미를 느낄 수 있었다. 그리고 책 내용이 기독교인들만을 위한 것이 아니라 성경에 대한 배경지식이 없는 사람도 쉽게 읽을 수 있도록 비기독교인들을 배려한 점이 좋았고, 기독교인들의 잘못된 편파적 해석이라 여겨지는 부분 또한 모두가 받아들일 수 있도록 좋은 해석을 해주어 기독교에 반감을 가지고 있던 사람이라도 즐겁게 읽을 수 있도록 해준 배려가 좋은 책이었다.

나는 개인적으로 기독교엔 거부감을 가지고 있었지만 예수라는 인물에 대해서는 조금 들은 언행으로도 존경심을 가지고 있었다. 하지만 거부감으로 인해 성경은 보기 싫었는데 이 책을 통해서 성경의 숨은 메시지들을 접하게 되었고 성경의 메시지들을 더 알아보고 싶다는 생각이 들었다. 그리고 성경에 나타나 있는 예수의 말과 행동들을 따라가면서 나 자신의 반성과 앞으론 더 나은 사람이 될 수 있는 기회를 가지고 싶어졌다. 스스로 편견의 늪에 빠져 인간적 성장의 큰 기회를 버려 온 것에 대한 후회를 하게 되었다. 나야말로 겉만을 보다가 진짜를 보지 못하는 오류를 범해왔다는 생각이 들었다. 앞으로 현재 교회에의 거부감을 떠나 하나의 배울 점이 많은 위인으로서 예수를 대할 것이

독서 후기(앞부분에 이어서)

다. 그리고 그의 언행들로부터 스스로를 더욱 인간으로서 발전하여 그가 꿈꿨던 세계를 만드는데 일조한다면 오히려 그러한 사람이야말로 진짜 기독교인이 아닐까 생각해보게 되었다.

기계공학과(10학번) 이형신

  한국사회가 민주화 되면서 교회 내부는 세상보다 더 권위적인 방식으로 운영되고 있다. 교회 추락의 중심에는 목회자들이 있다. 한국 교회가 타락된 원인은 교회 안에 세상 나라의 문화 코드를 삽입했다는 것이다. 한국 교회는 교감과 소통에 깨어야 하고, 예수와 같이 왕과 백성, 주인과 종의 개념을 폐기해야한다. 민주주의의 영성을 함양하는데 성서는 아주 좋은 것이다. 한국 기독교는 본질로 돌아가 성서에 나온 민주주의를 구축해야한다.

  수업과 본서를 읽으면서 가장 놀라웠고, 신기했던 것이 성서 속에 민주주의 사회 시스템이 있고, 완벽한 민주주의 사회 시스템을 구축하고 있는 상태가 에덴동산이라는 것 이었다. 내게 있어서 민주주의는 산업혁명 이후 서방 국가들에 의해 생겨진 사회 시스템으로 인식되어 있었고, 완벽한 민주주의 사회 시스템을 구축하는 것은 불가능하다라는 사실 이었다. 그런 나의 인식을 바꾸어 세상이 만들어지면서(성서에 의거한 창조론에 의하면) 민주주의 사회 시스템이 있었다니 신기했다. 문명들이 생기기 전에 만들어진 사회 시스템이기에 나는 허점이 가득할 줄 알았다. 나의 생각은 잘못된 것 이었다. 허점이 가득하기는 커녕, 체계적 이었으며 게다가 인간들이 지키기 편안하고 단순하게 되어 있었다. 심판, 선수, 공정한 규칙이 나누어져 있었고 인간들은 그 틀에서 살면 되는 것이었다.

중국어학과(12학번) 정수경

나는 처음에 이 책을 읽으면서 한국교회에 대해서 비판하는 부분이 매우 신선했다. 한국 교회를 비판하는 것은 인터넷의 흔한 기사를 보아도 그렇고, 길거리를 나가도 쉽게 들을 수 있다. 그럼에도 불구하고 이 책의 한국 교회의 비판이 흥미로웠던 점은 바로 성경에 근거하였고 발전해나가야 할 부분을 함께 보여주었기 때문이 아닐까 싶다. 나는 교회를 다니면서도 교회에 질린 사람이다. 미디어에서는 하루가 멀다 하고 교회의 부정부패와 목사의 부정한 행위에 대해서 나온다. 하나님이 만든 세계는 매우 평등한 세계인데 교회는 왜 매우 권위적이고 비민주적인가에 대한 것 인가에 대한 생각을 했었다. 어떤 의사 결정을 할 때 목사가 최고 권위의 자리에 있고, 다른 목사나 전도사들은 그들의 의사 결정에 아무런 답을 못한 채 가장 큰 목사를 따라갈 때. 또한, 세상과는 다른 모습을 살아야 한다고 강조하던 사람들이 '계약직'인 목회자를 해고하던 모습은 이것이 그들이 그렇게 추구하던 세상의 모습인가 하는 생각이 들었다. 이렇듯 나는 한국 교회가 고인 물이라고 생각 하고 있던 찰나, 이 수업과 이 책을 읽으면서 한국 교회의 재건과 국가의 민주주의의 회복을 위해서는 성서가 매우 중요한 기반이 되어야 한다는 생각이 들었다. 이 책이 말하는 것과 같이 과거 종교 개혁이 있던 것처럼 지금의 개신교는 큰 종교 개혁이 있어야 한다. 단순히 교인 수를 늘리는 것이 아니라 교회라는 사회를 개혁하고, 그 이상으로 더 큰 사회를 청정하게 이끌어 나갈 수 있도록 노력해야 한다.

디지털컨텐츠학과(12학번) 이세빈

중학교 때 국사 선생님께 '한국의 기독교는 전통 기독교라기보다는 한국식 기독교이다'라는 얘기를 들은 기억이 납니다. 확실히 한국의 기독교는 교감과 소통에 무감각하단 것에 동조할 수밖에 없었습니다.

독서 후기(앞부분에 이어서)

지하철에서 전도하는 분들을 보면 그런 생각을 많이 하게 됩니다. 같은 기독교인으로서도 눈살 찌푸리게 되는 무차별적인 포섭행위를 보면 다른 사람을 전혀 배려하지 않는다는 생각이 듭니다. 보통 나이가 지긋하신 분들이 그런 일을 하시기에 한 명에게라도 더 전해야한다는 급박함 또한 이해할 수 있습니다. 하지만 이번 학기에 만난 1호선에 매일같이 나오는 분이 한손에는 성경책을 들고 '절간에 가면 지옥 불에 떨어집니다. 아멘'이라 외치고 다니는 모습을 보며 그 행위에 사랑이 있는 것일까 정죄함이 있는 것일까 하는 생각이 들기도 하였습니다. 또 일부 대형교회의 모습들을 보면 세상과 다를 것이 없다는 의견에도 동의합니다. '목사'가 아닌 일명 '먹사'라는 소리를 들을 정도로 세상의 자본주의 제도에 빠진 목회자를 매스컴을 통해 볼 수 있습니다. 나눔과 자비를 위한 돈이 아닌 세상에 더 뛰어난 모습을 보여 지배를 하기 위한 돈이기에 세상에 비판을 받는 것이라 생각됩니다. 성경이 말하는 참된 의미를 깨닫는다면 개독교라는 비판을 듣지 않았을 것입니다. 10장의 제목이기도 한 쿠오바디스, 이 한국교회가 어디로 가고 있는지 모든 사람이 관심을 가져야 할 때입니다.

기계공학과(09학번) 조찬희

기독교인도 모르는 기독교